Architectures capitales

**MISSION
INTERMINISTÉRIELLE
DE COORDINATION
DES
GRANDES
OPÉRATIONS
D'ARCHITECTURE
ET
D'URBANISME**

Architectures capitales

Paris 1979-1989

Electa Moniteur

Coordination :
Sabine Fachard
Traduction du français :
Bert McClure
Maquette :
Richard Médioni

© 1987, Electa France
Milan - Paris.
Tous droits réservés.
ISBN 2-86653-041-1

Remerciements

Yves Dauge, président, Luc Tessier, directeur, et l'équipe de la Mission interministérielle de coordination des grandes opérations d'architecture et d'urbanisme remercient chaleureusement tous ceux, maîtres d'ouvrage, architectes, bureaux d'études, entreprises, sans lesquels les grands projets ne seraient pas.

Leur gratitude va tout particulièrement

• aux architectes :

Johan Otto von Spreckelsen et Paul Andreu,
Ieoh Ming Pei et Michel Macary,
ACT Architecture et Gae Aulenti,
Jean Nouvel, Pierre Soria, Gilbert Lezènes
et Architecture Studio,
Paul Chemetov et Borja Huidobro,
Carlos Ott et le cabinet Saubot et Jullien,
Adrien Fainsilber, Bernard Tschumi,
Philippe Robert et Bernard Reichen,
Philippe Chaix et Jean-Paul Morel,
Christian de Portzamparc ;

• aux maîtres d'ouvrage :

Robert Lion, président de la Société d'économie mixte nationale Tête Défense,
Émile Biasini et Jean Lebrat, président et directeur de l'Établissement public du Grand Louvre,
Jacques Rigaud et Jean Jenger, président et directeur de l'Établissement public du musée d'Orsay,
Paul Carton et Bassem El Jisr, président et directeur général de l'Institut du monde arabe,
Guy Vidal, coordonnateur pour le transfert du ministère des Finances,
Paul-Henry Watine et Christian Cléret, directeur et sous-directeur de la direction du personnel et des services généraux du ministère de l'Économie, des Finances et de la Privatisation,
Pierre Viot et Michèle Audon, président et directeur de l'Établissement public de l'opéra Bastille,
Paul Delouvrier, président d'honneur de l'Établissement public du parc de la Villette,
Serge Goldberg et François Barré, président et directeur délégué de l'Établissement public du parc de la Villette,
Maurice Lévy et Jean Graujeman, président et directeur général de la Cité des sciences et de l'industrie ;

• à l'Atelier parisien d'urbanisme et aux services de la Ville de Paris ;

• à Jean-Louis Subileau, ancien directeur de la Mission interministérielle de coordination des grandes opérations d'architecture et d'urbanisme, actuel directeur général de la Société d'économie mixte nationale Tête Défense.

Acknowledgements

Yves Dauge, president, Luc Tessier, director, and the entire interministerial coordinating team for major architecture and planning projects would like to extend their warmest thanks to the project directors, architects, engineers and contractors who have made these projects possible.

They would like to thank, in particular,

• the architects :

Johan Otto von Spreckelsen and Paul Andreu,
Ieoh Ming Pei and Michel Macary,
ACT Architecture and Gae Aulenti,
Jean Nouvel, Pierre Soria, Gilbert Lezènes
and Architecture Studio,
Paul Chemetov and Borja Huidobro,
Carlos Ott and Saubot & Jullien associate architects,
Adrien Fainsilber, Bernard Tschumi,
Philippe Robert and Bernard Reichen,
Philippe Chaix and Jean-Paul Morel,
Christian de Portzamparc ;

• the project directors :

Robert Lion, president of the Société d'économie mixte nationale Tête Défense,
Émile Biasini, president, and Jean Lebrat, director of the Établissement public du Grand Louvre,
Jacques Rigaud, president, and Jean Jenger, director of the Établissement public du musée d'Orsay,
Paul Carton, president, and Bassem El Jisr, director general of the Arab World Institute,
Guy Vidal, coordinator for the Ministry of Finances transfer,
Paul-Henry Watine, director, and Christian Cléret, assistant director of the Direction du personnel et des services généraux of the Ministry of Finances,
Pierre Viot, president, and Michèle Audon, director of the Établissement public de l'opéra Bastille,
Paul Delouvrier, honorary president of the Établissement public du parc de la Villette,
Serge Goldberg, president, and François Barré, acting director of the Établissement public du parc de la Villette,
Maurice Lévy, president, and Jean Graujeman, director general , of the Cité des sciences et de l'industrie ;

• l'Atelier parisien d'urbanisme and the City of Paris administration ;

• Jean-Louis Subileau, previously director of the Mission interministérielle de coordination des grandes opérations d'architecture et d'urbanisme, currently, director general of the Société d'économie mixte nationale Tête Défense.

Sommaire
Table of contents

The major projects announce the Paris of the year 2000.

From 1981 on, I launched the major planning and architecture projects which are participating in the blossoming of the capital and of several provincial cities. The city is becoming the subject of creativity and development. Visitors will come to see Paris' architecture, Paris' sculpture, Paris' museums and Paris' gardens... It is a city of imagination, ideas, youth...

The major projects mark an important step in the urban development of the end of the 20th century. Disturbed and often devastated by industrial evolution, economic crises, demographic changes and immigration, our cities must find a new equilibrium. The city center must communicate with the suburbs and with marginal neighborhoods. The Science Museum, the La Villette Park and the Music Center will eliminate the barrier between Paris and the neighboring Seine-Saint-Denis; this exceptional development will become a meeting place for the entire metropolitan area.
The La Défense arch will draw Parisians, as well as residents of Courbevoie, Puteaux, Nanterre and even Saint-Germain-en-Laye.

I also intended that these major projects provide meeting places for different kinds of people, for different forms of knowledge and for art.
A new form of public facility must address a larger public — and our youth in particular — the cultural richness left us by generations of architects, artists, craftsmen and scientists.

Only in this way can we all grasp the continuous movement of invention and thought and be prepared for technological, cultural and social change.
To enlarge the concept of culture to include science, research and their most immediate applications; to better understand our era, its actors and its evolution: this is the challenge. In the face of the current crises of industrial societies, these projects demonstrate the vitality of French architectural design and the skills of our developers, engineers and builders. They have proven their ability to complete magnificent projects, to employ new materials and techniques and to give new life to the noble trades of our stone-cutters, iron-mongers...

Beauty stimulates curiosity, responding to a need of the heart and the spirit. It both teaches us and stimulates us. My wish is that the major projects help us to understand our roots and our history; that they will permit us to foresee the future and to conquer it. The major projects illustrate a constant ambition shared by the entire nation.

François MITTERRAND.

Le Paris des grands projets annonce celui de l'an 2000.

Les grands projets d'architecture et d'urbanisme que j'ai lancés dès 1981 contribuent à l'épanouissement de Paris et de nombreuses villes de province. La ville devient sujet de création, de développement. On visite et on visitera le Paris de l'architecture, le Paris des sculptures, le Paris des musées, le Paris des jardins... Ville ouverte à la création, aux idées, à la jeunesse...

Les grands projets marqueront une étape importante dans l'urbanisme des villes de cette fin du XXᵉ siècle. Bousculée, parfois brisée par les évolutions industrielles, les crises économiques, par la démographie, l'immigration, la ville doit retrouver son unité et le centre communiquer avec la périphérie, avec ses quartiers marginaux...
La Cité des sciences, le parc de La Villette et la Cité de la musique feront disparaître les frontières entre le centre et la Seine-Saint-Denis. Cet ensemble exceptionnel deviendra un pôle de rassemblement à l'échelle de toute l'agglomération...
L'arche de La Défense deviendra un lieu de rencontre commun aux habitants de Paris mais aussi de Courbevoie, Puteaux, Nanterre et même, au-delà, de Saint-Germain-en-Laye.

Mais j'ai aussi souhaité que ces grands projets deviennent des lieux de rencontre entre les différents peuples, les différentes formes de l'intelligence et de l'art...
Cette nouvelle génération d'équipements permettra au plus large public, aux jeunes notamment, l'accès à la diversité des cultures, à ce que des générations d'architectes, d'artistes, d'artisans et de scientifiques nous ont légué.

Que tous puissent ainsi comprendre le sens du mouvement continu de l'invention et de la pensée, que tous soient préparés aux mutations technologiques, culturelles et sociales de cette fin de siècle.
Élargir le domaine de la culture à celui des sciences, de la recherche et de ses applications les plus immédiates, faute de quoi nous ne saurions comprendre notre époque, être les acteurs de son évolution : voilà l'enjeu.

En cette période de crise des sociétés industrielles, ces réalisations sont l'occasion de démontrer la vitalité de la création architecturale dans notre pays, la qualité des compétences de nos maîtres d'ouvrage, de nos bureaux d'études, de nos entreprises. Tous ont su mener à bien des chantiers magnifiques, expérimenter des techniques, des matériaux nouveaux et remettre en valeur les plus nobles métiers comme ceux des tailleurs de pierre, des ferronniers...

La beauté excite la curiosité, répond à la fois à un besoin du cœur et de l'esprit, a valeur d'enseignement et d'entraînement. Les grands projets aideront, je l'espère, à comprendre nos racines, notre histoire. Ils permettront de deviner et conquérir l'avenir. Tel est le sens des grands projets : illustrer la continuité d'une ambition, celle de notre pays tout entier.

François Mitterrand

François MITTERRAND

De gauche à droite et de haut en bas : l'arche de la Tête Défense, le Grand Louvre, le musée d'Orsay, l'Institut du monde arabe, l'opéra de la Bastille, le ministère des Finances, la Cité des sciences et de l'industrie, le parc de la Villette, la Cité de la musique.

From left to right and top to bottom : the Tête Défense arch, the Grand Louvre, the Orsay Museum, the Arab World Institute, the Bastille Opera, the Ministry of Finances, the Museum of Science and Industry, the Parc de La Villette, the Music Center.

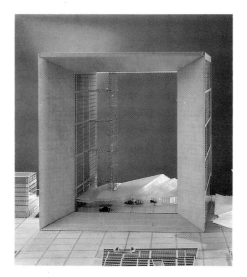  

  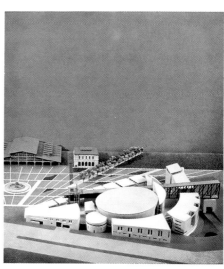

Les enjeux
des grands projets

The challenge
of the major projects

« Nous n'aurons rien fait si nous n'avons pas créé dans les dix années à venir les bases de la civilisation urbaine[1]. » Tel est l'enjeu fondamental du programme des grands projets de l'Etat annoncé par un communiqué de la présidence de la République le 8 mars 1982.

Ce programme des « grands chantiers du Président » s'inscrit dans la poursuite d'une longue tradition nationale, confirmée notamment par la reprise des quatre opérations lancées sous le précédent septennat. Feu vert était ainsi donné, après réexamen du contenu et des coûts, au musée d'Orsay et au Musée national des sciences, des techniques et des industries de la Villette dont les chantiers allèrent vite devenir parmi les plus spectaculaires de la décennie. L'Institut du monde arabe se voyait attribuer une nouvelle localisation, mieux située, plus prestigieuse. L'aménagement de la Tête de la Défense, quant à lui, faisait enfin l'objet d'une consultation architecturale internationale à l'échelle du site et à la mesure des problèmes qui s'y posent.

Cinq opérations nouvelles venaient compléter cet ensemble déjà très ambitieux : le Grand Louvre et son corollaire obligé, le transfert du ministère des Finances dont le principe avait été affirmé par François Mitterrand dès l'automne 1981 ; un nouvel opéra à la Bastille, dont le besoin était reconnu de longue date, un parc urbain et le transfert du conservatoire, tant attendu avec la Cité musicale, pour compléter et achever l'aménagement de la Villette. C'est un double projet qui s'accomplit à travers ces neuf opérations. Projet architectural et urbain d'abord : les grands chantiers marquent une étape importante de la longue histoire de Paris et de ses « renaissances ». Projet culturel, surtout : dix ans après le Centre national d'art et de culture Georges-Pompidou, tout un ensemble d'équipements novateurs s'ouvre aux créateurs, aux professionnels, au grand public. Nouveaux outils de la connaissance, ils pourront jouer, à l'aube du troisième millénaire, un rôle éminent pour notre civilisation comme l'ont déjà joué l'école de Jules Ferry et l'université ces cent dernières années.

L'importance considérable de l'enjeu frappe immédiatement l'opinion publique. L'étranger regarde avec attention, souvent avec passion, ce pays qui ose, malgré l'engourdissement qui touche souvent les grandes métropoles et face à l'explosion des villes du tiers monde qui nous interpelle.

La dynamique des chantiers qui s'ouvrent à tour de rôle, le respect des calendriers de livraison, la mécanique budgétaire rigoureuse qui interdit les dépassements des coûts ont forcé peu à peu les dernières réticences. Très vite, ce programme est apparu dans la continuité historique d'un Etat qui, depuis l'Ancien Régime, les travaux d'Haussmann,

"We will have achieved nothing if in the next ten years we have not created the basis for an urban civilization.[1]" This is the fundamental challenge of the program of major state projects launched by the President of the Republic on the 8th of March, 1982.

This program of "Presidential building projects" is inscribed in a long French tradition, confirmed by the completion of four projects begun under the preceding administration. After a re-examination of programs and costs, the go-ahead was given for the Orsay Museum and the Museum of Science and Technology — two of the most spectacular building projects of the eighties. The Arab World Institute was given a more accessible and more prestigious site. The Tête-Défense site was the subject of an international design competition which corresponded to the scale and the importance of the problems of the site.

Five new operations completed this already ambitious program : the Grand Louvre and its corollary — the transfer of the Ministry of Finances — affirmed by François Mitterrand as early as the autumn of 1981 ; a new Opera, sorely needed, at the Bastille ; an urban park and the re-location of the Paris conservatory to a music-center which complete La Villette.

Two principal objectives are met through these nine projects. The first is an architectural and urban program : the impressive construction projects will mark an important period in the long history of Paris and its "renaissances". The second, and most important, is the cultural dimension : ten years after the Georges Pompidou National Center, a broad spectrum of innovative facilities will open their doors to creators, professionals and the general public. New tools for learning, these facilities will have the same importance for the beginning of the third millenium which the school conceived by Jules Ferry has had for the last hundred years.

The importance of this challenge has received considerable public interest. Foreign countries — aware of the contrast between Paris and the congestion so often encountered in other major cities and the explosion of third-world cities — follow our progress attentively, even enthusiastically.

Criticisms have slowly subsided as the projects were completed and opened on schedule, and budget management eliminated cost over-runs. This program has been quickly recognized as a continuation of the historic tradition of royal building, the Haussmann period, the universal exhibitions and, more recently, the Georges Pompidou Center which has enriched and embellished the capital.

The rhythm of ground-breaking and inaugurations is tangible evidence of the progress made. The Orsay Museum, the Arab World Institute, the Grande Halle, the first phase of the La Villette Parc, the Museum of Science and Industry are open to the public. The pyramid of the Grand Louvre will be inaugurated in 1988.

1. François Mitterrand devant le Syndicat professionnel des entrepreneurs de travaux publics, le 29 janvier 1982.

1. François Mitterrand speaking before the Public Construction Contractors' Professional Association, on the 29th. January, 1982.

les grandes expositions universelles et, plus près de nous, le Centre Georges-Pompidou, n'a cessé d'enrichir, d'embellir la capitale.

Le rythme des premières pierres et des inaugurations marque aujourd'hui le chemin parcouru. Le musée d'Orsay, l'Institut du monde arabe, la Grande Halle et la première tranche du parc de la Villette, la Cité des sciences et de l'industrie sont ouverts au public. La pyramide du Grand Louvre sera inaugurée en 1988.

Le nouveau gouvernement, comme cela est légitime, a réexaminé certaines opérations en cours. Quelques ajustements ont été opérés, à la Tête Défense, à l'opéra de la Bastille notamment, mais partout l'essentiel a été maintenu. Et ceci est logique, tant il est vrai que les grands projets dépassent tous les clivages politiques. Il s'agit par excellence d'une œuvre collective.

Les responsables et les architectes des différents projets présentent, dans cet ouvrage, les lignes de force de leur action et leur architecture. Ces textes dessinent le grand mouvement d'idées, de passions, de création, qui associe, dans l'édification d'une nouvelle génération d'équipements culturels, les grandes administrations — et tout particulièrement le ministère de la Culture —, les établissements publics, les artistes, conservateurs de musée, musiciens, scénographes, scientifiques, professionnels de la communication, les architectes, les bureaux d'études techniques et les entreprises.

Une large part des forces créatrices de notre pays, ouverte à des apports extérieurs grâce aux concours internationaux d'architecture, à des ressources financières importantes (15,5 milliards de francs 1984), s'est mobilisée pour que la capitale française s'affirme comme un foyer d'échanges, de culture et de liberté, au moment où sera célébré le bicentenaire de la Révolution de 1789.

Et, déjà, l'effort déployé par l'État à Paris avec le concours actif et permanent de la Ville donne envie aux maires de nombreuses communes (Boulogne-sur-Mer, Rochefort, Angoulême, Lyon, Roubaix, Nîmes, Arles...) d'entreprendre eux aussi leur « grand projet » dont beaucoup sont déjà engagés.

Au cours de cette décennie 1979-1989 marquée par les grandes mutations économiques et sociales que nous connaissons, la France aura eu le courage et l'intelligence de se doter des équipements qui contribueront à lui assurer une place exceptionnelle en Europe et un rayonnement international renouvelé.

Yves Dauge,
*président de la Mission interministérielle
de coordination des grandes opérations
d'architecture et d'urbanisme.*

The new government, as is its right, has examined certain of the projects under way. Several modifications — notably for the Bastille Opera and the Tête Défense — have been carried out but the essence of the program remains. This is quite normal as these major projects are the result of a collective effort which surpasses political differences.

Throughout this book, the projects' directors and architects reveal the major aspects of their program or of their architecture. These texts illustrate the ideas, the passion and the creativity behind the actors participating in the realization of a new generation of cultural facilities : government agencies — the Ministry of Culture in particular —, public authorities, artists, museum curators, musicians, set designers, scientists, communication professionals, architects, engineers and contractors.

The celebration of the bi-centenary of the French Revolution of 1789 will have mobilized a large part of our country's creative force — open to external contribution through international design competitions — and important financial resources : 15.5 billion French Francs, 1984.

The example set by Paris has already inspired the mayors of several cities (Boulogne, Rochefort, Angoulême, Lyons, Roubaix, Nîmes, Arles...) to launch their own "major project" — several of which are already under way.

The decade 1979-1989, characterized by the social and economic changes we all know, also marks a period during which France has had the courage and the intelligence to create the facilities which will confirm her exceptional place on the European scene and renew her international reputation.

Yves Dauge,
*President of the Interministerial
Co-ordinating Commission for the Major Architectural
and Urban Planning Projects.*

Implantation des grands projets de l'État. Ce plan met en évidence le rôle majeur et historique de la Seine dans la localisation des grands édifices publics. L'implantation préférentielle à l'est de la capitale correspond aux orientations de la Ville de Paris et de la Région Ile-de-France. La Tête Défense est la seule opération qui ne soit pas localisée dans Paris intra-muros.

Location of the major state projects. This plan reveals the importance of the Seine in the choice of sites for major state projects. The concentration to Paris' east reflects the policy adopted by Paris and by the Ile-de-France Region. The Tête Défense is the sole project not within the city limits.

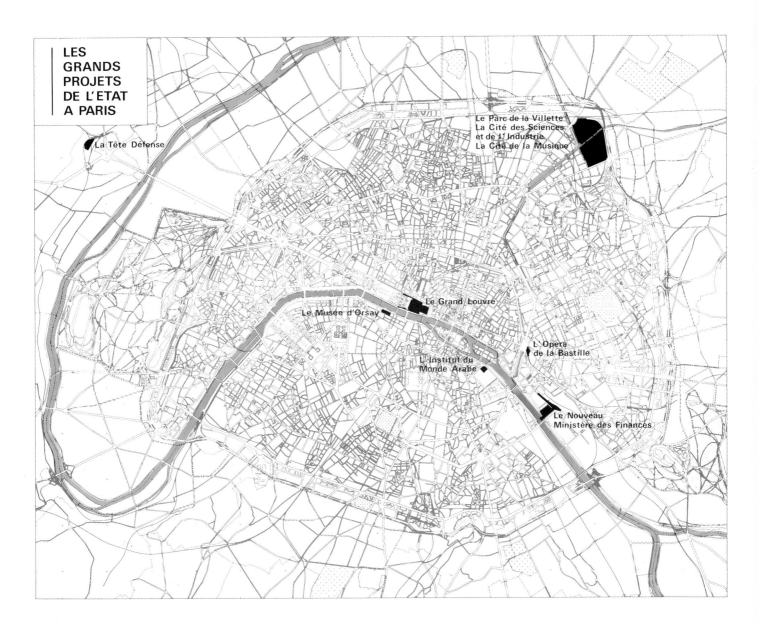

LES GRANDS PROJETS DE L'ETAT A PARIS

La Tête Défense

Le Parc de la Villette
La Cité des Sciences et de l'Industrie
La Cité de la Musique

Le Grand Louvre

Le Musée d'Orsay

L'Opéra de la Bastille

L'Institut du Monde Arabe

Le Nouveau Ministère des Finances

13

La grande arche
de la Défense

La grande arche

The great arch

La fin d'un vaste débat public

L'obélisque, l'arc de triomphe du Carrousel, celui de l'Etoile, la cour Carrée du Louvre, les ronds-points, bientôt la pyramide du Louvre : des formes simples et élémentaires ponctuent la première partie de l'axe historique le plus prestigieux du monde, les Champs-Elysées.

Comment poursuivre à l'ouest cette démarche monumentale ? La question est posée depuis 1931, année pendant laquelle le département de la Seine lança un concours d'idées sur l'aménagement de l'axe allant de l'Etoile au rond-point de la Défense. Comme souvent en France, ce genre de question est susceptible de donner naissance à une période d'intense polémique. En 1972, les premières grandes tours de la Défense apparaissent à l'horizon parisien derrière l'Arc de Triomphe et manifestent au grand public qu'à l'ouest il y a du nouveau : c'est la Défense, quartier dont l'aménagement, programmé sur trente ans, a commencé en 1958. Les Parisiens découvrent le jaillissement d'un urbanisme de tours. L'image de la culture urbaine nord-américaine les flatte mais, également, effraie les racines rurales qui sommeillent en chacun d'eux.

Deux projets pour la Tête Défense vont bientôt se trouver au centre d'un vaste débat public, opposant, au début des années soixante-dix, les tenants de l'« ouverture » de l'axe historique de Paris et les tenants de la « fermeture » : Ieoh Ming Pei prévoyait deux tours symétriques reliées par un volume parabolique, mais libérant l'axe historique. Les immeubles d'Emile Aillaud fermaient la perspective. Cette étape s'achève dans la confusion.

Une nouvelle consultation est organisée en 1979. Elle tente d'esquiver la question en limitant à 35 mètres la hauteur des immeubles construits sur l'axe historique, pour interdire leur visibilité à Paris. En février 1981, je devais prendre position dans ce débat en dénonçant, dans un article de presse, le manque d'ambition des projets à l'étude et leur inadaptation radicale et au site de la Défense, et à l'histoire de Paris : cent ans plus tôt, la France s'offrait, et offrait au monde, la tour Eiffel ; de ce pari technique devait se dégager une figure de légende pour la capitale ; un siècle plus tard, fallait-il faire petit, œuvrer dans la demi-teinte, dans la peur de soi ou de son ombre ? L'architecture en France devait-elle définitivement renoncer au monumental et s'adapter au culte omniprésent du pavillon de banlieue ?

En 1982, à la demande du président de la République, un nouveau défi devait être lancé aux architectes du monde entier : l'imagination architecturale était libérée, aucune toise n'étant plus imposée ; un programme ambitieux était proposé, la Tête Défense devant abriter un Carrefour international de la communication. Des quatre cent vingt-quatre esquisses remises en réponse au concours international de la Tête Défense, devait émerger, puis rapidement s'imposer, le projet de Johan Otto von Spreckelsen, architecte danois.

The end of a broad public debate

The obelisk, the Arc de Triomphe of the Carrousel and the Etoile, the Louvre's Cour Carrée, the round-points and soon the Grand Louvre's pyramid : simple, elementary forms punctuate the beginning of the world's most prestigious historic axis — the Champs Elysées.

In 1931, the Seine Department announced a competition for the development of the axis from the Etoile to la Défense, thus launching the question of how to continue this monumental axis toward the west.

As is often the case in France, this question gave birth to a period of intense debate. In 1972, the first tall buildings began to rise behind the Arc de Triomphe, signalling to Parisians that something new was happening to the west — the La Défense project, begun in 1958 and programmed over the next thirty years, was beginning to take shape. Parisians were discovering an urban environment composed of sky-scrapers. The initial image of a North-American urban environment was flattering and equally disconcerting — revealing the rural roots common to all French people.

Two projects of the early 70's for the Tête Défense were soon at the center of a vast public debate opposing the proponents of an "opening" or "closing" of the historic axis. Ieoh Ming Pei proposed a pair of symmetric towers joined by a parabolic volume which liberated the historic axis, while Emile Aillaud's proposal closed the perspective. This phase ended in confusion.

A new consultation, organized in February 1979, attempted to skirt the issue by limiting the height of buildings on the axis to 35 m — thus rendering them imperceptible when viewed from Paris. In February 1981, I was compelled to write an article denouncing the lack of ambition manifested by the projects and their radical inadaptability to both La Défense and Paris' history. One hundred years earlier, France had produced the Eiffel Tower — a legendary demonstration of technical prowess for the capital — was it imaginable a century later to consider a modest, shrinking proposal reflecting a lack of self-confidence and a fear of one's shadow ? Was French architecture incapable of producing monuments, condemned to adapt itself to the omnipresent worship of suburban form ? In 1982, the President of the Republic requested that a new challenge to architects the world over be launched : architectural imagination was to be freed; no constraints were to be imposed ; an ambitious program incorporating the International Carrefour of Communication was proposed. Of the 424 submissions received in response to the international Tête-Défense competition, Danish architect Johan Otto von Spreckelsen's project emerged and quickly imposed itself.

Spreckelsen's great arch

The "great arch" is a cube, 105 meters on each side, whose central open space on the axis of the historic perspective is the same width as the Champs Elysées. The monument's very pure form, as well as the façade's white Carrara facing, are timeless.

As with the Eiffel Tower, the great arch also expresses technical prowess : it is built without expansion joints

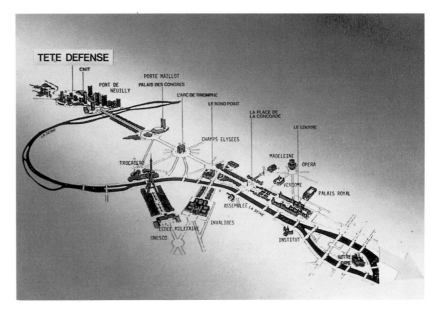

La grande arche de Spreckelsen

La « grande arche » est un cube de 105 mètres de côté, ouvert sur la perspective historique et dont l'espace intérieur a la largeur des Champs-Elysées. La forme pure de ce monument mais aussi le revêtement de marbre blanc de Carrare de ses façades laissent penser que le projet aurait pu être conçu en d'autres temps de notre histoire.

Comme la tour Eiffel, la grande arche représente une prouesse technique : le bâtiment est d'un seul tenant, sans joints de dilatation ; ce cube, qu'un géant pourrait déplacer d'un bloc, repose sur douze piliers profondément ancrés dans le sol : le contact entre le cube et les piles est assuré par des coussins de néoprène. La grande arche pèse 300 000 tonnes, chaque pilier supportera environ 30 000 tonnes, soit quatre à cinq fois le poids de la tour Eiffel. La construction est composée d'une mégastructure : tous les 21 mètres, celle-ci constitue l'ossature du bâtiment dans les deux parois verticales qui sont de trente-cinq étages, comme dans les deux ouvrages horizontaux qui les relient, c'est-à-dire, en partie haute, le toit et, au pied, le socle, l'un et l'autre forts d'une hauteur de trois étages. On peut lire cette mégastructure sur les façades : tous les sept étages dans le sens vertical, toutes les sept alvéoles dans le sens horizontal, un bandeau de marbre vient rythmer la façade.

Les pignons et les tympans, à l'est comme à l'ouest, sont recouverts de marbre blanc de Carrare. Le biseau adoucira ici l'accroche de la lumière. Les façades sont composées d'alvéoles en aluminium ; à l'extérieur du cube, elles sont couvertes d'une grande plaque de verre et offrent un aspect parfaitement lisse. A l'intérieur, les alvéoles restent apparentes.

Un monument vivant

La grande arche de la Défense a été conçue pour abriter des équipements publics : d'abord, le Carrefour international de la communication, dont le gouvernement français a décidé l'abandon en avril 1986, ensuite, le ministère de l'Equipement qui, en charge de l'urbanisme, de l'architecture, des transports et de l'aménagement du territoire, en décidant de s'installer à la Défense réunira dans un quartier résolument moderne l'ensemble de ses services aujourd'hui dispersés.

La grande arche est au centre de l'aménagement de la Défense et de ses futurs développements. Le programme des activités s'organise dans cette logique. Les circulations en partie basse de l'arche et des ouvrages qui l'accompagnent assurent les liaisons avec le CNIT, le futur Marché international de l'informatique, le centre commercial des Quatre-Temps, les transports en commun qui desservent le quartier (train, autobus, RER). Des passerelles débouchant sur ces circulations sont jetées au-dessus de l'autoroute circulaire et favorisent le développement de la rénovation des quartiers voisins.

Les espaces centraux de la grande arche (le toit, le socle et le sous-socle) accueilleront, de préférence,

— a giant could move it as a single unit — and rests on neoprene cushions over twelve deeply embedded pillars. The great arch weighs 300,000 tons and each pillar supports nearly 30,000 tons or four times the weight of the Eiffel Tower. The construction is organized around a mega-structure composed of vertical walls with 21-meter bays, thirty-five stories tall, joined at the roof and the ground by three-storey tall horizontal members. This mega-structure is expressed on the façade by the marble bands every seven stories and every seven horizontal bays.

The end-walls and other surfaces, covered in Carrara marble, are sloped to soften the light. The façades are composed of aluminium frames — apparent from the interior — covered with large glass panels to give a perfectly smooth exterior surface.

A living monument

The great arch of La Défense was originally designed to accommodate public activities : first the International Carrefour of Communication, which the government decided to abandon in April 1986, and then the Ministry of Public Works — responsible for architecture, transport and urban planning — which will unify its widely scattered services in a resolutely modern building.

The logic behind the program and organization of the great arch's activities reflects its central position in the La Défense development.

Circulation areas in the base of the arch and the accompanying development ensure a liaison with the CNIT, the future International Data Processing Market, the Quatre-Temps shopping center, and the public transport systems which serve La Défense (train, bus and regional transport network). Pedestrian bridges over the circular road system will aid in the future development and renovation of surrounding neighborhoods.

des activités d'animation au bénéfice du quartier de la Défense, l'une des plus grandes concentrations d'activités tertiaires en Europe.

Ces espaces centraux seront reliés par des ascenseurs panoramiques desservant le toit et circulant dans une structure métallique haubanée à la paroi sud. Le grand public qui les empruntera pour parvenir au belvédère situé sur le toit découvrira progressivement l'étendue de l'agglomération parisienne.

Au début de l'année 1989, au moment où s'achèvera la première phase d'aménagement de la Défense qui avait été lancée en 1958, la grande arche de Spreckelsen viendra couronner l'édification de ce quartier exceptionnel.

Elle s'inscrira ainsi dans la liste restreinte des grands monuments de la capitale qui en sont les signes et les symboles et qui assurent la renommée de notre pays.

La composition d'ensemble est monumentale également par ses dimensions : l'avenue des Champs-Elysées pourrait passer entre les parois de l'arche, Notre-Dame pourrait tenir, avec sa flèche, dans le volume libéré au centre du cube entre le socle et le toit.

La grande arche de la Tête Défense pose un nouveau point d'orgue sur l'axe historique de Paris. Venant clore, sans la fermer, cette grande perspective, le cube est légèrement incliné par rapport à l'axe ; l'angle rappelle celui de la cour Carrée du Louvre, à l'autre extrémité.

Il y a des raisons techniques à cette inclinaison, notamment les contraintes particulièrement difficiles du site, dont le sous-sol est traversé par le RER, une autoroute et deux voies ferrées. Mais n'est-ce pas ce léger sourire de profil, peut-être moqueur quant aux polémiques passées, qui déclenche l'adhésion de beaucoup ?

Robert Lion,
président de la Société d'économie
mixte nationale Tête Défense.

The central spaces of the great arch (the roof, the base and the sub-floors) will accommodate activities destined to animate la Défense, one of Europe's largest concentrations of tertiary activities.

A column, stiffened by cables and located near the South wall, features panoramic elevators linking the central spaces to the roof. A visitor to the roof will gradually discover the Paris metropolis spread out before him.

At the beginning of 1989, the first phase of La Défense's development, begun in 1958, will come to a close and Spreckelsen's great arch will be the crowning achievement of an exceptional neighborhood.

It will thus take its place among the few monuments which have become the symbols of the capital and ensure our country's renown.

The design is also monumental in its size : the Champs-Elysées could pass between its walls; Notre-Dame and its spire could fit between the arch's base and roof.

The great arch at La Défense poses another landmark on Paris' historic axis. Ending the perspective without closing it, the slight turning of the great arch's plan with respect to the axis mirrors the Cour Carrée's similar orientation at the other extremity.

There are technical reasons for the movement which are due to the particularly constraining site — a freeway, the regional transport lines and the railway all pass under the building. But is it not just this amusing feature (a furtive wink at all the past discussions) which has inspired many to support the project ?

Robert Lion
President of the Société d'économie
mixte nationale Tête Défense.

Un cube ouvert
Une fenêtre sur le monde

An open cube
A window to the world

Idée

Un cube ouvert
Une fenêtre sur le monde
Comme un point d'orgue provisoire sur l'avenue
Avec un regard sur l'avenir.
C'est un « arc de triomphe » moderne,
A la gloire du triomphe de l'humanité,
C'est un symbole de l'espoir que dans le futur
Les gens pourront se rencontrer librement.
Ici, sous l'« arc de triomphe de l'homme », les gens viendront du monde entier pour connaître les autres gens, pour apprendre ce que les gens ont appris,
Pour connaître leurs langues, leurs coutumes, religions, arts et cultures.
Mais surtout pour rencontrer d'autres gens !
Au seul contact des autres gens et nationalités, les barrières que les sentiments d'incompréhension des siècles passés ont créées seront détruites.
L'« arc de triomphe de l'homme » se verra de loin dans toutes les directions.
En approchant de cette arche, on découvre que c'est une grande place couverte où l'on peut se mêler aux autres et d'où il est facile de partir à la découverte de chaque pièce du grand complexe.
A l'intérieur et à l'extérieur de l'« arc de triomphe de l'homme », les espaces protégés et couverts de plans de verre qui, comme des nuages mouvants, semblent bouger doucement au-dessus des gens et de leurs activités. Et là, parmi de vraies plantes et de petites fontaines, on aura la possibilité de se reposer, boire une tasse de café, converser, jouer, se promener, jeter un regard sur toutes sortes de choses...
Sur l'arche, on trouvera un jardin suspendu et un restaurant.
Ce dernier complexe à l'intérieur de la Défense, qu'on le voie de près ou de loin, se percevra comme une série de différentes proportions, du plus grand édifice jusqu'au plus petit endroit de réunion.

Composition

Quatre grands cadres de béton définissent la méga-structure. Cet ensemble sera stabilisé par quatre autres cadres parallèles et utilisant les principes de Vierendeel.
A l'intérieur de cette « fenêtre » tridimensionnelle, le haut du cadre abrite un jardin suspendu. Les deux faces : le CIC[1] et le ministère. Le bas du cadre a la forme d'une plate-forme, située 7,50 mètres au-dessus du parvis.
De cette plate-forme, le public accédera directement à toutes les activités et événements. Ceux-ci incluront salles de conférences comme cinémas et espaces d'expositions en rapport avec le CIC[1]. Les personnalités auront leur volume d'accueil à part avec accès direct, parc de stationnement et allée automobile.

Idea

An open cube
A window to the world
As a temporary Grand Finale to the avenue
With a view into the future.
It is a modern "Arc de Triomphe",
Celebrating the triumph of mankind,
It is a symbol of hope for the future
That all people can meet freely.
Here under "The Triumphal Arch of Man" people will come from all over the world to learn about other people, to learn what people have learned,
To learn about their languages, their customs, religions, arts and cultures,
But first of all to meet other people !
Only by contact with other people and nationalities can the barriers which misunderstood feelings of centuries have created, be destroyed.
"The Triumphal Arch of Man" will be seen far and wide.
As you approach this arch, it appears to be a great covered square where you can mingle with others and from where you can discover every part of the huge complex.
Inside and outside of "The Triumphal Arch of Man", the protected areas are covered with sheets of glass, which, like hovering clouds, are moving smoothly over folds and their functions. And here among living plants and small fountains you will have a chance to rest, have a cup of coffee, have conversations, to play, to promenade, to look out over all things...
On the top of the arch you will find a roof-garden and a restaurant.
This 1st. complex in La Défense, whether viewed from near or afar, will be experienced as a series of different proportions, from the very largest edifice right down to the smallest meeting-place.

Composition

Four large concrete frames define the mega-structure. This is stabilized by another four frames set up in parallel positions, utilizing the principles of "Vierendeel".
In this three-dimensional "window", the upper frame houses the roof-garden. The two sides : the CIC[1]. For dignitaries there is a separate reception hall with a private entrance from the car-park, and the drive-way.
From this plateau the public also has access to the Ministries through a common lobby. For personnel, there is a separate entrance from the car-park, and driveway also.
Beneath this plateau are found the larger meeting rooms and exhibition spaces. The smaller meeting rooms are located on the roof which utilizes natural light.
On this plateau in the form of posters, screens, and other

---

1. J.O. von Spreckelsen fait référence au Carrefour international de la communication prévu au programme mais dont le projet a été abandonné depuis (décision du conseil des ministres du 6 avril 1986).

1. J.O. von Spreckelsen refers to the International Carrefour of Communication, initially part of the program, which has been abandoned since (Council of Ministers decision, 6 April, 1986).

Construction de la Grande Arche. Premier semestre 1988.

Page de droite : le bâtiment, en forme de cube ouvert de 110 mètres de côté, est revêtu de marbre blanc de Carrare. Sous la voûte, un treillis de câbles haubanés supporte les ascenseurs panoramiques qui relient le socle au toit de l'arche.

The Great Arch construction site. First semester 1988.

Opposite page : white Carrara marble covers the cube 110 meters on a side. A web of tension cables supports the panoramic elevators joining the base and the roof of the arch.

De cette plate-forme, le public pourra aussi accéder au ministère en passant par un hall public commun. Il existe aussi une entrée séparée pour le personnel à partir du parc de stationnement et de l'allée automobile.

Sous cette plate-forme, on trouve les salles de réunions et les espaces d'expositions plus importants. Les salles de réunions plus petites sont situées sur le toit pour utiliser la lumière naturelle.

Sur cette plate-forme, les gens seront informés de tous les événements par affiches, écrans et autres moyens de communication.

Une place de marché monumentale réellement moderne !

Expression architecturale

Le but principal est de construire la « clé de voûte » de la Défense. La tâche de définir et d'embellir le site revient ainsi au dernier bâtiment construit.

Les façades du cube ouvert présentent un revêtement lisse, symbolisant une puce électronique, et montrent les lignes de la communication : un graphisme abstrait inspiré par la plus géniale invention de l'électronique moderne.

Caractéristiques techniques

On a choisi le béton armé post-contraint, matériau idéal pour les structures devant porter une lourde charge. Ce type de béton résiste très bien au temps et aux incendies. Son armature de câbles lui procure une efficacité maximale à faible coût. Ce procédé est issu des expériences de Freyssinet. La structure principale de l'« arc de triomphe de l'homme » consiste en quatre cadres de béton post-contraint situés dans les plans verticaux. De plus, les cadres orientés est et ouest ont des murs-membranes orientés à 45 degrés par rapport aux cadres principaux.

Les éléments verticaux des cadres forment le contreventement des deux bâtiments principaux. Ces bâtiments s'appuient l'un sur l'autre par leurs cadres. C'est ce système qui donne sa forme au cube ouvert. Les murs de contreventement peuvent comporter les ouvertures requises par les activités comme toute construction Vierendeel. Elles permettent la circulation horizontale. Des cellules résistant à l'incendie se placeront facilement dans ces murs.

La portée horizontale des cadres est obtenue par liaisonnement des cadres et des dalles. On crée ainsi des boîtes de tailles différentes suivant leur utilisation et les charges admissibles stabilisatrices.

Pour répartir les forces, l'élément horizontal des cadres est traité en structure alvéolaire percée elle aussi.

Toutes les dalles, le toit et les dalles de soutènement sont en béton post-contraint à construction alvéolaire. Ce procédé est lui aussi économique et permet de grandes portées sans de trop grandes épaisseurs. Les dalles qui forment les membranes horizontales transmettent les forces horizontales aux cadres. Les quatre grands cadres assurent la stabilité de l'ensemble dans le sens nord-sud. La stabilité est-ouest est

methods of communication, people are informed of all happenings.

Truly a modern, grand market place !

Architectural expression

The main aim is to place the keystone of the La Défense. As the last member of the family of buildings, it has the task of defining and refining the site.

The façades of the open cube appear with a bright and smooth surface, symbolizing a micro-chip, showing the lines of the communication : an abstract graphic work inspired by the most brilliant invention of modern electronics.

Technical specifications

Post-tensioned concrete has been chosen as the ideal material for the load-bearing structures. This type of concrete has long-lasting durability and it is fire-resistant. Through cable reinforcing it achieves maximum economical efficiency. The basis of this construction is the experiences of E. Freyssinet. The main structure of "The Triumphal Arch of Man" consists of 4 large post-tensioned concrete frames situated in vertical planes.

Furthermore, the frames towards east and west are supplied by discs forming 45 degrees to the above named main frames.

The vertical parts of the frames form the cross walls of the two main buildings. These buildings do not stand alone but sustain each other by the frames.

And by this system the open cube is shaped.

The cross walls can be supplied with holes and openings by which they function as a Vierendeel construction. This forms the horizontal communication of the buildings. Fire-resistant cells can be easily and economically established by means of these cross walls.

The horizontal span of the frames is obtained through structural connection between the frames and the decks. This forms box sections with holes and openings for rooms, proportioned to the forces and uses which stabilize the structure.

In order to distribute the forces, the horizontal spans of the frames are supplied with cross ribs which also have openings.

All decks, roof and bottom decks are rib construction made of post-tensioned concrete. This construction too is economical and allows large spans with small construction heights.

The decks, forming horizontal discs, transmit the horizontal forces to the frames. The 4 frames ensure the entire main stability in the north-south direction. In addition to that, the stability of the buildings in the east-west direction in secured by use of the discs, forming 45 degrees to the frames.

All the constraints on foundations are effected. The open cube construction secures all concentrated load points directly to the best foundation places in the La Défense area without conflicts with the existing infrastructures in the basement.

The energy consumption is minimized by utilizing both passive solar energy and the construction as energy

Esquisse pour le concours
international d'architecture
(mars 1983).

*Sketch for the March, 1983,
international architectural
competition.*

assurée par les membranes à 45 degrés des cadres.
Les fondations reçoivent toutes les forces. La
construction du cube ouvert concentre les charges
directement sur les points de fondation optimaux du
site de la Défense sans se heurter aux infrastructures
existantes.

La consommation d'énergie est réduite grâce à
l'utilisation de l'énergie solaire passive et à l'utilisation du bâtiment comme accumulateur d'énergie. On
peut utiliser le chauffage classique.

Un élément du projet est constitué d'un système de
toitures de verre en festons reposant sur des câbles.
Les pans de verre font un volume abritant les activités conditionnées par le climat. Ces pans de verre
abaissent aussi le niveau de bruit du trafic[2].

Johan Otto von Spreckelsen,
architecte.

2. Ce texte est le rapport de présentation de J.O. von
Spreckelsen au concours international, mars 1983.

*storage. In addition to that, traditional heating can be
used.*

*A part of the project forms the system of folded glass
roofs, supported by cables. The glass sheets form a
favorable local climate which allows outside activities
most of the year. In addition, these glass sheets diminish
noise levels, caused by the traffic[2].*

Johan Otto von Spreckelsen,
architect.

*2. This text is the project presentation for the competition.
March, 1983.*

Coupes verticales sur
l'arche.
En haut : coupe nord-sud.
En bas : coupe est-ouest
sur les circulations piétons
et les bâtiments adjacents
conçus par Jean-Pierre
Buffi.

Vertical sections of the arch.
Above, the north-south
section. Below, the east-west
section.

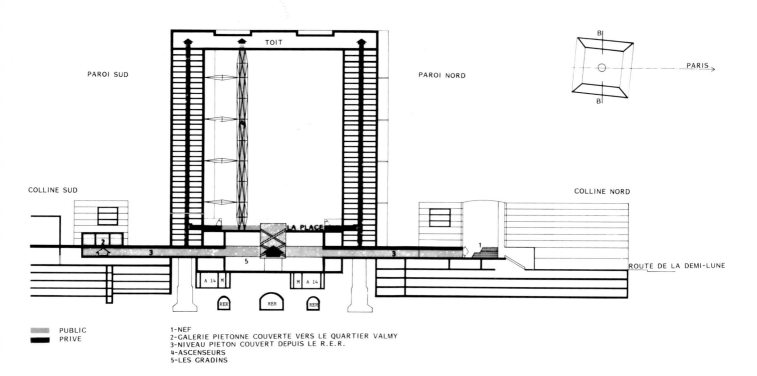

PAROI SUD   TOIT   PAROI NORD

COLLINE SUD   COLLINE NORD

LA PLACE

ROUTE DE LA DEMI-LUNE

A 14   M   M   A 14

RER   RER   RER

PARIS

B

B

▨ PUBLIC
■ PRIVE

1-NEF
2-GALERIE PIETONNE COUVERTE VERS LE QUARTIER VALMY
3-NIVEAU PIETON COUVERT DEPUIS LE R.E.R.
4-ASCENSEURS
5-LES GRADINS

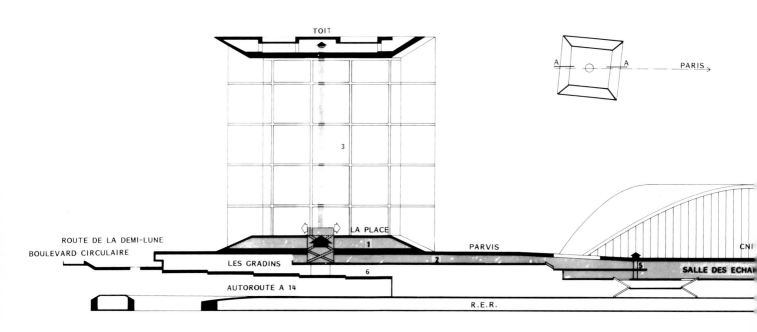

TOIT

A   A   PARIS

LA PLACE

ROUTE DE LA DEMI-LUNE
BOULEVARD CIRCULAIRE

PARVIS

CN

LES GRADINS

SALLE DES ECHA

AUTOROUTE A 14

R.E.R.

Situation de l'arche dans le
quartier de la Défense.
Vue axonométrique.
L'inclinaison de 6 degrés
par rapport à l'axe est
la même que celle de la
cour Napoléon du Louvre
par rapport aux
Champs-Élysées.

*The cube of the La Défense
neighborhood. Axonometric
view. The 6° rotation of the
arch relative to the axis is the
same as that of the Louvre's
Cour Napoléon relative to
the Champs-Elysées.*

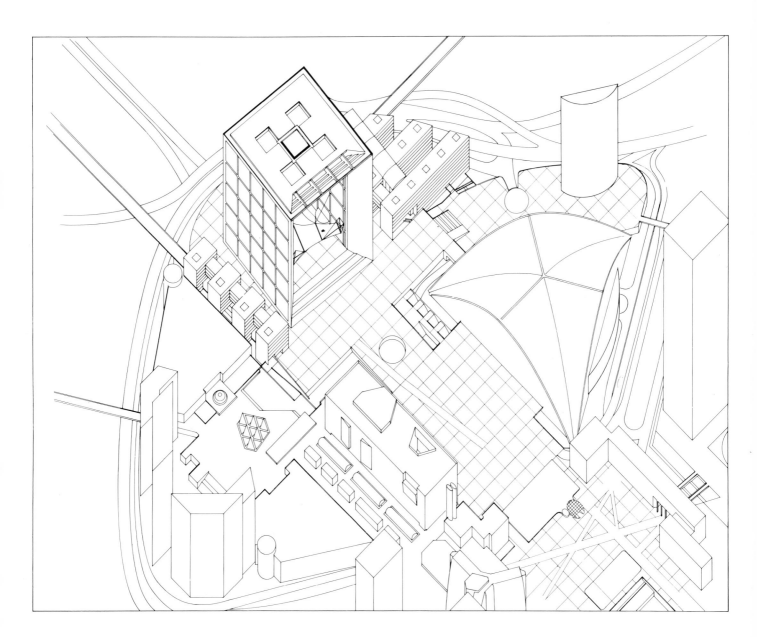

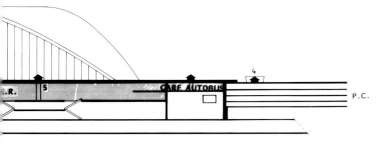

GARE AUTOBUS

P.C.

1-LE SOCLE
2-GALERIE PIETONNE COUVERTE DEPUIS LE R.E.R.
3-ASCENSEURS EXTERIEURS VERS LE TOIT
4-SORTIE PARKING CENTRAL
5-SORTIE DIRECTE DE R.E.R. SUR LE PARVIS
6-SOUS-SOCLE

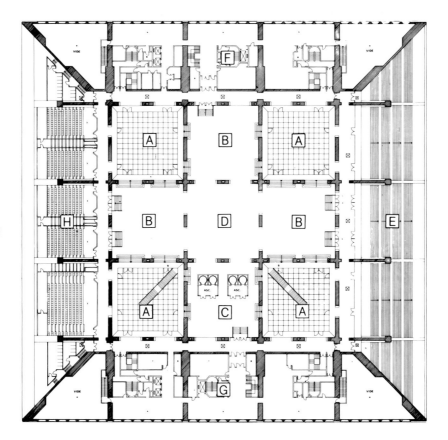

En haut : plan du toit.
En bas : plan du socle.
La trame nord-sud
correspond aux grandes
mégastructures qui
ceinturent le bâtiment et lui
confèrent sa rigidité. La
trame est-ouest assure le
contreventement des
mégastructures.

Above : the roof plan.
Below : the base plan.
The north-south grid
corresponds to the
mega-structures which gird
the building and guarantee
its rigidity. The east-west
grid provides the
mega-structure's
wind-bracing.

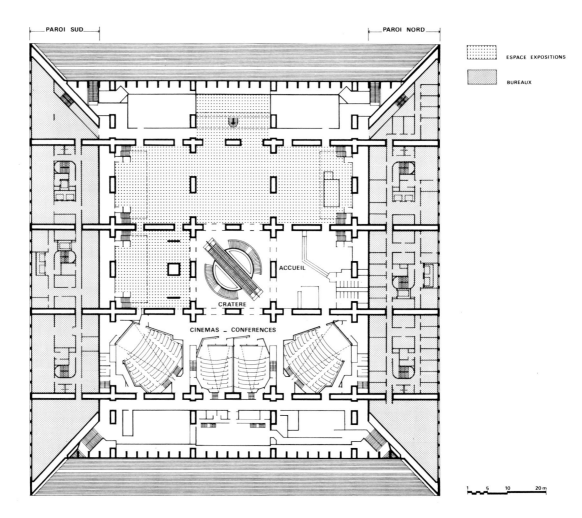

En bas : pose de la
première mégastructure de
70 mètres de portée et de
8 mètres de haut.
En haut : deux des douze
piliers qui supportent les
330 000 tonnes de l'arche
par l'intermédiaire d'un
joint de néoprène. Les
chapiteaux ont 10 mètres
de long.

Below : placement of the
first mega-structure element,
70 meters span and 8 meters
depth.
Above : two of the twelve
pillars which support
330 000 tons on neoprene
joints. The capitals are ten
meters long.

Le Grand Louvre

Le projet du Grand Louvre

The Grand Louvre project

A la fin du XIIe siècle, en construisant un château fort pour défendre la cité dans un bois où l'on chassait le loup sur la rive droite de la Seine, Philippe Auguste a posé le germe de ce qui devait devenir le palais du Louvre. C'est sur son emplacement, en effet, que François Ier, après l'avoir rasé quatre siècles plus tard (il avait entre-temps été transformé par Charles V en résidence royale), fit construire par Pierre Lescot le nouveau « corps de logis » qui, développé règne après règne jusqu'à la fin du XIXe siècle, est devenu l'immense palais qui marque aujourd'hui le cœur de Paris.

Pendant cinq siècles, tous les régimes ont apporté leur pierre à cet ensemble prestigieux qui a traversé l'histoire dans des rôles multiples : tour à tour demeure royale, caserne, prison, école, académie, bureaux d'administrations, collège artistique, il a finalement trouvé sa vocation lorsque la Convention, mettant en 1793 un terme à un long débat de principe dans lequel s'étaient illustrés les Encyclopédistes, a ouvert pour la première fois au public les collections royales dans l'une de ses galeries. Le musée s'est alors étendu et enrichi jusqu'à devenir ce qu'il est aujourd'hui : l'un des tout premiers du monde par l'importance et la variété de ses collections. Mais ce palais prestigieux et ce musée célèbre, s'ils partagent et illustrent le même nom, ne font pas pour autant bon ménage. Jamais, en effet, du fait de l'inadaptation foncière des lieux à un tel usage, le musée n'a trouvé dans le palais les équipements indispensables à son bon fonctionnement. Cruellement démuni des moyens nécessaires à la vie scientifique des collections, à leur entretien, à l'accueil et au confort du public comme à la facilité du travail, il éprouve de plus en plus de difficultés à faire face à un succès grandissant. Deux millions et demi de visiteurs ont ainsi à pâtir de son inconfort, tandis que ses conditions d'exploitation et de gestion rendent la vie de ses responsables particulièrement ingrate.

Faute d'extension, on pouvait redouter que, à terme, la sclérose l'atteignît quand, en 1981, M. François Mitterrand, président de la République, apporta la solution que tout le monde espérait en décidant que, désormais, le musée serait le seul maître du palais. Le ministère des Finances qui en occupe le tiers depuis la fin du XIXe siècle devait en partir. La construction à Bercy d'un nouveau ministère fut aussitôt entreprise pour permettre la réalisation de ce qui s'est dès lors appelé le Grand Louvre.

Sous la responsabilité d'un établissement public bâtisseur créé pour la circonstance, le projet a été confié à l'architecte américain Ieoh Ming Pei qui, parmi les grands architectes de ce temps, bénéficie de l'expérience d'une entreprise du même type et d'importance comparable, l'extension de la National Gallery de Washington.

Les données du problème étaient simples. Dans le respect absolu du palais et de son architecture, il fallait donner au musée du Louvre tous les moyens modernes nécessaires à la meilleure présentation de

The nucleus for the Palais du Louvre was established with Philippe Auguste's fortress for the city's defence on the Seine's right bank — in a wooded area known for its wolves. Transformation into a royal residence by Charles V followed, and the fortress was finally razed, four centuries later, by François I who commissioned Pierre Lescot to build a new "group of buildings" in their place. Through successive reigns up to the mid-19th century, the Palace was gradually transformed into the Parisian landmark we know today.

More than five centuries of building is represented in a prestigious complex which has played a number of roles through the ages : royal residence, barracks, prison, school, academy, administrative offices, art school. In 1793, the Convention finally decided how it would be used — thus ending the long debate in which the Encyclopedists figured prominently — by allowing the public to view the royal art collection in one of the galleries. The museum grew and was enriched to the point that the importance and the variety of its collections place it among the world's best. But the prestigious buildings and the celebrated museum do not work well together even though they share the same name. In fact, the palatial spaces have always been very poorly suited to the functional needs of the museum and it is still sadly lacking in the means for exploiting the scientific value of the collections and ensuring their maintenance. The museum is having trouble coping with its growing success : the two and a half million annual visitors have to put up with uncomfortable conditions and the museums' directors are finding their situation thankless.

Without a major change, the museum would have become hopelessly overcrowded — then President Mitterrand took the anxiously awaited decision to make the Museum the sole master of the Palace. The Ministry of Finances has occupied one third of the Palace since the 19th century and must now make place for the renovation-extension project known as the Grand Louvre. It will soon be housed in a new Ministry of Finances building currently being built at Bercy.

A Public Establishment was created for the project and the American architect Ieoh Ming Pei was commissioned for its design on the strength of his recent design for a comparable project, the extension to the National Gallery in Washington.

The problem was simple. The Palace and its architecture are to be respected absolutely ; the Musée du Louvre is to profit from the most efficient methods of displaying its collections, ensuring more effective functioning and management and receiving visitors. As the historic monument is architecturally complete, new uses needed new spaces and only one space remained : the Cour Napoléon which separates the two 700-meter long wings of the palace. This huge rectangle — more than one hundred meters wide — will be excavated to create the 50,000 m2 for visitors' reception and services. The restored Palace will be be used for the development of the collections. The current exhibition space will thus increase by 80% and the service areas by 160%. Previously considered as a theater without wings, the

Vue aérienne sur les
Tuileries et le palais du
Louvre. Sur la rive gauche,
le musée d'Orsay.

*Aerial view of the Tuileries,
the Louvre and the Orsay
Museum on the left bank of
the Seine.*

ses collections, à leur gestion, à son propre fonctionnement et à l'accueil de son public. Le monument historique étant architecturalement figé, il fallait donc inventer pour des usages nouveaux des espaces nouveaux. Une seule place était disponible, celle de la cour dite Napoléon, qui sépare les deux ailes de l'édifice, longues, chacune, de plus de 700 mètres. Dans ce vaste quadrilatère central, large lui-même de plus de 100 mètres, a été ainsi prévu le creusement des surfaces destinées aux services et à l'accueil du public, en un peu plus de 50 000 mètres carrés de constructions souterraines. Restauré mais inchangé, le palais sera, lui, consacré au développement des collections. Au total, les surfaces offertes à ces dernières augmenteront ainsi de 80 %, celles des services, si cruellement insuffisantes aujourd'hui, étant accrues pour leur part de 160 %. Jusqu'ici considéré comme un théâtre sans coulisses, le Louvre entrera enfin dans les normes des musées modernes qui répartissent à égalité leurs espaces entre les collections et leur exploitation.

Même si rien n'en apparaîtra à l'air libre, et si le palais du Louvre demeurera conforme à ce que les siècles en ont fait, ce parti aboutira en réalité à en modifier profondément la morphologie invisible : les deux ailes séparées de ce U gigantesque seront reliées souterrainement et transformées en ensemble compact. Identique en surface, le palais sera ainsi devenu radicalement différent dans la réalité de son fonctionnement et de ses communications intérieures, avec, notamment, des distances considérablement raccourcies par la distribution des salles autour d'un axe central. Et c'est tout naturellement que cet ensemble révélera un épicentre marqué par la déjà fameuse pyramide de verre.

Cette pyramide a suscité un certain nombre de polémiques qui s'éteignent peu à peu devant les évidences de sa nécéssité fonctionnelle et de sa valeur monumentale. Au cœur de la cour Napoléon enfin ouverte à la ville, elle marquera la place publique nouvelle que les Parisiens et leurs visiteurs découvriront là ou n'était autrefois qu'un lieu mort, propice seulement au parking. Dans la pureté de sa forme et de ses bassins, elle évoquera les parterres de Le Nôtre, reconstitués à l'ouest des Tuileries.

Eternelle dans son volume, moderne dans son matériau, la pyramide créera avec les reflets de l'eau, les changements du ciel et des lumières, une animation visuelle qui fera vibrer l'architecture environnante sans s'y confronter. Eclairée du dedans pendant la nuit comme un fanal grandiose marquant l'accès principal au musée, elle offrira aux visiteurs de l'accueil souterrain le contact visuel permanent avec les bâtiments historiques qui l'entourent, les empêchant ainsi de perdre jamais leur orientation et d'oublier que c'est bien au Louvre ancestral qu'ils se trouvent.

Ce projet a néanmoins été ressenti par certains comme une agression : mais n'est-ce pas parce que, pour la première fois en France, une affirmation de

Louvre will finally correspond to modern museum conception in dividing its space equally between exhibitions and "backstage" areas.

Even if the Palace will appear to remain untouched, its hidden morphology will be profoundly reshaped : a compact organization will join the two wings through subterranean connections. The shorter distances resulting from a radial internal communication network will radically improve circulation and functioning. It is quite natural that this epicenter be marked with the now famous glass-pyramid.

The pyramid sparked off heated discussion which is gradually cooling down in the face of its functional and monumental value. The Parisian public and other visitors will discover the Cour Napoléon, a new Parisian open space previously inaccessible except as a parking lot. The purity of the form and the water basins will recall Lenôtre's parterres, rebuilt in the western part of the Tuileries.

Timeless form in modern materials, reflected in the water and reflecting the skies, the pyramid changes constantly without conflicting with the surrounding architecture. At night the internal lighting will transform the glass and steel tetrahedron into a monumental entry to the museum. Visitors to the underground reception area will not loose their orientation as it will be possible to perceive the surrounding historic buildings of the Louvre through its transparent covering.

If this project has been controversial it is perhaps because this is the first time that such a modern state-

modernisme s'exprimait dans un tel cadre historique ? Ne serait-il pas plus choquant encore que la créativité de notre époque soit offusquée par le respect passif de l'héritage et condamnée à s'effacer toujours devant les témoignages du passé ? N'est-il pas sain qu'après cinq siècles d'une évolution toujours inspirée de la Renaissance la réponse à des contraintes techniques d'aujourd'hui passe par une expression architecturale contemporaine, dès lors qu'elle est complémentaire de l'héritage auquel elle vient s'ajouter ? Sans aucune provocation, la pyramide de Pei se présentera comme un monument exemplaire au centre d'une nouvelle place de Paris. L'opinion déjà, après de nombreuses explications et présentations, ne s'y trompe pas, qui lui est favorable à plus de 60 %. Dans dix ans, la pyramide fera partie du paysage parisien et marquera l'aboutissement à la fin du XXe siècle d'un grand dessein architectural patiemment édifié pendant cinq cents ans. En installant au Louvre le musée, jamais n'avait été pris le soin de lui donner les moyens d'y fonctionner convenablement. Le dernier geste d'aujourd'hui est le simple rétablissement de l'ordre architectural qui n'avait pu commencer par le commencement. Et qu'importe que l'on finisse par ce qui aurait dû être le début de l'entreprise dès l'instant que sa réalisation demeure respectueuse de toutes les étapes qui auront permis de l'achever ?

La réalisation de cette première partie du programme du Grand Louvre doit être terminée au début de 1988. Déjà, à la fin de 1985, la cour Carrée a été restaurée et les substructions du vieux donjon de Philippe Auguste et du château de Charles V exhumées et présentées dans une crypte dont l'achèvement a été réalisé dans le délai prévu. Ainsi donc, l'origine de l'histoire de l'Etat français aura été mise en évidence cependant qu'on prépare l'adaptation du palais du Louvre à sa fonction muséale.

Ces travaux terminés, le Grand Louvre n'en sera pas fini pour autant, car c'est bien le musée qui est l'objectif final de l'entreprise, et il faudra que les collections se déploient dans l'ensemble du palais et occupent la place laissée vacante par les bureaux, ce qui signifie qu'elles soient redistribuées en presque totalité : on estime à dix années le temps nécessaire à cette vaste entreprise muséographique. Elle est immense, à la mesure de l'importance des collections d'un des tout premiers musées du monde. Ce n'est donc qu'à l'orée du XXIe siècle que le Grand Louvre sera achevé, mais il sera doté alors de tous les moyens de présenter dignement à ses visiteurs du monde entier, de plus en plus nombreux, quelques-unes des richesses essentielles de notre civilisation.

Emile Biasini,
*président de l'Etablissement
public du Grand Louvre.*

ment has been made in a historic context. Is it not even more disturbing to stifle the the creative expression of our era, to relegate it to a secondary role in the face of these historic monuments ? After five centuries of Renaissance inspiration it is clear that a response to today's technical constraints must incorporate a contemporary architectural statement which complements the rich heritage of which it now will become a part. Pei's pyramid is destined to become a Parisian landmark and informed public opinion is now more than 60% favorable. Ten years from now, it will have become part of the Parisian landscape and will signal the completion, at the end of the twentieth century, of 500 years of careful building. For, though the Museum has been installed in the Palace for nearly 200 years, its activities and the building's spaces are not compatible and nothing has been done until now to provide the Museum with the elements needed for its proper functioning. Today's addition is nothing more than the simple provision of those facilities that should have already existed. What difference could it make that the final stage provides that which should have been created initially, so long as the project takes into account all the preceding stages ?

The Cour Carrée has been restored and its paving is complete. The first phase of the Grand Louvre project will be finished in 1988. The foundations of Philippe Auguste's keep and of Charles V's castle have been excavated and will be presented in a crypt, accessible to the public, when the technical installations in the Cour Napoléon have been completed. The history of France will be told through a project which will turn the Palais du Louvre into a fully operational modern museum.

The Grand Louvre cannot be terminated, however, for the Museum is the principal object of the operation. It is likely to take ten years or so for the spaces vacated by the Ministry of Finances to be restored and for the quasi-totality of the collection to be redistributed throughout the new museum. This is an immense undertaking — its importance is mirrored in the scale of one of the world's major museums — and it is only near the beginning of the 21st century that the Grand Louvre project will near completion. It will then be able to offer the increasing number of world-wide visitors a presentation worthy of itself, one of the essential treasures of our civilization.

Emile Biasini,
*President of the Etablissement
public du Grand Louvre.*

Vue sur la cour Napoléon du Louvre. Les fouilles entreprises en 1984 dans la cour Napoléon et dans la cour Carrée ont constitué la plus importante opération d'archéologie jamais entreprise en France. Elles ont mis en évidence, cour Napoléon, de multiples témoignages de la vie urbaine depuis le XIIIe siècle.

View of the Louvre's Cour Napoléon. In 1984, the largest archaeological operation ever undertaken in France excavated the Cour Napoléon and the Cour Carrée. The Cour Napoléon contained many traces of urban settlement dating from the XIIIth century.

La cour Carrée du Louvre.
Détails de la restauration
des façades et de la
statuaire.

*The Louvre's Cour Carrée.
Details of the façade and
statuary restoration.*

Une image de la modernité au cœur d'un monument historique

A modern image at the heart of an historic monument

Pour la première fois de son histoire, le palais du Louvre est totalement affecté au musée. La libération de l'aile Rivoli crée l'opportunité de repenser l'organisation générale du musée aussi bien pour la présentation des collections que pour l'accueil du public.

Au centre de gravité du Louvre, le hall Napoléon constituera l'espace d'accueil principal. Placé au croisement de l'axe est-ouest et de l'axe nord-sud du palais, il sera l'élément central du nouveau circuit muséologique.

Sa forme carrée, d'une géométrie simple et rigoureuse, sera disposée de sorte que chaque angle corresponde à l'alignement des axes et donne accès, grâce à un traitement architectural spécifique, aux circuits de visite.

Ce hall sera bordé d'une mezzanine qui correspondra au niveau d'accès dans le palais à travers trois cryptes : Denon au sud, Sully à l'est vers la cour Carrée, Richelieu au nord. Ces cryptes seront donc créées en sous-sol, au niveau des trois principaux pavillons qui structurent l'ordonnancement architectural de la cour Napoléon construite par Visconti et Lefuel.

L'architecture du hall sera caractérisée par la simplicité et le calme des grandes surfaces de murs et de sols en pierre, et par le raffinement de la mise en œuvre de matériaux modernes tels que le béton architectonique des poteaux et des plafonds ou l'acier inoxydable de l'escalier hélicoïdal, des escaliers roulants et autres éléments de modénature.

La structure de la pyramide, qui couvrira la majeure partie du hall et lui donnera tout son volume, sera haute de 21 mètres et large de 33 mètres à sa base. Elle sera faite d'une résille très fine de tubes d'acier inoxydable (5 centimètres de diamètre) et de câbles (8 millimètres de diamètre), véritable toile arachnéenne qui laissera pénétrer largement la lumière et le soleil dans l'espace du hall, large de 70 mètres et situé à 8,60 mètres sous le niveau de la cour Napoléon. La pierre des murs donnera l'impression que l'on a « taillé » ce grand volume dans la roche du sous-sol de Paris.

Autour de ce hall, seront placés les services d'accueil que le public attend d'un grand musée. Outre l'information, un grand auditorium, un accueil spécialisé pour les groupes d'enfants, un café-restaurant et les boutiques du musée constitueront autant d'espaces spécifiques accessibles depuis le hall. Complétant cette composition cruciforme, une galerie donnera accès, vers l'ouest, à la gare de tourisme et au parking souterrain situés sous les jardins du Carrousel. Cette galerie à la forte architecture de pierre, de béton et de verre, accueillera quelques boutiques dont l'activité sera compatible avec le musée. Une pyramide « inversée », pointe vers le bas, apportera la lumière naturelle à cet espace.

Tous les autres volumes souterrains de la cour Napoléon seront utilisés pour les services du musée, réserves d'œuvres, de matériel, vestiaires, etc.

Après la réalisation de la cour Napoléon, sera mise

For the first time in its history the Louvre Palace will be totally occupied by the Museum. The freeing of the Rivoli Wing creates the opportunity to completely re-think the general organization of the museum — whether displaying its collection or welcoming the public.

The Louvre's center of gravity, the Napoléon Hall placed at the intersection of the east-west and north-south axes, will become the principal entry and the hub of the new visitor's circulation network.

The simple, strong geometry of its square form is arranged so that each angle, with its specific architectural treatment, corresponds to a visitor's circuit.

The Hall is surrounded by a mezzanine which gives access through three crypts to the Palace : Denon to the south, Sully to the east, towards the Cour Carrée and Richelieu to the north. These crypts will be created below ground at the level of the three pavilions which structure Visconti and Lefuel's Cour Napoléon.

The hall is characterized by the simplicity and the calm of large floor and wall areas in stone, the architectural concrete of the columns and ceilings and the stainless steel of the spiral staircase, the escalators and other details.

The pyramid, which covers the entire hall and determines its volume, is 21 meters high and its base is 33 meters on each side. The structure is a very fine mesh of stainless steel tubes (5 cm diameter) and cables (8 mm diameter) — like a spider's web — which will allow sunshine and light to freely penetrate the 70-meter square hall located 8.60 m. below the Cour Napoléon. The stone walls will give the impression that the hall's large volume has been cut out of the bedrock of Paris. Services expected of a major museum will be located in specific spaces around the hall : the information desk, an auditorium, a special reception area for children's groups, a café-restaurant and the museum's shops. The gallery to the west, with its imposing stone, concrete and glass architecture, will link the hall to the car park and tourist bus-station located under the Carrousel gardens and will have the usual museum shops. An inverted pyramid will introduce natural light into the space.

All of the Cour Napoléon's other underground spaces will be used for services such as cloakrooms, storage areas for works of art, other materials, etc.

The Museum's reorganization will begin with the first phase of the conversion of the Rivoli Wing presently occupied by the Ministry of Finances and take place after the Cour Napoléon project. The Ministry's courtyard, a parking lot at the moment, will be completely transformed and covered with a glass roof. The ground level will feature a series of platforms and steps which will present French outdoor sculpture, such as the Marly Horses by Coysevox and Coustou, protected from pollution.

The lower part of the courtyard will communicate with the Richelieu crypt and the northern access to the Napoléon Hall.

The existing buildings will be completely remodelled : the mezzanine floors will be taken out, a number of walls removed and the floors re-covered.

en chantier une première phase de réorganisation du musée. Les travaux porteront sur la première tranche d'aménagement de l'aile Rivoli, actuel ministère des Finances. Les cours du ministre et des caisses, qui servaient de parking, seront complètement transformées. Elles seront couvertes d'une verrière. Le sol sera modelé par une architecture de plates-formes et d'emmarchements permettant de présenter les sculptures françaises de plein air qu'il faut mettre à l'abri de la pollution, tels les chevaux de Marly de Coysevox et Coustou.

La partie basse des cours communiquera avec la crypte Richelieu au débouché de l'accès nord du hall Napoléon.

Les bâtiments existants seront complètement remodelés, les entresols démolis, une partie des murs supprimée et les planchers refaits.

Une liaison verticale importante (ascenseurs, escaliers roulants, escaliers) sera aménagée sur toute la hauteur du bâtiment, à la jonction avec le hall Napoléon, pour constituer un des points forts du circuit muséologique.

L'architecture de ces aménagements sera moderne et

Vertical circulation (stairs, elevators and escalators) will be provided for the entire height of the building at the junction with the Napoléon Hall — thus providing a strong structuring element for the visitors' circuit.

The remodelling will feature a modern design in keeping with the architecture of the entry hall but will also reflect the specific characteristics of the Palace. Important architectural landmarks, such as the Colbert and Lefuel staircases and the Duc de Morny rooms will be preserved in all their splendor and become part of the visitors' circuit.

The Louvre and the Tuileries constitute an urban composition, exceptional in both size and historical importance, which becomes so much dead space as soon as the doors to the Museum close.

The Ministry of Finance's move from their Louvre premises to the new building in Bercy will finally allow the Museum to take over the Palace's north wing and for a certain amount of interaction to be established between the Museum and the city. The rue de Rivoli's arcades and the Place du Palais Royal will no longer face an impenetrable wall. The openings in the Louvre will be renovated so that the public will be able to pass

La mise en valeur du patrimoine national

Parallèlement à la modernisation et au réaménagement du musée du Louvre qu'il était urgent d'entreprendre, un important programme de restauration du palais a été engagé, dont la première tranche a été exécutée en 1984 et en 1985.

Ces travaux ont permis, outre la restauration intégrale du clos et du couvert de la cour Carrée, la création d'une crypte aménagée autour des vestiges du premier Louvre, château fort de Philippe Auguste, et de son donjon (XIIᵉ siècle), fondements sur lesquels Charles V bâtit au XIVᵉ siècle sa résidence. Les deux opérations ont été menées de front. A l'automne 1985, la cour Carrée avait retrouvé sa beauté première : façades intérieures ravalées, sculptures d'ornement restaurées, fenêtres et toitures remises à neuf. Ces travaux ont été complétés, après la réalisation de la crypte, par un aménagement de surface :

dallage et pose d'un bassin sur un projet de Duban, architecte de Napoléon III.

La campagne de fouilles a démarré dans le même temps, permettant de mettre au jour les fossés du Louvre de Philippe Auguste et la base du donjon central, la « grosse tour du Louvre » à laquelle tous les vassaux du royaume devaient hommage. Du château de Charles V, il subsiste quelques substructions particulières parfaitement identifiables.

L'excellent état de conservation de ces vestiges enfouis pendant cinq siècles et dégagés sur une hauteur de 7 mètres offrira au public qui circulera dans les douves une étonnante promenade dans le Paris médiéval, aux origines mêmes de l'État français. Ce parcours devra être suivi pour aller de l'espace d'accueil de la cour Napoléon aux départements des antiquités égyptiennes, grecques et romaines.

Enhancement of the national heritage

At the same time that the modernization of the Louvre Museum was undertaken, 1984 and 1985 signaled the completion of the first phase of an ambitious restoration program for the Palace.

The work included the integral restoration of the precinct, the covering of the Cour Carrée and the creation of a crypt around the remains of the 12th century Louvre, Philippe Auguste's castle and keep which served as the foundations for Charles V's 14th century residence.

By the autumn of 1985, the Cour Carrée had regained its original beauty : the internal façades were cleaned, the decorative sculpture restored, the windows and the roof renewed. The program was completed, after building the crypt, with the paving of the courtyard and installing a

fountain according to the plans of Napoléon III's architect, Duban.

Excavations, carried out at the same time, revealed the moat of Philippe Auguste's Louvre and the base of the central keep — the huge Louvre Tower — to which all the vassals of the kingdom paid homage. Several foundations from Charles Vth's castle are perfectly identifiable.

These well-conserved remains, buried for five centuries, were uncovered to a height of seven meters in order to give the visitors a striking impression of medieval Paris at the time of the origins of the French State. The space is on the path from the reception area in the Cour Napoléon to the departments of Egyptian, Greek and Roman Antiquities.

en continuité stylistique avec l'espace d'accueil, mais tiendra compte également de la spécificité architecturale du palais. Les ensembles architecturalement importants, tels que les escaliers Colbert et Lefuel, ou les salons du duc de Morny, seront conservés dans toute leur splendeur et intégrés au circuit de visite.

Pièce urbaine exceptionnelle tant par son histoire que par son architecture, le domaine du Louvre et des Tuileries était un espace désert en plein cœur de Paris dès que les portes du musée étaient fermées. Le départ du ministère des Finances de l'aile Rivoli va enfin offrir l'occasion d'ouvrir le palais sur le quartier et d'intégrer le musée dans la ville. Les arcades de la rue de Rivoli et la place du Palais-Royal ne feront plus face à une muraille infranchissable. Les guichets du Louvre seront réaménagés pour que les piétons puissent y passer confortablement et, surtout, le très beau passage Richelieu, situé dans l'axe du Palais-Royal, sera ouvert au public. Il constituera un axe urbain de promenade entre les jardins du Palais-Royal et la cour Napoléon. Le promeneur aura une vue directe de part et d'autre sur les deux cours réaménagées avec les plus belles pièces de la statuaire française classique, et débou-

through the existing wall. The exceptional Passage Richelieu, on the Palais Royal's axis, will be open to the public thus constituting a public promenade from the Palais Royal's gardens to the Cour Napoléon. The pedestrian will perceive the two rehabilitated courtyards on either side (containing the best examples of classical French sculpture) and the pyramid and its fountains straight ahead.

The city will reclaim its rights and the Cour Napoléon will take its place in a majestic urban composition.

A number of actions located within the limits of the Tuileries and the Louvre will further reinforce the importance of the historic axis which now stretches to La Défense : the reconstitution of Le Nôtre's gardens within the Tuileries, the suppression of traffic on the avenue du General-Lemonnier, the Carrousel Square redesigned, the treatment of the Cour Napoléon and the Cour Carrée.

Le Nôtre's grand axis will no longer end in a parking lot and the Cour Napoléon and the Cour Carrée will finally be part of the ambitious Louvre design.

The most significant aspect of Pei's project, beyond its functional qualities, is the creation of a modern architecture in conjunction with one of architectural history's most celebrated monuments.

Les fouilles archéologiques cour Napoléon-Carrousel

Entreprises sur 28 000 mètres carrés de terrain pendant environ deux ans et mobilisant près de deux cents personnes (archéologues, techniciens, terrassiers...), les fouilles de la zone cour Napoléon-Carrousel constituent la plus importante opération archéologique jamais réalisée en France.

Les travaux de terrain, complétés par les recherches d'archives, ont permis de dresser une image cohérente de la topographie de ces 3 hectares de territoire parisien. Il s'agissait là d'une zone rurale qui fut exploitée depuis l'époque mérovingienne et jusqu'au moment de la construction du château de Philippe Auguste. L'implantation de cette forteresse sera le point de départ de la transformation du lieu. Dès le XIIIe siècle, il devient une zone de faubourg dont l'aspect urbain va se renforcer au cours des siècles.

Les fouilles ont, par ailleurs, mis au jour nombre de témoignages de ce développement urbain, les derniers en date étant les fours de tuiliers et de potiers datés du XVe et du XVIe siècle, dont certains peuvent être rattachés aux productions de Bernard Palissy.

Reste à faire l'étude archéologique de ces éléments : des centaines de prélèvements, des milliers d'objets (plus de vingt-cinq mille) vont à présent être répertoriés et analysés par l'équipe dirigée par Yves de Kisch. Les résultats des travaux feront l'objet de publications qui permettront de faire connaître et de montrer à tous l'importance de l'entreprise accomplie et la masse considérable d'informations historiques acquise en deux ans.

Archæological excavations of the Cour Napoléon-Carrousel

The excavations of the Cour Napoléon and the Carrousel represent the most important archæological operation ever undertaken in France : a 28,000 m² site excavated in two years by a team of some two hundred persons (archæologists, technicians, excavators...).

The site work, completed by archival research, has resulted in a coherent image of the three hectare site's topography. It was a rural site which was farmed from Merovingian times until the construction of the Philippe Auguste castle. From this point on, the site was gradually transformed and by the 13th century had become a suburb whose urban character would be reinforced over the centuries.

The excavations revealed a number of traces of this urban development ; the last were 15-16th century brick and pottery ovens of which several were used by Bernard Palissy.

The archæological studies remain to be carried out : thousands of objects uncovered by the excavations (more than 25,000) must be analyzed and catalogued by the team headed by Yves de Kisch. The published results of this work will reveal the importance of the site and the considerable mass of historical information gathered over the two year period.

La crypte archéologique de
la cour Carrée : douves et
substructions du château
de Charles V.

*The archaeological crypt
beneath the Cour Carrée.
Moat and foundations from
Charles V's castle.*

chera ensuite face à la pyramide entourée de ses
bassins.

La ville reprendra ses droits et la cour Napoléon
deviendra un espace majeur dans cette majestueuse
composition urbaine que les siècles nous ont léguée.
La reconstitution des jardins de Le Nôtre aux
Tuileries, la suppression de la circulation de l'avenue
du Général-Lemonnier par la création d'un passage
souterrain, le réaménagement de la place du Carrousel avec un nouveau dessin, l'aménagement de la
cour Napoléon et de la cour Carrée vont donner une
qualité nouvelle à ce grand axe de Paris dans l'enceinte même du palais du Louvre.

L'axe historique de Le Nôtre n'aboutira plus sur un
parking : la cour Carrée et la cour Napoléon répondront enfin à l'ambition du grand dessein du
Louvre.

Dans sa signification profonde et dans son enjeu, le
projet de Pei, au-delà de sa qualité fonctionnelle,
porte sur la création d'une architecture moderne, au
cœur même d'un monument historique parmi les
plus célèbres de l'histoire de l'architecture.

Dire que la composition architecturale du palais du
Louvre était terminée et qu'il ne fallait plus rien
construire n'est pas un argument pertinent quand on
connaît l'histoire de ce palais sans cesse remanié,
ainsi que les nombreux projets étudiés pour la
jonction du Louvre avec les Tuileries. Ainsi, la
démolition du château des Tuileries, que n'avait
certes pas pu prévoir Lefuel, a remis en cause toute
la composition conçue au milieu du XIXe siècle.

Dire que la continuité stylistique du palais actuel
interdit une architecture d'un autre style relève d'une
vision figée de la vie d'un monument, fût-il le palais
du Louvre. C'est justement dans un lieu aussi prestigieux — l'opportunité du Grand Louvre créant
l'exigence architecturale — qu'il faut avoir le courage d'exprimer l'architecture de notre temps.

Le symbole architectural que représente cette pyramide exprime avec force et retenue les tendances de
notre époque. Cette architecture de haute technicité,
tout en finesse, à l'opposé d'un exhibitionnisme
technologique, est à l'image de l'évolution actuelle
dans laquelle la France doit jouer son rôle. Elle est
d'autant plus significative de la modernité du
XXe siècle qu'elle est ancrée au cœur du patrimoine
historique le plus prestigieux.

Michel Macary,
architecte associé à Ieoh Ming Pei.

*It is not fair, given the history of the building, to insist
that the Louvre is complete as it stands and must not be
touched. The Palace has been remodelled over and over
again and projects have often treated the junction of the
Palace and the Tuileries. The demolition of the Tuileries Palace, unforeseen by Lefuel, completely disrupted
the mid-19th century composition.*

*To reason that the stylistic continuity of the Palace rules
out the introduction of an other style reveals a static
conception of a monument's life — even if it is the
Louvre Palace. It is precisely in such a prestigious site,
on the occasion of the Grande Louvre project, that one
must have the courage to express the architecture of our
times.*

*The architectural symbol of the pyramid forcefully
expresses the tendencies of our era. The refined, highly
technical architecture — the opposite of a technological
exhibitionism — is an expression of the evolution of
France's investment in her future. This investment is
further emphasized through the pyramid's place in the
heart of one of the nation's most important architectural
compositions.*

Michel Macary,
architect associated with Ieoh Ming Pei.

Interview de Ieoh Ming Pei
par Michèle Champenois

Interview with Ieoh Ming Pei
by Michèle Champenois

Page de droite : vues générale et rapprochée sur la pyramide. Chantier juin 1988.

Opposite page : views of the pyramid. Work site june 1988.

[...]

Ieoh Ming Pei : Je viens de Chine, un pays dont la culture est ancienne, mais très lointaine. Le passé est glorieux, mais c'est le passé. Les Français, eux, sont très attachés au passé. Je rencontre des gens qui parlent de Louis XIV comme s'ils l'avaient vu la veille... Si j'étais seulement américain, j'aurais du mal à m'adapter. Comme j'appartiens à deux cultures opposées, aux deux pôles, et que la France est au milieu, je peux comprendre.

Michèle Champenois : Les détracteurs du projet s'accordent généralement pour souhaiter une transformation générale du Louvre, mais critiquent l'idée d'une entrée principale et surtout sa partie visible, la pyramide. Pour eux, la cour Napoléon est un espace fini, qui appelle le vide.

I.M.P. : Avant d'accepter ce travail, j'ai d'abord pensé que c'était impossible, qu'on ne pouvait pas toucher au Louvre. A Versailles, je ne toucherais à rien. Le soir, on ferme les grilles. Versailles dort. Mais si le Louvre dort, c'est Paris qui sommeille. Le Louvre doit être vivant, à cause de sa situation dans la ville. Le futur du Louvre, c'est d'être un musée. Pourquoi pas le plus grand ? Le plus agréable ?

M.C. : On attend cinq millions de visiteurs au lieu de moins de trois millions actuellement. N'est-ce pas trop ?

I.M.P. : Ce n'est pas le nombre de visiteurs qui compte mais la qualité de la visite. Combien profitent vraiment de ces trésors ? Nous voulons en faire un lieu où les gens aient envie de rester, de revenir, au lieu de jeter un coup d'œil sur la *Vénus de Milo* et de rentrer chez eux épuisés, écœurés. Pas seulement les touristes, mais les Français.
Si tout le monde est d'accord sur la nécessité d'améliorer le fonctionnement du musée, d'aider les visiteurs à choisir, de raccourcir les distances, de créer un espace compact au lieu d'un itinéraire incompréhensible et trop long, alors, j'ai confiance. Je suis absolument persuadé que, dans ce cas, ma solution est la bonne.

M.C. : Une pyramide, cette « maison des morts » ? Avez-vous pensé à d'autres formes ?

I.M.P. : Bien sûr, mais la pyramide s'est imposée très vite. Ceux qui parlent de « maison des morts » ont mal lu l'histoire : ils pensent à l'Egypte. Quand on passe de la pierre au verre, cela change du tout au tout. La pyramide, forme géométrique fondamentale, est « classique » ; elle appartient à l'art de toutes les époques et du monde entier. Quant à la hauteur, il faut s'entendre : un cube de 20 mètres de haut serait un objet énorme ; une pyramide dont le sommet est à 20 mètres est plutôt une petite chose.
Un signal doit absolument émerger. A l'intérieur, nous devons créer un volume assez vaste, assez lumineux, pour qu'on ait tout de suite conscience des possibilités du lieu, qu'on sache qu'on est dans le Grand Louvre. Le matériau va compter énormément : c'est pourquoi aucune maquette, en vraie

[...]

Ieoh Ming Pei : *I come from China, a country whose culture is ancient but very distant. The past is glorious but remains the past. The French are very attached to the past. I have encountered people who spoke of Louis XIV as though they just left him yesterday... If I were simply an American I would have some difficulty adapting myself to this situation. As I belong to two cultures which represent two extremities and France is in between, I am able to understand.*

Michèle Champenois : *The project's detractors generally agree that the Louvre needs to be transformed but criticize the central entry and especially the highly visible pyramid. They seem to feel that the Cour Napoléon is a finished space which requires openess.*

I.M.P. : *Before accepting this commission I initially felt that the task was impossible, that one could not touch the Louvre. For Versailles, I would leave everything as is. At night, the gates close and Versailles sleeps. But if the Louvre sleeps Paris tosses and turns. The position of the Louvre in Paris dictates that it be more active. The Louvre's destiny is to be a museum. Why not the best, the most pleasant ?*

M.C. : *Five million visitors are expected instead of the three million visitors at present. Isn't that too many ?*

I.M.P. : *The number of visitors is not as important as the quality of the visit. How many actually enjoy these treasures ? We would like to create an enjoyable place, to which one would like to return — it is not enough to catch a quick glimpse of the Venus de Milo and to go home exhausted and discouraged. This applies not just to the tourists but to the French as well.*
If everyone is in agreement that it is necessary to improve the museum's functioning, to shorten the distances involved, to create a compact museum in the place of the interminably long one, then I am confident. In this case I am persuaded that my solution is the right one.

M.C. : *But the pyramid — a mausoleum-like form. Did you consider other shapes ?*

I.M.P. : *Of course, but the pyramid quickly proved to be the best one. Those who mention the "mausoleum" are not really familiar with history : they are thinking only of Egypt. When one passes from stone to glass everything changes. The pyramid is "classical", it is a fundamental geometric form which belongs to the art of all eras and to the whole planet. With regard to the dimensions : a twenty-meter cube is a huge object, a pyramid with a twenty-meter summit is quite a small thing.*
It is important for a landmark to emerge from our project. The interior must be vast and sufficiently well-lit for the visitor to have the impression that he is in the Grand Louvre. The material is extremely important and it is for this reason that a full-scale simulation of the pyramid will never be able to render the light and the play of reflection and transparency.

M.C. : *The collision with the classical architecture ?*

grandeur, ne pourrait rendre le mystère de la lumière, les jeux de transparence et de reflet.

M.C. : Le choc avec l'architecture classique ?

I.M.P. : L'époque glorieuse du classicisme français est révolue. Lefuel n'est pas Le Vau ; Le Vau n'est pas Lescot. Les façades de Lefuel sont déjà un pastiche. Les copier, les imiter aujourd'hui, serait faire le pastiche d'un pastiche.

M.C. : On a beaucoup critiqué le choix direct d'un architecte par le chef de l'Etat. Vous qui travaillez aux Etats-Unis, cela vous gêne-t-il d'être l'architecte du prince ?

I.M.P. : En Amérique, la commande ne vient jamais de l'Etat, mais du secteur privé. En France, par une sorte de tradition que la monarchie semble avoir léguée à la république, c'est plutôt l'inverse. A condition qu'il s'agisse de dirigisme éclairé, cela ne peut pas être désastreux. Il y a un certain courage pour un homme politique à décider de ces choses.

M.C. : Et les concours ?

I.M.P. : Je ne participe plus, depuis des années, à aucun concours. Je n'ai pas le temps. Quand on veut construire pour longtemps, on ne peut se plier aux caprices de la mode, qui malheureusement domine le choix des jurys.

M.C. : Presque tous les directeurs de musées étrangers interrogés en 1983 par Emile Biasini, avant que vous ne soyez pressenti, avaient cité votre nom. Etes-vous le seul ?

I.M.P. : Je pense que nous sommes quelques-uns à pouvoir faire ce projet. Mais le problème du Louvre est très complexe. C'est un musée, un palais, un monument. Les gens ne savent pas à quel point le Louvre va être amélioré fonctionnellement. Ils sont seulement au courant de la pyramide, et ce n'est pas le plus important.

M.C. : Vous êtes un « moderne ». Cela vous gêne-t-il au Louvre ?

I.M.P. : Les architectes modernes, Mies Van der Rohe, Le Corbusier, ont posé les fondations d'un mouvement qui a à peine commencé et qui n'a pas encore exploré toutes les possibilités de la technologie. Il y a encore beaucoup à explorer, et je me situe dans cette lignée. Presque tout ce qui se fait en ce moment est du pastiche à la mode et ne durera pas. Cela passera. Même moi, je vivrai assez longtemps pour le voir[1].

I.M.P. : *Classical French architecture has already changed. Lefuel is certainly not Le Vau ; Le Vau is not Lescot. Lefuel's façades are already a pastiche and to copy them would be a pastiche of a pastiche.*

M.C. : *The choice of an architect by the president has been roundly criticized. You have built most of your projects in the USA ; does it bother you to be the "President's Architect" ?*

I.M.P. : *In the USA, commissions generally come from the private sector and only rarely from the state. In France, a tradition left to the Republic by the Monarchy would seem to result in the inverse. To the extent that a sort of informed decision is involved, there is no reason to worry. It takes courage for a politician to make such a decision.*

M.C. : *And competitions ?*

I.M.P. : *I have not participated in a competition for many years. I no longer have the time. When one intends to build for eternity, one must ignore the caprices of the latest styles — styles which too often influence juries' decisions.*

M.C. : *In 1983, before your selection, Emile Biasini interviewed many foreign museum directors ; nearly all mentioned your name. Are you alone capable of this task ?*

I.M.P. : *Several architects are capable of designing this project. But the Grand Louvre is extremely complex. It is a museum, a palace and a monument. Many people do not realize to what extent the Louvre is going to change. All we hear about is the pyramid, even though the pyramid is far from being the project's most important aspect.*

M.C. : *You are considered a "modern" architect. Were you at all bothered in this respect by the Louvre ?*

I.M.P. : *Modern architects, Mies Van der Rohe, le Corbusier, posed the foundations of a movement which is in its infancy and is far from having explored all the possibilities offered by modern technology. I consider myself part of this movement and feel that much remains to be accomplished. Very nearly all of current architectural production is pastiche, the latest style, and will not last. It has no future. Even I will live long enough to see the end of it[1].*

1. Ce texte est extrait d'une interview de Ieoh Ming Pei par Michèle Champenois, parue dans *le Monde* daté des 10-11 février 1985.

1. *Excerpts from an interview with Ieoh Ming Pei by Michèle Champenois, published in* Le Monde, *10-11th February, 1985.*

Propos de Ieoh Ming Pei
recueillis par René Provost

Ieoh Ming Pei's reactions
recorded by René Provost

[...]

Lorsque le président Mitterrand m'a choisi, mon premier sentiment, instinctif, a été de dire : il est impossible de toucher au Louvre. Le Louvre est peut-être le monument le plus important en France, et on ne devrait intervenir en quoi que ce soit pour le changer. Ce fut ma première réaction. [...]

Le Grand Louvre est le projet le plus difficile parmi tous. Nous ne le disons pas seulement parce que nous avons eu la chance d'y travailler. Nous sommes confrontés au monument le plus important de France.

Ce monument est au centre d'une ville qui doit bouger, qui doit vivre, et qui est Paris. D'un côté, votre tendance est de conserver. D'un autre côté, vous ne pouvez conserver quelque chose qui va affecter la vie de la ville ; et le Louvre commence à jeter un voile obscur sur l'animation du quartier parce qu'il est inactif, mort.

D'un côté, l'architecte veut conserver le Louvre en tant que monument. D'un autre côté, l'architecte et, pour cause, ceux d'entre nous qui ont la chance d'y participer veulent faire naître le Louvre à la vie, parce qu'il est au centre de Paris. [...]

Comme musée, le Louvre fonctionne d'une façon très pauvre, alors qu'il a le potentiel pour devenir le plus grand musée du monde, pas seulement à cause des collections, qui sont considérables, car d'autres musées en possèdent de meilleures dans des domaines spécialisés de l'art.

Le Louvre est grand pour d'autres raisons, en particulier parce que l'histoire de ce pays et de son peuple est inscrite en cet endroit. Le Louvre est le seul musée que je connaisse, en dehors de Leningrad et de certains musées de moindre importance en Autriche, où beaucoup de salles imposantes font revivre l'histoire : celles où vivaient Anne d'Autriche, Louis XIV, les salons du duc de Morny, la Grande Galerie où fut fondée l'Académie des arts.

Par conséquent, en entrant au Louvre, vous ne regardez pas seulement les chefs-d'œuvre ; vous êtes également conscients de l'histoire. Ce qui n'est pas le cas du Metropolitan ni de la National Gallery, qui ont été bâtis pour être des musées.

Grâce à cela, le Louvre est un musée avec lequel aucun autre ne peut rivaliser. Si, en plus, on donne au Louvre l'infrastructure qui lui manque aujourd'hui, il deviendra, selon moi, le plus grand musée du monde, sans même parler d'architecture. [...]

Il lui faut une unité pour en faire un tout et soutenir la comparaison avec le British Museum, le Metropolitan, la Pinacothèque, Leningrad, ce qu'il ne serait pas en mesure de faire s'il était divisé en cinq petits musées. Il lui faut un centre, une organisation claire, pour qu'on accède aux chefs-d'œuvre sans se perdre ; il lui faut un merveilleux centre d'information pour les jeunes pour susciter leur curiosité, ce qui n'est pas le cas aujourd'hui[1].

[...]

When President Mitterrand contacted me, my first instinct was to state that it was impossible to touch the Louvre. It is, after all, the most important monument in France ; one should do absolutely nothing to change it. So much for my first reaction. [...]

The Grand Louvre is the most difficult project of all, not just because we have the opportunity to work on it, but because of its position as the most important French monument.

This monument is located in the center of Paris, a thriving city in constant movement. On the one hand, one wants to conserve it, on the other hand one can only conserve something which will have a positive effect upon the life of the city. In this respect, the inaccessibility and the passive nature of the Louvre had already begun to cast a veil of inactivity over the surrounding neighborhood.

So, on the one hand, all architects would like to maintain the Louvre as a monument while on the other, the architects working on the project came to the realization that it was necessary to make the Louvre assume an active role in the life of Paris. [...]

The Louvre functions very poorly as a museum. It has the potential to become the world's most important museum — and not simply because of its collections which are surpassed in some fields by other museums.

The Louvre is important for other reasons and above all, perhaps, because the history of France and the French people is inscribed here. The Louvre is the sole museum I know of, with the exception of Leningrad and several minor Austrian museums, where a number of the rooms are directly tied to the country's history : the apartments of Anne of Austria and of Louis XIV, the Salons of the Duke de Morny, the Grand Gallery where the Academy of Arts was founded.

As a result, the visitor is not just aware of the masterpieces of art but of History. The Metropolitan and the National Gallery are not the same at all — they were built as museums.

Thus, the Louvre is an unrivalled museum. If we are able to invest the Louvre with the infrastructure it currently lacks, it will certainly become the orld's most important museum without even considering the quality of its architecture. [...]

In order to permit comparison with the British Museum, the Metropolitan, the Pinacotheque and Leningrad, the Louvre can no longer remain a collection of five small museums and must develop a certain cohesion. It will require a center and an organization sufficiently clear so that the visitor may find the collections without getting lost ; it will require an information center to stimulate the flagging interest of today's youth[1].

1. Ce texte est extrait d'une interview de Ieoh Ming Pei par René Provost, parue dans *Pignon sur rue*, n° 59, juin 1985.

1. Excerpts from an interview with Ieoh Ming Pei by René Provost, published in Pignon sur rue *magazine, n° 59, June 1985.*

Pages précédentes : vues intérieures et extérieures de la pyramide. Deuxième semestre 1988.

Ci-dessous, en haut : coupe longitudinale montrant les liaisons directes entre le hall d'accueil, la crypte sous la cour Carrée (à gauche) et la gare routière du Carroussel, au travers d'une galerie marchande (à droite).

Au centre : coupe transversale montrant les liaisons du hall d'accueil avec la place du Palais-Royal et le métro (à gauche). La proximité de la Seine explique la faible profondeur du projet souterrain.

En bas, à gauche : coupe sur la cour des caisses et la cour des ministres dénivelées en paliers de part et d'autre du passage Richelieu. Les deux cours seront affectées à la sculpture monumentale française et seront couvertes par des verrières. En bas, à droite : vue de la pyramide et des cours au travers du passage Richelieu (photomontage).

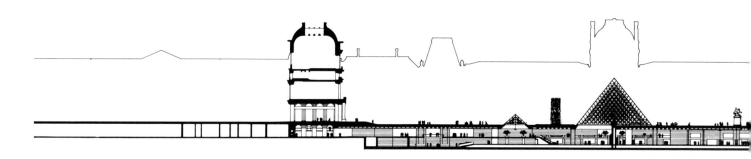

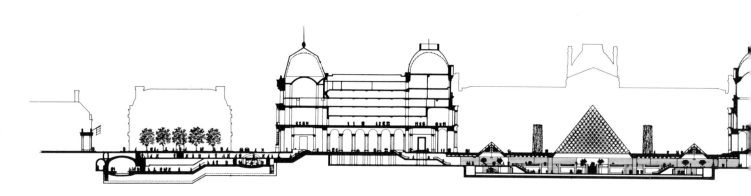

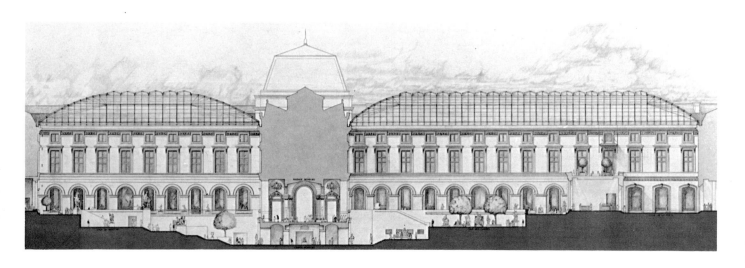

*Preceding pages : exterior
and interior views of the
pyramid. 2nd semester 1988.*

*Above : the longitudinal
section reveals the direct
links between the entrance
hall, the crypt beneath the
Cour Carrée (to the left) and
the Carrousel bus station
and shop area (to the right).*

*Center : the transverse
section shows the links
between the entrance hall
and the Place du Palais
Royal and metro (to the left).
The nearness of the Seine
limits the project's
underground development.*

*Below left : section of the
Cour des Caisses and the
Ministry's courtyard on
either side of the passage
Richelieu.
A glazed roof will cover the
two courtyards displaying
French monumental
sculpture.*

*Below right : view of the
pyramid and of the
courtyards through the
passage Richelieu
(photomontage).*

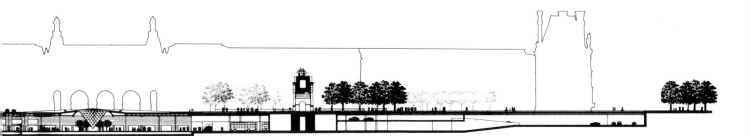

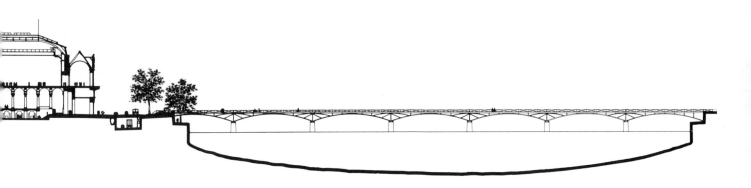

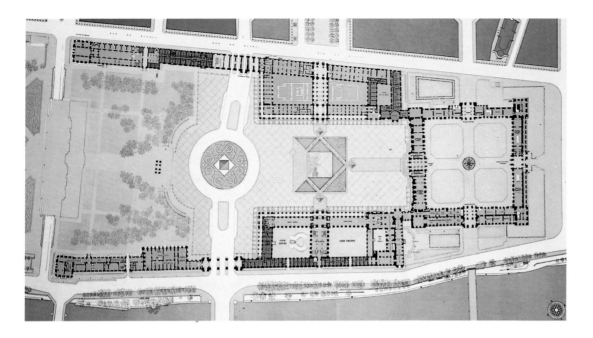

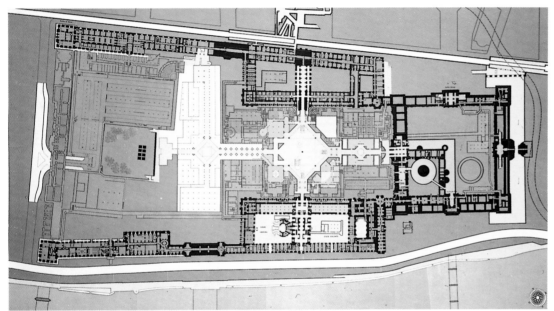

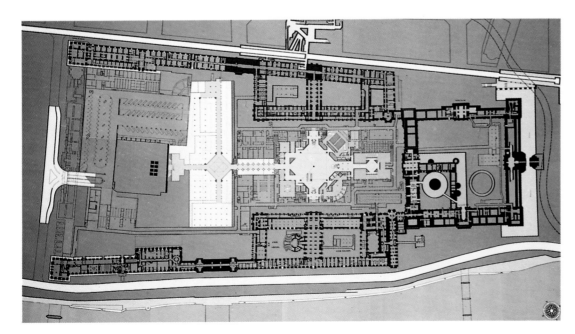

Ci-contre, de haut en bas :
plans du rez-de-chaussée,
du niveau intermédiaire et
du niveau inférieur. La
position centrale de
l'accueil permet une liaison
directe avec les différents
départements du musée.

Page de droite : maquette
montrant, à droite, la
liaison entre accueil et
galerie commerciale, et, à
gauche, la pyramide
inversée qui éclaire la
jonction.

*Left, from top to bottom :
plans of the ground floor, the
mezzanine and the lower
floor. The entrance hall's
central position provides a
direct link with the
museum's different
departments.*

*Opposite page : model
showing the link between
the entrance hall and the
shopping mall on the right
and the inverted pyramid
lighting the intersection on
the left.*

En haut : perspectives intérieures
du hall d'accueil.
En bas : détails de l'escalier
hélicoïdal et de l'ascenseur
cylindrique.

Above : interior perspectives of the
entrance hall.
Below : details of the spiral staircase
and the cylindrical elevator.

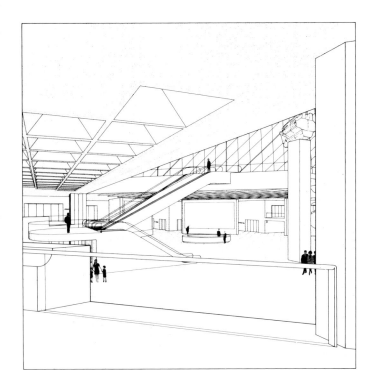

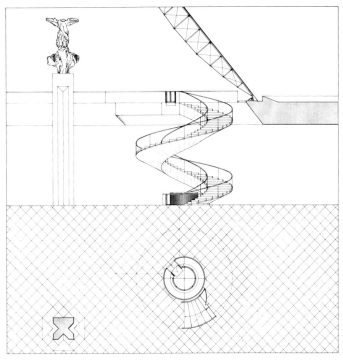

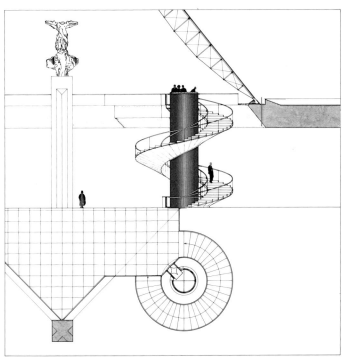

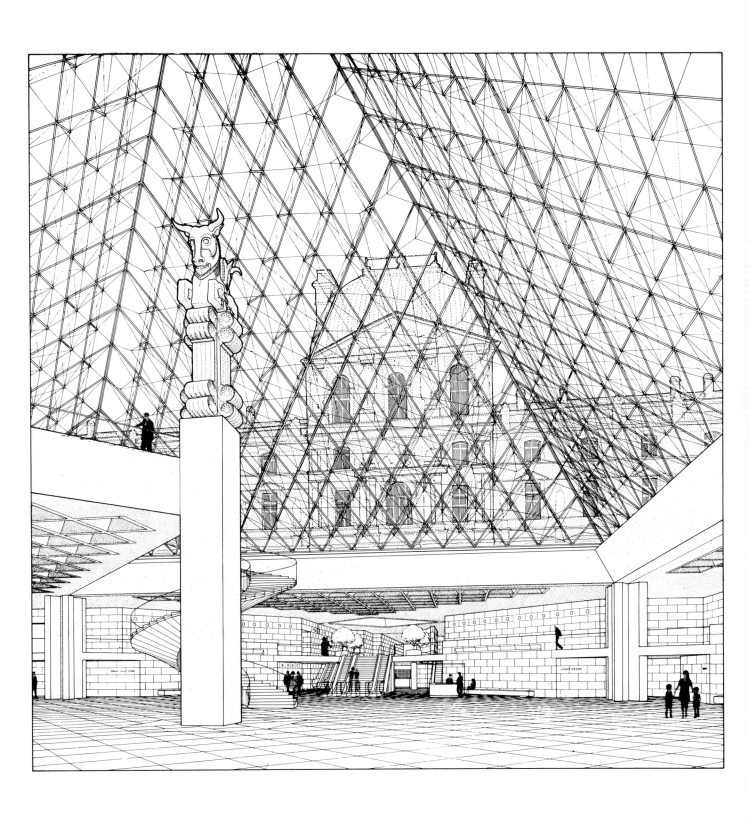

Le musée d'Orsay

Un musée nouveau
dans une gare réhabilitée

A new museum
in a converted railway terminal

Au cœur de Paris, en face des Tuileries qui abritent l'Orangerie et le Jeu de paume, proches du Louvre, les bâtiments désaffectés de la gare et de l'hôtel d'Orsay, promis à la démolition il y a quinze ans, résonnent des travaux dont est sorti un nouveau musée.

Conçu dès les années 1974-1975, lancé en 1978, le musée a ouvert ses portes au public à la fin de l'année 1986.

Les grands musées ont souvent une vocation universelle : ils « donnent à voir » à la fois les chefs-d'œuvre italiens de la Renaissance, les antiquités grecques ou égyptiennes, l'éclat du classicisme français, l'épanouissement du romantisme ou de l'impressionnisme ; le musée se construit par strates et chaque époque y laisse ses sédiments. Ce n'est pas le cas du musée d'Orsay. Il ne concerne qu'une époque bien déterminée, celle de la seconde moitié du XIXᵉ siècle et des premières années du XXᵉ siècle, celle qui va — pour la peinture — du romantisme au cubisme, celle qui, avec l'éclat des impressionnistes, des néo-impressionnistes et des nabis, est peut-être, pour des raisons mystérieuses, la période la plus riche en talents de notre histoire.

Le programme ne se limite pas à la peinture ; il comprend tous les courants de la création artistique de cette époque. Dans l'ensemble architectural constitué par l'ancienne gare et l'hôtel d'Orsay construit à la fin du siècle dernier, et classé monument historique, restauré et adapté à son nouvel usage, sont aussi présentés les collections nationales de sculpture et d'objets d'art, l'architecture, l'urbanisme et la photographie, la naissance du cinéma, tout ce qui concerne à cette époque la multiplication de l'image — affiches, presse et livres illustrés —, ainsi que les correspondances ou même les connivences entre les arts plastiques et les autres expressions artistiques : littérature, poésie, musique.

Le parcours du musée comprend, dans le circuit d'exposition permanente, des salles où les accrochages de dessins, de pastels, de photographies, seront périodiquement renouvelés, et des espaces d'expositions-dossiers, centrés sur une œuvre ou un thème, qui changeront deux ou trois fois par an suivant les zones et les sujets abordés.

Enfin l'histoire, le rappel des événements, la chronologie de l'époque, le contexte social et culturel ont leur place à Orsay. C'est, par excellence, le domaine dans lequel on peut faire appel aux nouvelles techniques de l'audiovisuel pour faciliter les consultations ou même le jeu.

L'existence de ce programme très précis, mis au point dès le début des travaux, a permis une méthode de travail originale reposant sur un dialogue constant entre les architectes et les conservateurs, pour intégrer toutes les données techniques et scientifiques du projet dans un bâtiment dont les contraintes étaient très lourdes.

Construite en moins de deux années, entre 1898 et 1900, pour être inaugurée à l'occasion de l'Exposition universelle, la gare d'Orsay exprime bien la

The Orsay Station and Hotel, condemned fifteen years ago to demolition, has been converted into a museum of the 19th century, ideally located in the heart of Paris, across from the Jeu de Paume and Orangerie in the Tuileries.

First postulated in 1974-1975 and launched in 1978, the museum was opened to the public at the end of 1986. Important museums have a common universal vocation : they "offer up" Italian masters from the Renaissance, Greek and Egyptian antiquities, the brillance of French classicism, and the flowering of romanticism or of impressionism. The museum is built up of layers and sediments which show through from each era ; this is not the case here. The Orsay Museum deals with a very specific period of time — the second half of the 19th century and the beginning of of the 20th. For painting, for instance, this will cover the period from romanticism to cubism. What with the brilliance of the Impressionists, the neo-impressionists and the Nabis, this period, for some mysterious reason, contains one of the richest concentrations of talent in our history.

The museum's program does not, however, limit itself to painting but covers all the aspects of artistic creation of the period. The Orsay Station and Hotel, built at the end of the last century and classified as a national historical monument, restored, rearranged and adapted to its new use. It also includes national collections of sculpture and of other objects. Architecture, urban design and photography are represented as will the birth of cinema and everything which concerns the reproduction of images from this era — posters, the press and illustrated books — as well as the correspondence or even the collaboration between graphic arts and other artistic expression literature, poetry, music.

The museum's collection includes a permanent exhibition circuit which also includes rooms in which the display of drawings, pastels and photos will be periodically renewed and a series of theme-spaces for which the subject will be changed two or three times a year depending upon the location and the theme.

History, important events, the diary of an era and the social and cultural context find their place at Orsay. It is in this field that the latest audiovisual techniques — even games — are used to make the information more accessible.

The definition of a very precise program at the outset, permitted the establishment of a constant interaction between the architects and the museum's curators : as a result, all of the technical and scientific constraints were respected in a building which was, itself, extremely constraining.

The Orsay Station was built in only two years and inaugurated in time for the 1900 International Exhibition. Like many of its contemporaries it expresses the contradiction between the art of the engineer and the art of the architect. Thus it is a station with a striking metal structure which its architect, Victor Laloux, had also made a "decorated" station.

By 1970, the station was no longer needed and had received the authorization necessary for its destruction. Preliminary planning permission had been issued for a

contradiction de tant d'édifices de l'époque entre l'art de l'ingénieur et l'art de l'architecte. C'est une gare aux structures métalliques audacieuses mais, comme l'a voulu son architecte, le maître Victor Laloux, c'est une « gare décorative ».

En 1970, elle était promise à la destruction. Le permis de démolir avait été accordé. Un accord préalable au permis de construire d'un grand hôtel destiné à la remplacer avait été délivré. Elle doit sans doute son sauvetage à la crise de conscience provoquée par la démolition des pavillons des halles de Baltard. En 1973, son inscription à l'Inventaire des monuments historiques a été décidée et le permis de construire de l'hôtel refusé. En 1978, l'ensemble des bâtiments a été classé.

La réalisation d'un grand musée de rayonnement international dans la gare d'Orsay a constitué une gageure à plus d'un titre. Elle impliquait non seulement que soient réglées nombre de difficultés tech-

new hotel complex. Then the destruction of Baltard's Halles provoked a new consciousness of the value of 19th century building which was undoubtedly responsible for the saving of the Orsay Station. In 1973 the building was placed on the historic buildings inventory and the building permit for the hotel complex was refused. In 1978 the group of buildings was classified a "National Monument".

The creation of a museum of international stature within the Orsay Station represents a gamble from more than one point of view. Beyond finding solutions for the considerable technical problems posed by such a project, it was also necessary to overcome the extreme antipathy between the two functions — railway station and museum.

The museum would also involve the construction of 50,000 m² of floor space in a building which originally only contained 30,000 m².

This would require, in addition to the restoration and

niques considérables, mais surtout que soit surmontée l'antinomie extrême des deux fonctions, celle d'une gare et celle d'un musée.

Elle comportait la construction et l'aménagement de quelque 50 000 mètres carrés de planchers dans un bâtiment qui en offrait environ 30 000 dans son état d'origine.

Elle nécessitait qu'on réussisse dans le même temps la restauration et la réhabilitation de l'architecture de Victor Laloux, et l'insertion, en un dialogue étroit, d'une architecture nouvelle pour laquelle toute idée de pastiche a été rejetée a priori.

Le projet, issu d'un concours ouvert en 1978-1979, a été étudié par l'agence ACT Architecture (Renaud Bardon, Pierre Colboc et Jean-Paul Philippon). A partir de 1980, Gae Aulenti, architecte italien, y a pris une part importante. Richard Peduzzi a été chargé de la présentation des œuvres dans la salle consacrée à l'opéra de Paris et pour tout ce qui intéresse l'architecture du XIXe siècle.

Le parti architectural et le circuit muséographique appréhendent la gare dans le grand axe longitudinal de la nef, d'ouest en est, à partir de l'esplanade Bellechasse et de sa grande marquise.

Trois niveaux principaux de visite se développent : en partie inférieure, dans la nef, de part et d'autre d'une allée centrale ascendante ; en partie supérieure, dans le grand comble qui surmonte la gare du côté de la Seine ; et, en partie médiane, à partir de terrasses et sur un sol nouvellement créé, autour de l'allée centrale. Celle-ci constituera avec les terrasses une sorte de grande promenade peuplée de sculptures. Le pavillon Amont, à l'est, sera entièrement consacré à l'architecture. Des espaces particuliers seront réservés à des expositions temporaires, indépendantes ou liées aux expositions permanentes.

Une zone d'accueil des jeunes, une librairie, une carterie et des services de boissons et de restaurants seront à la disposition des visiteurs. Une salle de 400 places permettra projections, conférences et concerts.

Les surfaces d'exposition proprement dites représentent près de 20 000 mètres carrés. On trouve, en outre, les salles de documentation, les réserves, les bureaux et les ateliers que comporte tout grand musée moderne. Des équipements audiovisuels de haute performance avec, notamment, une banque d'images utilisant le disque optique numérique seront à la disposition du public, des conservateurs et des documentalistes.

Sur le plan architectural et technique, l'opération a dû satisfaire à la fois à des impératifs de réhabilitation d'ouvrages existants complexes et aux performances ambitieuses du programme. La gare désaffectée constituait en quelque sorte tout à la fois le site et l'un des « matériaux » avec lequel le musée se construit.

L'aménagement intérieur tend à une extrême qualité avec, notamment, un parti minéral pour le revêtement des parois horizontales et verticales.

La parfaite maîtrise de l'éclairage naturel et artificiel

rehabilitation of Victor Laloux's building, the insertion of a new architecture which would respond to the original — any idea of creating a pastiche was rejected from the start.

The firm of ACT Architecture — Renaud Bardon, Pierre Colboc and Jean-Paul Phillipon — was awarded the design of the project as a result of the 1978-79 architectural competition. The Italian architect, Mrs. Gae Aulenti, has played an important role in the interior design of the museum since 1980. Richard Peduzzi was responsible for the important exhibit dedicated to the Paris Opera and to all aspects of 19th century architecture.

The architectural concept and the organization of the museum respect the longitudinal (east-west) axis of the central vault of the station with the entrance located under the marquee of the Place Bellechasse.

The design contains three principal levels : spaces on the lower level are located on either side of an ascending ramp, the attic of the building between the vault and the Seine, and the newly created middle level are organized around the central space. The central space with its terraces will be a wide mall featuring sculpture. The eastern pavilion will be entirely dedicated to architecture. Other specific spaces will be reserved for independent temporary exhibitions or linked to the permanent collections.

Visitors will find a children's entrance, a library, a souvenir shop, restaurants and refreshment services. A 400 seat hall will be available for film projections, conferences and concerts.

Exhibition space represents approximately 20,000 m². In addition, the museum will contain the information resources, the storage spaces, the offices and the workshops required by a large modern museum.

The project must respect the requirements for the rehabilitation of a complex existing building as well as meeting the exacting architectural and technical demands of an ambitious program. The unused station is both the site and one of the "materials" with which the museum will be built.

The interior design concept incorporates the use of stone for both horizontal and vertical surfaces.

The perfect control of natural and artificial lighting was necessary in order to strike the right balance between conserving the works of art and displaying them most advantageously. Sun screens and motorized awnings permit an adaptation to variations in natural lighting levels so that direct sunlight will not fall on any work and lighting levels can be maintained at around 200 lux. Artificial light is generally indirect with the effect that illumination is evenly diffused and colors remain unaltered.

The proper atmospheric conditions for exhibition spaces containing works of art posed difficult air-conditioning problems.

A centralized technical management facility was designed for the museum which monitors and operates the technical plant. A computer aided maintenance system ensures both preventative and curative maintenance. A sophisticated break-in and robbery surveillance system,

Vue écorchée du bâtiment
localisant le programme du
musée.

*Schematic view of the
museum and its program.*

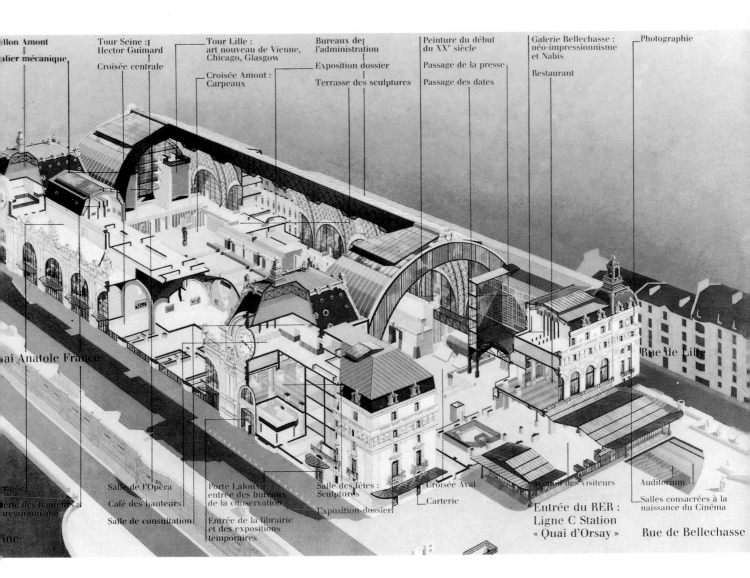

Ilon Amont

alier mécanique

Tour Seine :
Hector Guimard

Croisée centrale

Tour Lille :
art nouveau de Vienne,
Chicago, Glasgow

Croisée Amont :
Carpeaux

Bureaux de
l'administration

Exposition dossier

Terrasse des sculptures

Peinture du début
du XXᵉ siècle

Passage de la presse

Passage des dates

Galerie Bellechasse :
néo-impressionnisme
et Nabis

Restaurant

Photographie

ai Anatole France

Rue de Lille

rasse

erie des hauteurs :
pressionnisme

ine

Salle de l'Opéra

Café des hauteurs

Salle de consultation

Porte Laloux :
entrée des bureaux
de la conservation

Entrée de la librairie
et des expositions
temporaires

Salle des fêtes :
Sculptures

Exposition-dossier

Croisée Aval

Carterie

Accueil des visiteurs

Entrée du RER :
Ligne C Station
« Quai d'Orsay »

Auditorium

Salles consacrées à la
naissance du Cinéma

Rue de Bellechasse

57

a été assurée dans le double objectif de permettre la
meilleure conservation et la plus favorable présentation des œuvres. Des brise-soleil intérieurs et des
stores motorisés s'adaptant aux variations de la
lumière naturelle ont été prévus afin qu'aucun
rayonnement solaire direct ne puisse atteindre les
œuvres et pour limiter le plus couramment l'intensité
lumineuse à des valeurs voisines de 200 lux. La
lumière artificielle est le plus souvent dispensée de
façon indirecte, en assurant les meilleures conditions
de répartition et de non-altération chromatique.

Les performances exigées en matière de climatisation dans les espaces d'exposition des œuvres ont
posé de difficiles problèmes dans un bâtiment
étendu, à travers des volumes extrêmement différents communiquant librement entre eux, dans
des conditions d'orientation et d'ensoleillement
variables, alors qu'il s'agissait aussi de se plier
à des impératifs de limitation des consommations
énergétiques.

Un système de gestion technique centralisée a été
conçu pour permettre la surveillance et la conduite
des installations dont l'entretien sera facilité par un
ensemble de maintenance assistée par ordinateur.
Un système sophistiqué de surveillance vol-effrac-
tion contribuera, avec des moyens humains prévus
par ailleurs, à la sécurité des œuvres.

Des travaux importants ont été réalisés pour assurer
la complète rénovation des couvertures et la
reconstitution de nombreux éléments de décors très
représentatifs de l'architecture du siècle dernier :
pyramidions sur les toits de deux pavillons, lanter-
neaux sur l'aile Bellechasse de l'hôtel, têtes géantes
de Mercure, dieu des voyages, au sommet des deux
grands tympans vitrés.

Les décors intérieurs ont été intégralement restaurés,
qu'il s'agisse des éléments de staff et de stuc dans la
gare proprement dite ou des généreux décors
sculptés, peints et dorés de la grande salle des fêtes
ou de la salle à manger de l'hôtel, futur restaurant
du musée.

La circulation ferroviaire maintenue sous une partie
du bâtiment engendrant des vibrations qu'il conve-
nait de supprimer ou de réduire en deçà d'un seuil
physiquement satisfaisant pour les œuvres, un système particulier de traitement à la source a été étudié
qui comporte la réalisation, sous la voie, d'un dispositif antivibratoire original conçu en liaison étroite
entre la SNCF et les ingénieurs du projet.

Le musée d'Orsay constitue un instrument culturel
original à plusieurs titres : musée « global » consacré
à toutes les formes d'expression artistique d'une
période exceptionnelle, musée vivant grâce à l'association étroite d'expositions temporaires au circuit
des présentations permanentes, musée moderne par
l'emploi des technologies les plus avancées mises en
œuvre, paradoxalement, dans l'enveloppe d'une gare
inaugurée à l'aube du XXᵉ siècle...

Jean Jenger,
directeur de l'Etablissement
public du musée d'Orsay.

combined with guards, will protect the art works.
A major effort involved the complete renovation of the
roof and the reconstitution of a number of decorative
elements typical of the architecture of the last century :
Mansard roofs for two pavilions, lantern windows for
the Bellechasse wing of the hotel and the giant busts of
Mercury — god of travel — at the summit of the nave's
two end windows.
Interior decorations which were entirely restored included such items as the stucco and plaster work in the
station itself or the sculpted, painted and gold-leaf
decoration of the hotel's ball-room and the dining room
— the museum's future restaurant. An acceptable solution to the problem of vibration (SNCF traffic continues along the quay) was found. A special antivibration
system, devised by the SNCF and the project's engineers, treats the problem at the source, under the railway.
The Orsay museum is an unique cultural facility in
many respects : a museum dedicated to all the forms of
artistic expression of an exceptional period ; a dynamic
museum featuring close association of temporary and
permanent exhibitions ; a modern museum through its
use of the latest techniques — paradoxically housed in
a turn-of-the-century railway station.

Jean Jenger,
Director of the Etablissement public
du musée d'Orsay.

Réinterpréter un bâtiment existant

Reinterpreting an existing building

Reconvertir en musée la gare d'Orsay imposait une démarche clairement élaborée.

L'espace de la gare, s'il évoquait puissamment le XIXᵉ siècle finissant, ne pouvait convenir tel qu'il était à un musée. Une nouvelle structuration de l'espace était indispensable. La gare d'Orsay venait d'être classée monument historique. Ce n'était pas une raison pour que les nouvelles interventions ne s'affirment pas architecturalement.

A partir de l'étude effectuée au titre du Comité pour la recherche et le développement de l'architecture que nous avions remise en 1978 au ministère de la Culture, et qui concernait « les métamorphoses de l'objet architectural », nous avions acquis quelques certitudes :

— La réactualisation d'une œuvre architecturale peut donner lieu à une réinterprétation, à une recomposition géométrique à partir d'un tracé déjà existant où les ancienne et nouvelle architectures établissent une dialectique ; clairement reconnaissables, elles tissent des relations qui constituent, de fait, la nouvelle unité esthétique.

— La préexistence d'un édifice peut orienter son futur usage en lui offrant des potentialités imprévues. Cette situation inverse le principe de Sullivan. Dans ce cas, « function follows form. »

C'est la ville, œuvre architecturale vivante en constante transformation, qui induit la métamorphose de ses éléments constitutifs.

Aussi peut-elle participer entièrement de la démarche architecturale.

Un bâtiment spécifiquement urbain

C'est le rapport à la ville et principalement le vis-à-vis avec les Tuileries qui a largement déterminé le projet de Laloux de dissimulation de la gare par le vestibule et le volume de l'hôtel.

C'est aussi cette situation qui sauve le bâtiment et détermine la nouvelle affectation en musée, décidée en 1977 (envisagée dès 1972-1973). Et c'est encore sa situation dans la ville qui implique le choix principal d'orientation de notre projet.

Le quai, en plein nord, très venté, voie de transit, ne pouvait constituer un accès correct pour un musée. Nous choisissons donc d'entrer, nous conformant à une typologie d'édifices publics habituelle le long de la Seine, par un espace transversal, plus calme, la place Bellechasse. Les locaux disponibles de l'hôtel sont par ailleurs propices à l'implantation du programme d'accueil du musée. La perception interne du bâtiment s'en trouve inversée :

On allait, en 1900, vers le « grand voyage » en chemin de fer par un bâtiment très largement ouvert de toutes parts. Le « voyage culturel » que propose le musée nécessite une concentration et une transition par rapport à la frénésie urbaine.

En revanche, avant de pénétrer dans le musée on peut côtoyer le bâtiment, se familiariser avec un édifice réputé peu accessible au large public.

C'est pour cette raison et pour le rééquilibrer vers l'intérieur du quartier en lui créant un abord moins

The conversion of the Orsay Station into a museum required a clearly defined method.

The interior of the station is a very strong reminder of the turn of the century period, but the space could not be used as it was — a restructuring of the space was necessary. The Orsay Station had just been classified a "historic monument" but this did not imply that any additions be architecturally self-effacing.

Our 1978 study for the Architectural Research and Development Committee concerning "the metamorphosis of the architectural entity" had led us to a certain number of conclusions :

— The re-use of an architecturally interesting building can give rise to a re-interpretation or geometric recomposition based on ancient or existing elements ; the contrast between clearly defined old and new architectures results in the emergence of relationships which constitute a new esthetic unity.

— An existing building can contribute a certain unforeseen direction to its future use, thus reversing Sullivan's principle : in this case "Function follows form".

It is the city as a lively assemblage of architectural events, constantly in motion, which induces the changes in its constituent elements — thus the city itself fully participates in the architectural process.

A specifically urban building

Laloux's decision to hide the station behind the large vestibule and the hotel was largely based upon the station's position with regards to the surrounding city and to the Tuileries Garden across the river.

These relationships were no doubt instrumental in saving the building from destruction and in determining its future use as a museum and they also contributed largely to the orientation of our project.

The quay, a windswept concentration of through-traffic on the north side of the building, could not provide an acceptable entrance to the museum. We chose to place the entrance on the calm, transversal Place Bellechasse — a solution found in other public buildings along the Seine. In addition, the hotel spaces adapt themselves well to the activities found at the museum's entrance. The internal perception of the station is thus reversed : In 1900, the traveller could enter the station from practically any direction. The "cultural voyage" offered by the museum requires more control and more of a transition from the city to the interior.

The need for a transition between the neighborhood and the rather austere building is one of the central reasons for the public gallery and the raised sidewalk in rue de Lille, along the southern façade.

The museum and the visitor

The scale of the station, inaugurated in 1900, is typical of International Exhibition buildings of the end of the 19th century.

Within the diversity of the building's spaces we have created a new landscape which takes advantage of the form and potential of each space — the result is a new typology of museum spaces :

Vue de la maquette du côté de l'entrée. La grande marquise abrite l'accueil du musée.

Vue de la maquette du côté de l'entrée. La grande marquise abrite l'accueil du musée.

View of the model on the entry side. The marquee houses the museum's entrance.

austère que nous avons créé un trottoir surélevé et une galerie publique rue de Lille, au sud.

Le musée et le visiteur

Inauguré pour l'exposition de 1900, cet édifice est à l'échelle des grands bâtiments des expositions universelles du XIXᵉ siècle.

A l'intérieur de ses espaces diversifiés, nous recréons le paysage, déduisant de leur géométrie, de leurs potentialités, une série d'interventions propres à constituer la typologie spatiale du musée :

Une succession d'espaces, organisés suivant les axes visuels suggérés par la gare et dont les proportions sont en correspondance avec celles des œuvres, mettent le visiteur dans une situation favorable à la contemplation.

La lumière, les transparences, constituent un matériau de base de cet édifice, très favorable à sa conversion en musée. Contrôlée, modelée, assistée, la lumière oriente tous les espaces.

The spatial sequence takes advantage of the axes suggested by the building and puts the visitor at ease through the respect of the relationship between the works exhibited and their environment.

The natural light and the transparency of the building lend themselves to the creation of a museum and have thus become two basic elements in our design. Their combined effect is apparent throughout the building.

The layout of the museum

Thus the paved central nave makes good use of the enormous vault with its steel arches, overhead lighting and stucco panels. The visitor arrives at the level of the original tracks (4 meters below ground level) and follows a long ramp up to ground level. The imposing longitudinal walls (recalling the Seine's quays) form a central axis and permit access to lateral galleries which receive filtered natural light from overhead.

The entire museum is organized around this 140-meter long and 35-meter high volume, its strong axis thus

Détail de la charpente
métallique en cours de
restauration.

*Detail of the metal structure
during restoration.*

La structuration de l'espace muséographique

Ainsi, la grande nef au sol brut est constituée d'une voûte rythmée par les arcs d'acier et par les grandes verrières zénithales encadrées de caissons de staff. On y accède en descendant au niveau antérieur des voies (− 4 mètres) puis on remonte en pente douce jusqu'au niveau 0 au fond du cours encadré par des parois, fortes comme celles du quai au-delà de la Seine, qui déterminent les proportions du cours central et donnent accès aux salles latérales qui bénéficient de la lumière de la nef recontrôlée.

Tout l'espace muséographique s'organise donc à partir de cet axe longitudinal et de ce volume de 35 mètres de haut et de 140 mètres de long qui oriente le visiteur, lui permet de se repérer et de choisir son parcours.

Transversalement, les sept travées et les deux pavillons d'extrémité organisent une suite de séquences : la quatrième travée ne comporte pas de plancher intermédiaire et, par une plus grande transparence, définit une sorte de transept.

Rue de Lille, deux niveaux de chambres de l'hôtel ont été réunis pour constituer des salles ouvertes sur le cours, apportant une transparence vers le quartier qui n'existait pas auparavant puisque l'hôtel était séparé de la gare par un mur-rideau opaque.

Au-dessus des sept coupoles du vestibule couvrant les sept salons ovales, la galerie des Hauteurs a été aménagée dans le comble vide qui n'avait d'autre but que de dissimuler la nef aux promeneurs des Tuileries. Pour les peintures impressionnistes qui étaient au Jeu de paume, nous avons recherché une lumière naturelle vivante conservant la coloration de la lumière extérieure mais limitant son intensité à 300 lux.

Inventer une muséographie nouvelle

La préexistence de la gare, avec ses vastes espaces, a été propice à la création d'un beau musée. Il est probable qu'un bâtiment entièrement neuf ne justifierait pas la création d'une galerie de 35 mètres de haut et de 140 mètres de long pour les sculptures.

Ainsi, ce que le musée a donné à la gare en permettant sa conservation, la gare le lui rend en lui offrant des espaces exceptionnels. Cette chance offerte par la ville au musée pour créer plus, nous avons pensé qu'il fallait la saisir pour offrir au visiteur une opportunité de s'orienter, d'inventer son trajet, de prendre goût à flâner comme dans la ville.

ACT Architecture : Pierre Colboc,
Renaud Bardon, Jean-Paul Philippon,
architectes.

permitting the visitor to easily find his way around.

A spatial sequence is defined by the seven transversal axes and the two end pavilions : the increased transparency of the fourth bay (obtained through the absence of the intermediate floor) gives the impression of a transept.

Along the rue de Lille, two levels of hotel rooms have been used to create open galleries giving onto the courtyard : from the exterior, this results in an apparent transparency which was lacking previously as the hotel and station were separated by an opaque curtain wall.

An upper gallery has been created in the attic above the seven cupolas of the vestibule (in a space which originally served no other purpose than to hide the nave from the strollers in the Tuileries). As these galleries contain the impressionist paintings previously in the Jeu de Paume, our design research has resulted in a space which conserves all the qualities and liveliness of natural light while limiting its intensity to 300 lux.

Inventing a new type of museum

The vast spaces of the existing station lend themselves easily to the creation of a beautiful museum. The program for a totally new building would probably not have included a 140-meter long and 35-meter high sculpture gallery. Thus the museum's contribution to saving the station is repaid through the exceptional spaces the station provides the museum.

By the same token, we felt that the opportunity to create a museum offered by the city should be paralleled by the potential within the museum itself for the visitor to orient himself, construct his own visit and enjoy his journey as he would in the city.

ACT Architecture : Pierre Colboc,
Renaud Bardon, Jean-Paul Philippon,
architects.

En haut à gauche : coupe transversale sur le pavillon Aval dans lequel on distingue l'ancienne salle des fêtes de l'hôtel et le buffet de la gare transformé en librairie.
En haut à droite : coupe transversale sur les espaces d'exposition et la galerie des Hauteurs qui abrite les impressionnistes. Au fond, les deux tours conçues par Gae Aulenti pour fermer la perspective de la nef.
En bas : coupe transversale qui exprime le parti de dégagement de la nef et le respect de son orientation d'origine tel qu'il a été retenu en 1978 par ACT architecture (dessin de Gae Aulenti, 1982).

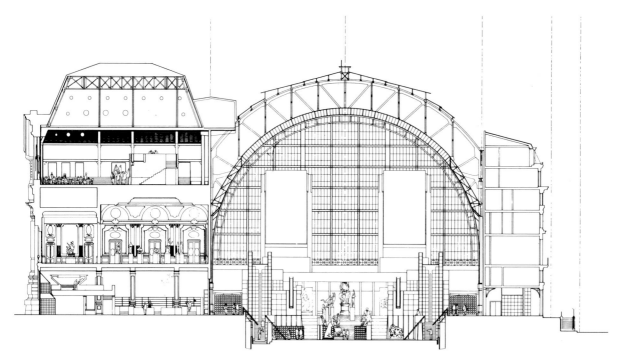

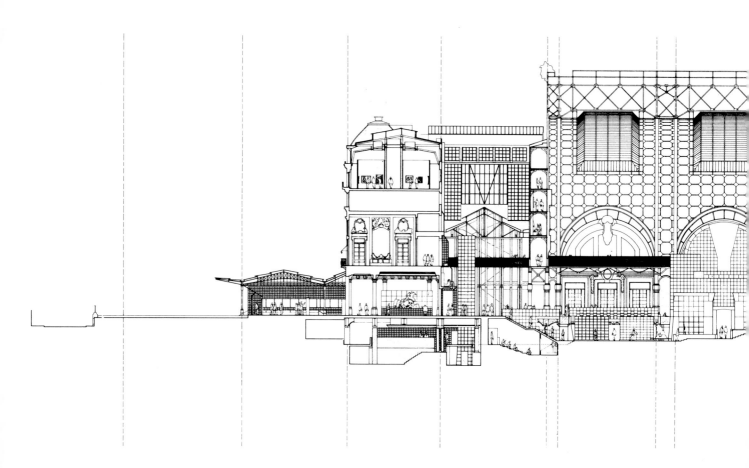

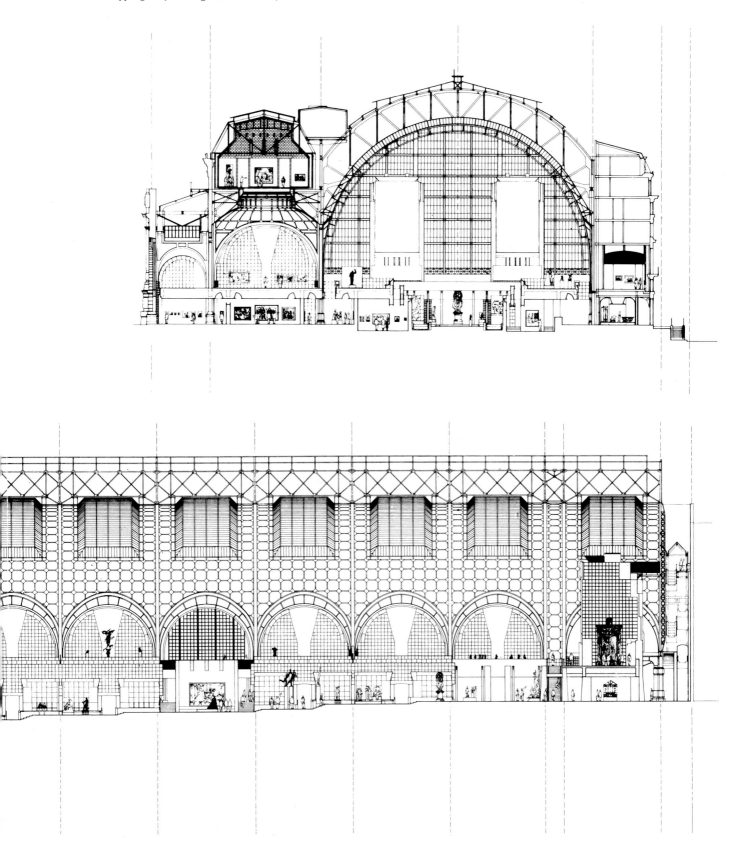

L'architecture intérieure

Interior architecture

Le projet est organisé comme une suite de lieux clairement définis dans leur architecture : salles, galeries, murs, passages, entrées, c'est-à-dire une architecture type de musée. La caractéristique du projet est de faire de cette succession de lieux une clé de lecture de l'édifice préexistant de Laloux. La complexité des problèmes rencontrés dans l'architecture intérieure du musée d'Orsay vient avant tout du fait que chaque lieu est projeté suivant un double système de relations : celui de l'architecture de l'édifice classé monument historique, c'est-à-dire le « territoire même » dans lequel s'insère l'architecture du musée, et celui des œuvres que le musée doit conserver et exposer. Ces relations ne s'établissent qu'entre des objets dont seule compte la réalité matérielle : il n'entre dans le travail de conception ni jugement de valeur, ni interprétation. L'architecture de Laloux ne doit pas subir de « jugement moral », mais doit être analysée dans la matérialité constructive de ses structures de fer et de ses revêtements de pierre. De la même façon, c'est moins la « qualité » artistique des œuvres qui sera en considération que leur matérialité en soi, c'est-à-dire leurs formes, dimensions, couleurs et textures.

Pour commencer à concevoir le projet, il faut accepter une convention établie par d'autres et nécessairement arbitraire, de façon à composer suivant les règles du jeu architectonique les éléments matériels de l'art et de l'architecture. Ainsi le parcours muséologique, voulu par les conservateurs, sert-il de convention, organisant les œuvres par collections, séries, séquences. Convention encore, la décision politique de transformer la gare en musée en la décrétant monument historique.

A la succession de lieux correspond une succession de problèmes spécifiques. Problème de l'entrée du musée déplacée sur le petit côté de l'édifice : à travers la succession de la marquise, du hall et de la cour de l'hôtel, les espaces d'accueil réinterprètent structurellement la fonction de filtre entre l'extérieur et l'intérieur. Problème de la grande nef, réalisée comme le croisement des flux des trains, dans le sens longitudinal, et du flux des voyageurs qui arrivaient du quai d'Orsay, dans le sens transversal. Problème de la division entre les salles de sculpture et les salles de peinture, par l'intermédiaire d'une séquence mur-écran-parapet qui filtre la lumière zénithale provenant de la grande voûte vitrée. Problème des tours conçues comme un nouveau type architectonique pour l'exposition de maquettes et d'objets.

Problème du pavillon Amont, que sa structure de fer, mise à nu, voue à être un « musée d'architecture » organisé en un parcours vertical. Problème de la lumière zénithale filtrée de deux façons différentes dans la galerie des Hauteurs et dans la galerie Bellechasse : tandis que la galerie des Hauteurs sera placée dans le volume utilisé des combles construits au-dessus des salons ovales, la galerie Bellechasse rappellera, à travers une colonnade, la structure du corridor central et des chambres de l'ancien hôtel.

The project is organized as a series of clearly defined, museum-like architectural elements : rooms, galleries, walls, passages, and entries. And it is the project's nature to make the succession of these elements a key to the understanding of Laloux's existing building. The complexity of the interior design problems encountered in the Orsay Museum is the result of the dual relationship within each space : that of the "territory" (of the interior design to the historic building itself) and that of the "content" (of the interior design to the works of art the museum must display and conserve). These relationships can only be established between objects whose sole value lies in their material being ; the design of an interior cannot be influenced by value judgements or interpretations. Laloux's architecture is not to be subjected to a "moral assessment" but must be analyzed in the positive reality of its iron structure and stone facing. By the same token, the artistic "quality" of the exhibited works will count less than their inherent physical qualities of dimension, form, color and texture.

From the outset, a certain number of conventions were necessary — even though they had been established earlier and were necessarily arbitrary — in order to determine the architectonic rules governing our composition. Thus the visitors' circuit sought by the museum's curators became a constraint, organizing the works of art by collections, series and sequences. Another convention was the political decision to classify the disused railway station a Historic Monument in order to permit its transformation into a museum.

The succession of spaces posed a series of specific problems. There was the transfer of the entrance to the station from the long side to the short side of the building : the sequence composed of the marquee, the hall and the courtyard of the hotel is a reinterpretation of the filter between the "exterior" and the "interior". There was the problem posed by the central nave's structure — conceived and built as the crossing of two axes with the trains in the longitudinal direction and the travellers arriving from the quay d'Orsay in the transversal direction. There was also the separation of sculpture and painting exhibits by a sequence of wall-screen-parapet elements which filter the central vault's overhead natural light or the problem posed by the towers at the east end, designed as a new architectural form for the display of scale models or other objects. And, finally, there was the entrance building and its exposed steel structure — destined to become a vertical architecture museum.

Our approach did not involve the adoption of an ideological reference influenced by the different practices the building's re-use might require. On the contrary, we limited ourselves to the analysis of the three subjects for which we were consulted :
— the typology and the form of Laloux's building,
— the museographical program of Michel Laclotte[1],

---

1. Inspector General of French Museums with responsibility for the collections of the Orsay Museum.

Théoriquement, pour entreprendre notre travail, nous ne nous sommes jamais référés à une quelconque idéologie influencée par les différentes pratiques de la réutilisation. Au contraire, nous nous sommes « limités » à une observation analytique et articulée des trois corps existants sur lesquels nous devions intervenir :
— l'édifice de Laloux, sa forme, sa typologie ;
— le programme muséographique de Michel Laclotte[1], les collections et leur répartition au regard d'une période de l'histoire de l'art français qui va du romantisme à l'avant-garde ;
— le projet ACT Architecture, lauréat du concours d'architecture pour la transformation de la gare en musée.
La géométrie de la grande nef contient en soi une forte illusion de symétrie : c'est ainsi que l'axe longitudinal le long duquel s'articule la première partie du parcours muséographique, de l'entrée au fond de la grande nef, a été flanqué de deux axes parallèles et d'innombrables axes transversaux ; les salles latérales dont les axes croisent les axes longitudinaux des deux galeries parallèles, à travers les ouvertures correspondant aux portes ; le transept central, qui parcourt d'un côté à l'autre l'édifice dans son entier. Tous ces croisements coïncident avec la loi structurelle que la typologie de l'édifice de Laloux contient en lui-même : un édifice dont l'entrée principale est composée de portiques et de salons ovales sur la façade longitudinale, vers la Seine, et d'une ouverture supplémentaire à travers la marquise, sur la place Bellechasse.

Le programme muséographique, l'analyse concrète des œuvres, leurs regroupements, leurs rythmes logiques, les séquences, ont déterminé une articulation de règles grâce auxquelles la reconstitution de la totalité du parcours muséographique devient une somme de typologies propres à la tradition des musées (salles, galeries, passages, loges) modifiées toutefois par ces différentes formulations que provoque leur insertion à l'intérieur de l'édifice de Laloux. Ce dernier, à son tour, a soumis le programme à ses lois ; l'une d'entre elles, par exemple, nous a conduits à mettre au jour dans le pavillon Amont une succession verticale de salles consacrées au musée de l'architecture : un véritable musée dans le musée. La multiplicité des différentes unités typologiques a ainsi permis l'invention d'autres types d'espaces originaux comme les tours, architectures autonomes, édifices dans l'édifice.

L'édifice de Laloux, sa structure en fer (les piliers, les poutres, la charpente, les nœuds, les charnières), ses murs de pierre qui révèlent ou dissimulent le métal ; les stucs, les décors ; les conditions de son existence même ont donc imposé le « territoire de la nouvelle construction ». Nous avons considéré l'édi-

1. Inspecteur général des musées de France, chargé des collections du musée d'Orsay.

and the division of the collections into periods stretching from romanticism to the avant-garde,
— the ACT-Architecture project, winner of the competition for the conversion of the station into a museum.

The nave of the station incorporates a strong element of symmetry which meant that the visitors' circuit would have to begin with the longitudinal axis, running from the western entrance to the the end of the hall, flanked by two parallel axes and crossed by innumerable transverse axes. The axes of the lateral rooms correspond to the openings onto the quay d'Orsay and cross the parallel longitudinal axes. The central transept crosses the entire building. All of these alignments correspond to the structural organization of Laloux's building, which incorporates porticoes and oval rooms on the long side overlooking the Seine, and the additional opening leading out under the Marquee and onto the Place Bellechasse.

The program for the museum and a thorough analysis of its works of art and of their regrouping into logical rhythms and sequences determined the rules through which the visitors' path became a circuit of typical museum-like spaces (rooms, galleries, passages and loggias) nonetheless modified by their contact with Laloux's interior. The interior, of course, has its own laws which altered part of the museum, for instance, so that the Pavillon Amont forced the architecture section to adopt a vertical organization — a museum within the museum. Different types of space give rise to other, new spaces such as the towers, autonomous architectural objects — buildings within the building.

The "territory" of the new construction was largely determined by Laloux's building : the iron structure (pillars, beams, frames, joints, hinges), the stone walls which either reveal or hide the iron structure, the stucco-work and the decoration, even the conditions of its very existence.

We considered the building as a contemporary one, without a history, and its architect, Laloux, as a member of the team transforming the station into a museum.
The principle of composition adopted is one of deliberate and systematic contrast and not one of either natural or stylistic symbiosis. In this way the buildings within the building appear to profit from the decomposition-fragmentation process and develop their own language.

The same analytical method employed for the museographic program has been used for the existing building. No form or constituent element has been developed as a definitive form but as a combination of different parts which have been decomposed and recomposed. As a result, the various details are considered as part of a whole and thus could, if needed, be produced in limited series on an industrial scale. The diverse, but in no way haphazard, materials, varied but controlled, exclude an artisanal approach but do not impose the necessity of industrial production.

For the museum's lighting, each of the exhibits was studied and the type of lighting required was noted —

fice comme un objet contemporain, sans histoire :
l'architecte Laloux était avec nous le concepteur de
la métamorphose de la gare en musée. Le principe
de composition adopté s'est voulu en conflit, en
opposition systématique et non en symbiose natu-
raliste ou stylistique, comme si les édifices dans
l'édifice analysaient le processus de cette décompo-
sition, de cette fragmentation, pour donner forme aux
éléments constitutifs de leur propre langage.

Le projet s'est prévalu, au regard des phases de la
construction, de la même méthode analytique em-
ployée pour le programme muséographique et pour
l'édifice existant. Aucune forme, aucun élément
constitutif n'est né comme forme définitive, mais
comme une combinaison, un emboîtement des différentes parties décomposées et puis recomposées. De
là procède l'observation des différents détails,
considérés comme parties d'un tout, et comme elles
possibilité concrète d'être produits en série dans un
chantier de production industrielle. La diversité des
matériaux, nombreux mais contrôlables, exclut ainsi
la possibilité artisanale mais ne fait pas une loi
répétitive de la production industrielle.

L'étude de l'éclairage du musée a suivi le processus
suivant : recherche des différentes typologies que le
parcours muséographique provoquait, en isolant
chaque espace et en articulant les diverses possibilités techniques définies cependant sous le dénominateur commun de « lumière indirecte » ; articulation
des innombrables signes particuliers de l'édifice de
Laloux se rapportant à l'éclairage naturel ; décision
de faire coïncider, de superposer la lumière naturelle
et la lumière artificielle (éclairage zénithal) dans les
galeries sous les toits, lumière de la grande nef et des
grandes fenêtres le long de la rue de Lille, lumières
des oculi dans les salons ovales ; et, enfin, classement
et mise en séquence de ces éléments articulés entre
eux. Cette façon de procéder a permis d'éclairer
chaque espace de façon différente en obtenant cependant partout les mêmes qualités techniques.

Gae Aulenti,
architecte [2].

*this essentially concerns indirect lighting. The various
possibilities of Laloux's building for natural lighting
were taken into account. The decision was made to
combine natural and artificial lighting (overhead lighting in the galleries under the roofs, light from the
central nave and from the windows along the rue de
Lille, light for the oval rooms from the occuli). And,
finally, these elements were classified, combined or
adapted to give clear sequences. As a result, each space
is lit in a different manner but the quality of light is
consistent everywhere.*

Gae Aulenti,
architect [2].

*2. Interior Design : Gae Aulenti, Italo Rota, Piero Casti-
glioni (lighting), with Valérie Bergeron, Giuseppi Raboni,
Marc Vareil, Luc Richard, Monique Bonadei.*

2. Intervenants dans l'architecture intérieure : Gae Au-
lenti, Italo Rota, Piero Castiglioni (éclairage), avec Valérie
Bergeron, Giuseppe Raboni, Marc Vareil, Luc Richard,
Monique Bonadei.

Le niveau bas : salle d'exposition s'ouvrant sur la grande nef. Les perforations dans les cimaises ont été conçues pour l'accrochage des œuvres et le confort acoustique.

The lower level : exhibit space opening on the central nave. The holes in the walls ensure both picture hanging and acoustic comfort.

Perspective sur les salles
impressionnistes créées
dans l'ancien comble du
vestibule. Au premier plan,
une partie de la salle
Van Gogh.

*Perspective of the
impressionist rooms carved
out of the vestibule's attic.
Part of the Van Gogh room
is in the foreground.*

Les Quatre Parties du monde soutenant la sphère céleste. Modèle pour la fontaine du jardin de l'Observatoire à paris. Carpeaux, 1872.

The Four Corners of the World *support the celestial sphere. Model for the Observatory garden, Paris. Carpeaux, 1872.*

Vue sur la grande nef
consacrée à la sculpture
(1850-1875).

*View of the central nave
dedicated to sculpture
(1850-1875).*

Détails mettant en
évidence la relation entre la
structure ancienne et
l'architecture intérieure
créée pour le musée.

Page de droite : vue
perspective transversale
depuis la nef. Une salle
avec occulum.

*Details illustrating the
relationship between the
existing structure and the
interior architecture created
for the museum.*

*Opposite page : transversale
view from the nave of a
lateral room and its skylight.*

L'Institut
du monde arabe

Dès 1974, la France et certains pays arabes jugèrent nécessaire de concrétiser leurs liens ancestraux et leur coopération dans le domaine de la culture et de la civilisation par la création d'une institution permanente qui apporterait à un large public français les éléments d'information, de connaissance et de savoir relatifs au monde arabe.

En 1980, cette décision fut ratifiée par la signature d'un acte international qui donnait naissance à l'Institut du monde arabe, fondation reconnue d'utilité publique par le gouvernement français.

Une aventure commune

Ce projet, unique à ce jour, associe de façon paritaire la France, d'une part, et, d'autre part, l'Algérie, l'Arabie Saoudite, Bahreïn, Djibouti, les Emirats arabes unis, l'Irak, la Jordanie, le Koweït, le Liban, la Mauritanie, le Maroc, Oman, le Qatar, la Somalie, le Soudan, la Syrie, la Tunisie, le Yémen du Nord et le Yémen du Sud. La Djamahiriyya libyenne a rejoint, en 1984, ces premiers fondateurs.

La fondation a reçu une triple mission :
— développer et approfondir en France l'étude, la connaissance et la compréhension du monde arabe, de sa langue, de sa civilisation et de son effort de développement ;
— favoriser les échanges culturels, la communication et la coopération entre la France et le monde arabe, en particulier dans les domaines des sciences et des techniques ;
— participer ainsi à l'essor des rapports entre la France et le monde arabe, en contribuant au développement des relations entre celui-ci et l'Europe.

Une équipe franco-arabe travaille dès à présent à la réalisation de ces objectifs. L'Institut du monde arabe donnera ainsi tout son sens au dialogue des civilisations : la mise en valeur d'un riche passé conduira naturellement à la rencontre d'une culture vivante et proche.

Un site et une architecture prestigieux

En 1981, un concours national confiait à Jean Nouvel, Pierre Soria, Gilbert Lezènes et Architecture Studio la construction du siège de l'Institut sur le nouveau site retenu, l'un des plus prestigieux de Paris : au cœur du Quartier latin, tout en étant au bord de la Seine, face à Notre-Dame et près de la mosquée de Paris. Le bâtiment, remarquable par ses nombreuses innovations, offrira au public :
— Un musée d'art et de civilisation arabo-islamiques qui présentera sur cinq niveaux et 2 800 mètres carrés des objets d'art provenant des collections nationales françaises et de ses propres fonds, dont une collection d'art contemporain. Il disposera d'une banque de données multimédias consacrée dans un premier temps à l'art islamique.
— Une médiathèque, équipée des matériels les plus modernes et offrant la possibilité de consulter 40 000 ouvrages, la plupart en libre accès dans une « tour des livres », 1 500 périodiques, des archives sonores (disques et cassettes), une banque d'images,

In 1974, France and a number of Arab countries decided to confirm continued cooperation in the fields of culture and civilization through the creation, in Paris, of an institute providing extensive information about the Arab world.

In 1980, this decision was ratified by the signing of an international act creating the Arab World Institute, recognized by the French government as a public interest organization.

A joint adventure

This unique project, unites France and the following Arab countries : Algeria, Saudi Arabia, Bahrain, Djibouti, the United Arab Emirates, Iraq, Jordan, Kuwait, Lebanon, Mauritania, Morocco, Oman, Qatar, Somalia, Sudan, Syria, Tunisia, North Yemen and South Yemen. The Libyan Jamahiriya joined the founder nations in 1984.

The institute has a triple mission :
— to develop a deeper knowledge and better understanding of the Arab world within France : of its language, its civilization and its struggle for development ;
— to improve communication, cooperation and cultural exchange between France and the Arab world — in scientific and technical fields in particular ;
— to better relations between France and the Arab world and thus contribute to the development of relations with the rest of Europe.

A joint French-Arab team is already working to meet these objectives. The Arab World Institute will give substance to the notion of the "dialogue between cultures" : the revelation of a rich past will naturally lead to the encounter with an enthusiastic contemporary culture.

Prestigious site and building

A national architectural competition awarded Jean Nouvel, Pierre Soria, Gilbert Lezènes and Architecture Studio the commission for the design of the Institute's headquarters on one of Paris' most prestigious sites : in the heart of the Latin Quarter, on the banks of the Seine, across from Notre-Dame and close to the Paris Mosque. The remarkable building will offer visitors :
— A museum of Arab-Islamic art and civilization, 2,800 m^2 on five levels with works of art — including contemporary art — from the French national collections and from the Institute's own resources. It will also feature a multi-media data-bank initially limited to Islamic Art.
— A mediatheque with the latest equipment will provide access to 40,000 books — most of which will be stored in the "Book Tower" — 1,500 magazines, sound archives (records and cassettes), an image bank, dozens of films and a cinema directory.
— A documentation service will employ a computerized filing system containing information available in documentation centers and libraries specializing in the Arab world — in France and world-wide — to answer varied and detailed requests (from researchers, businesses...).

un répertoire cinématographique et des dizaines de films.

— Un service de documentation capable de répondre aux demandes les plus précises et les plus variées (chercheurs, entreprises, etc.) grâce, notamment, à un répertoire informatisé des centres de documentation et des bibliothèques spécialisés sur le monde arabe, tant en France qu'à l'étranger.

Un auditorium de 350 places, des salles d'expositions temporaires (700 mètres carrés), une salle d'actualité et la retransmission des programmes des télévisions arabes permettront d'entrer en contact avec les artistes, les créateurs et la presse arabes, et de mieux connaître les réalités contemporaines de vingt pays proches de nous et pourtant mal connus. C'est une tâche de longue haleine : aussi une atten-

The Institute will provide a 350-seat auditorium, a temporary exhibition space (700 m²) and retransmission facilities for Arab television programs to promote contact with Arab artists, creators and the press, and improve presentation of contemporary realities of twenty or so countries, culturally similar but virtually unknown to us. The task will be a long one and special attention has been given to the development of children's activities.

A vehicle for meeting and communicating
The Mediterranean Sea over centuries generally served to join different peoples rather than to separate them and there is no contingent civilization which is free from the influence of its neighbors. The importance of the Arab world is justified not just through the transmission of

tion toute spéciale sera-t-elle portée à l'accueil des jeunes générations.

Un lieu de rencontres, d'échanges et de diffusion

Le bassin méditerranéen a toujours été un lieu privilégié d'échanges. Il n'est pas, au bord de cette mer, de civilisation qui soit libre de toute dette à l'égard des civilisations voisines. L'importance du rôle du monde arabe est justifiée non seulement par la transmission à l'Europe occidentale de l'héritage de l'Antiquité, mais encore par l'enrichissement de la pensée universelle, par les sciences et les techniques de son expérience millénaire. Ce que nos peuples, notre civilisation, doivent à la civilisation arabe, nous en trouvons aisément le reflet dans les échanges qui ont également contribué à transformer le monde arabe lui-même. C'est dans ces échanges infiniment fructueux que l'on doit trouver sans doute l'une des clés qui permettent de comprendre non seulement ce que chacun de nos pays est devenu aujourd'hui mais, surtout, ce que nous sommes devenus tous ensemble.

L'Institut du monde arabe se veut le miroir de notre monde actuel, multiple et divers. C'est pourquoi il a pour objectif de couvrir tous les domaines de la vie culturelle — art, littérature, musique, cinéma... —, de rassembler artistes, créateurs, réalisateurs, producteurs, et d'intéresser ainsi un large public.

L'organisation et la réalisation d'expositions décentralisées, de festivals, de colloques et de conférences, de publications et de traductions, constituent la base même de son action : faire connaître le monde arabe contemporain. Point de convergence des manifestations culturelles sur le monde arabe, l'Institut rayonne ainsi sur l'ensemble de la France.

Dans le domaine de la communication, il entend répondre à un besoin de formation et d'information sans cesse grandissant, en privilégiant la production et la diffusion de matériel audiovisuel. C'est l'interlocuteur naturel des médias et, tout spécialement, des radios et des télévisions dont les besoins en programmes vont sans cesse croissant depuis quelques années.

Autre volet essentiel de l'action à long terme de l'Institut auprès de l'opinion, sa coopération étroite avec le ministère de l'Education nationale (auquel le lie une convention) et avec les arabisants. Il intervient dans différents domaines : formation professionnelle, ouvrages pédagogiques, documentation pour les chercheurs et les enseignants.

L'Institut du monde arabe est l'un des grands projets architecturaux qui marquent l'entrée de Paris dans le XXIᵉ siècle. Il symbolise également pour la France, comme pour l'ensemble des Etats fondateurs, le rapprochement de peuples qui ont beaucoup appris les uns des autres dans le passé et qui doivent, aujourd'hui, mieux se connaître pour mieux se comprendre et continuer demain les échanges féconds de jadis.

Paul Carton,
président de l'Institut du monde arabe.

the heritage from ancient Greece and Rome but through their contribution to our thinking, our sciences and our technology. What our people and our civilization owe the Arab civilization is reflected in the exchanges which, over the last decades — even the last two centuries — have transformed the Arab world itself. It is through an understanding of the continuous exchanges that we will discover what each country has become today and understand what we have become as a whole.

The Arab World Institute intends to become a mirror of today's world and its mulitiple facets. Its goal is to cover all aspects of cultural life — art, literature, music, cinema... — to bring together actors, creators, directors, producers and to interest as wide a public as possible.

The organization of touring exhibitions, festivals, conferences and seminars will form the basis of the Institute's efforts to reveal the contemporary Arab world. As a focal point for all cultural activities concerning the Arab world, the Institute will extend its influence throughout France.

In the field of communication, it will meet the ever-increasing demand for information and teaching aids, supporting the production of audio-visual material and films. It will also ensure a ready means of contact with the media (and with radio and television in particular) whose need for programs has been steadily increasing.

Another important aspect of the Arab World Institute's long-term activity is its close association with the Ministry of Education and with Arab specialists : the Institute will assist in the domains of professional education, production of teaching materials and documentation assistance to researchers.

The Arab World Institute is one of the Major Projects which will mark Paris' passage into the 21st. century. But it is above all a very symbolic project for its French and Arab partners : one of bringing together Mediterranean neighbors — so close in the past — so that they may understand each other better and continue their rich tradition of exchange.

Paul Carton,
President of the Arab World Institute.

Symbolique et modernité

Symbols and modernity

Le siège de l'Institut du monde arabe à Paris prend en compte, en termes dialectiques :
— les aspects du site : quartier traditionnel, quartier moderne ;
— la culture arabe et la culture occidentale ;
— la modernité et l'histoire ;
— l'intériorité et l'ouverture.
Sa symbolique et sa modernité sont fondées sur une interprétation actuelle de l'histoire des civilisations arabe et occidentale.

Le site

Le terrain, situé à la frontière de deux tissus urbains, l'un traditionnel (continu), l'autre plus moderne (discontinu), entretiendra donc obligatoirement un dialogue avec ces deux types d'urbanisme.
Les points forts du site imposent au nouveau bâtiment un positionnement précis rendant possible le dialogue avec le Paris historique.
L'espace ouvert de l'université voisine sera profondément modifié pour accueillir l'Institut du monde arabe.

Le rapport au boulevard Saint-Germain

L'une des perspectives les plus importantes est celle de l'aboutissement du boulevard Saint-Germain.
Le bâtiment, vu depuis le boulevard, deviendra un point de repère évident du paysage parisien. L'extrémité ouest du bâtiment a été traitée par l'inclusion d'un cylindre blanc derrière une façade transparente : la « tour des livres ».
Cette façade, dont la partie vitrée s'efface légèrement derrière la structure afin d'en accentuer les transparences, permet des vues sur l'intérieur du bâtiment, sur la façade sud dont la géométrie se lit nettement dans une perception à contre-jour, et sur le cylindre. Celui-ci, dont le mouvement ascendant laisse deviner les livres qui le tapissent à l'intérieur, s'interrompt au niveau de la terrasse-jardin, ne laissant dans la partie haute du bâtiment que la présence de la verrière sur le ciel.
La proue, dans son ensemble, est un signe à l'échelle urbaine, sa présence est accentuée par l'inclusion du cylindre et par la richesse des jeux d'ombre et de contre-jour dus à la transparence des façades.

La façade nord

Elle symbolise la relation à la ville historique, d'où la retranscription de la façade :
— le rideau est rythmé de manière à suggérer les lits horizontaux de pierre ;
— en partie haute de la façade, des procédés photographiques utilisés sur le verre évoquent le reflet des immeubles parisiens qui lui font face, dans l'île Saint-Louis et le Marais.

La façade sud

Reprenant les thèmes historiques de la géométrie arabe, nous créons une façade vitrée où la projection visuelle est intégrée entre les vitrages au moyen d'une trame variable basée sur le principe du dia-

The Arab World Institute headquarters in Paris reflects the dialectics of :
— the traditional and the modern surroundings of the site ;
— arab and western culture ;
— history and modernity ;
— introversion and extroversion.
Its symbolism and modernity are based upon a contemporary interpretation of the history of its two component civilizations.

The Site

The site is located on the boundary between two types of urban fabric — one of which is traditional and continuous while the other is more modern and discontinuous — and a dialogue between the two is thus in order.
The strong points of the site and the location of the new building will create a positive relationship with historic Paris.
The open space of the neighboring university will be considerably modified in order to accommodate the Arab World Institute.

The relationship with the Boulevard Saint-Germain

The eastern end of the Boulevard Saint-Germain constitutes one of the most important vantage points for the site. The Arab World Institute's visual impact upon this important boulevard will make it a major reference point in the Paris landscape.
The western end of the building, visible from this point, includes a tall white cylinder behind a transparent façade — "a tower of books".
The glazed portion of the façade is slightly behind the plane of the structure which accentuates the transparency and permits the observer to clearly perceive the interior of the building (especially the southern façade, whose geometry is clearly seen through the effect of back-lighting, and the tower). The tower's ascending movement clearly suggests the presence of the books which line it. The movement is cut off at the roof-garden level in order to leave only the glazing outlined against the sky at the top of the building.
The bow-shaped group of buildings constitutes an urban scale composition which is reinforced through the presence of the cylinder and the rich play of shade, shadow and backlighting due to the building's transparency.

The northern façade

The façade's design reflects its relationship with historic Paris :
— the curtain wall incorporates a rhythm which suggests the courses of a stone wall ;
— the upper part of the façade uses silk-screened designs to transform the glass and to evoke the reflection of the Parisian buildings of the Ile Saint-Louis and the Marais opposite.

The southern façade

The problem of the admission of natural light is solved by using an entire wall of diaphragms (a reference to the

Plan du rez-de-chaussée
et du parvis.

*Plan of the ground floor and
esplanade.*

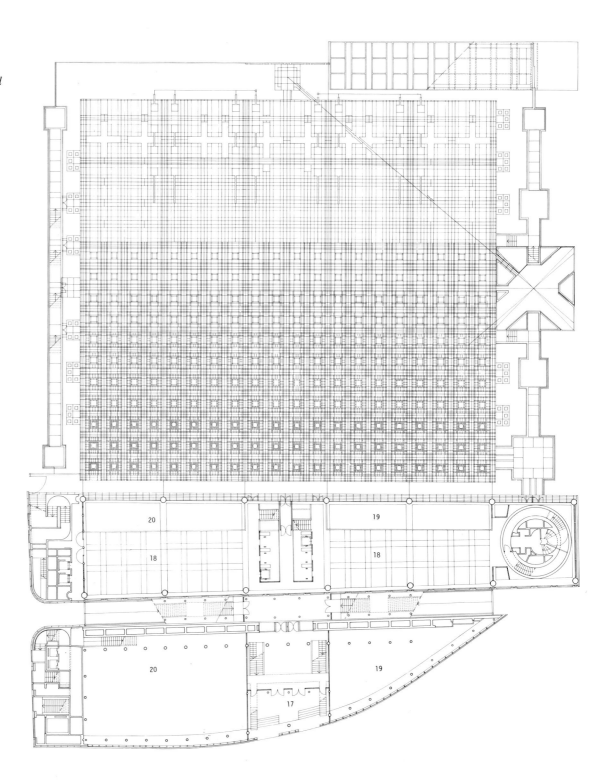

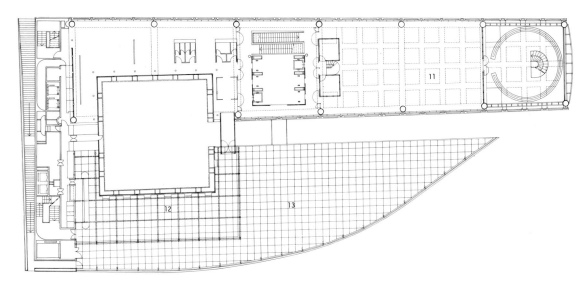

En haut : plan du dernier
niveau avec la salle du
haut-conseil.
En bas : plan du quatrième
niveau s'ouvrant sur un
patio intérieur. La faille
sépare le musée situé au
nord de la bibliothèque et
de la tour des livres côté
parvis, au sud.

*Above : plan of the upper
level and the high-council's
chamber.
Below : plan of the fourth
level opening on the internal
patio. The narrow opening
separates the museum to the
north from the library and
the book tower to the
southern, esplanade side.*

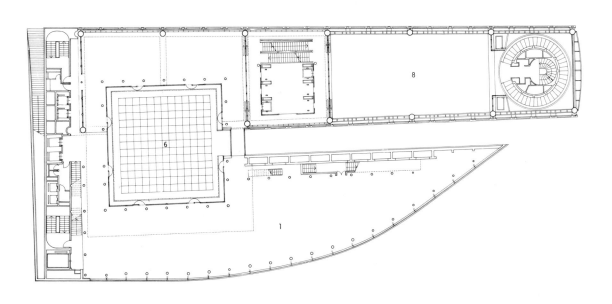

phragme. Une cellule photo-électrique permet un dosage de la lumière en fonction de l'ensoleillement. Les diaphragmes s'ouvrent et se ferment suivant la luminosité extérieure : la façade apparaît ainsi comme un vaste rideau en mouvement.

Cette géométrie « technologique » est aussi la transposition actuelle des ouvertures et des motifs les plus nobles de la grande architecture arabe. Le bâtiment est coupé en deux par une faille qui aboutit sur une cour au cœur du bâtiment, exprimant ainsi l'intériorité caractéristique de l'architecture du monde arabe.

Cette faille est l'occasion de créer une entrée particulière pour les personnalités qui arrivent en voiture sur un perron donnant directement accès à la salle du haut-conseil et à l'Institut. Son ouverture sur le chevet de Notre-Dame souligne le rapprochement de deux vieilles cultures.

Jean Nouvel
et Architecture Studio[1].

Interview de Jean Nouvel
par Marc Jouassain

Marc Jouassain : Comment l'idée des fenêtres en forme de diaphragme de l'Institut du monde arabe est-elle née ?

Jean Nouvel : Ce qui, pour moi, caractérise la grande architecture arabe, c'est l'utilisation de la lumière comme matériau de cette architecture. C'est ainsi qu'on trouve les claustra, les moucharabieh, les contre-jours, etc. J'ai donc voulu que la première matière de l'Institut du monde arabe soit la lumière : le mur sud est constitué comme une sorte de moucharabieh ; mais, comme c'est un bâtiment de modernité et comme nous ne sommes pas sous les cieux égyptiens ou marocains, on est obligé de jouer avec les conditions actuelles de lumière — un moucharabieh « permanent » n'aurait pas les mêmes caractéristiques en hiver et en été. On se rend compte de la contradiction qui existe à développer ce type d'architecture sous nos latitudes. J'ai proposé de jouer sur les thèmes décoratifs de la grande architecture arabe, ceux qu'on trouve en particulier à l'Alhambra, toujours basés sur le carré, l'étoile, le cercle, le polygone... Ce sont des figures qui fonctionnent souvent par rotation, d'où l'idée de diaphragmes. Ils permettent de réaliser en les dosant ces figures, de faire en sorte que, suivant la saison, on laisse entrer plus ou moins de lumière.

1. Le projet de l'Institut du monde arabe est l'œuvre de Jean Nouvel, Pierre Soria, Gilbert Lezènes, Martin Robain, Jean-François Galmiche, Rodo Tisnado et Jean-François Bonne.

noble geometric elements of Arab architecture), activated by photo-electric cells which register changes in external natural lighting conditions. The wall will thus resemble a curtain in constant movement.

The "technological" geometry becomes a contemporary expression of the importance of geometric openings in traditional Arab architecture. A reference to the introversion typical of Arab architecture lies in the division of the building into two distinct parts through the use of a narrow opening which terminates in a central courtyard deep within the building.

This opening accentuates the visiting dignitaries' entrance — accessible by car — leading directly into the Institute and to the High Council's chambers. The view of Notre-Dame through this opening is a reminder of the link between these two ancient cultures.

Jean Nouvel,
and Architecture Studio[1].

Interview with Jean Nouvel
by Marc Jouassain

Marc Jouassain : *How did you arrive at the idea of windows in the form of diaphragms for the Arab World Institute ?*

Jean Nouvel : *The major element in the best Arab architecture is the use of light as a material. One finds sun screens, moucharabiehs, back-lighting... Thus, I felt it important that light should be the most important material in our project. The South façade is designed as a moucharabieh but, as the building is modern and we are not in Egypt or North Africa, its design reflects Paris' natural-lighting conditions — a "permanent" moucharabieh would have a different form in winter and summer. There is a definite contradiction in developing this type of architecture in our latitudes. My proposal was to employ the decorative themes which occur in the great Arab architecture of the Alhambra — the square, the circle, the star, the polygon... As the decorative figures are often generated through rotation, the idea of diaphragms came naturally. The advantage in their use is that they permit the entry of more or less light depending upon the season.*

M.J. : *Are the constraints they impose a stimulus ?*

J.N. : *Constraints are always a stimulus. As architecture is necessarily built, we are always faced with constraints. Each new project, each new site gives rise*

1. *The Arab World Institute project was designed by Jean Nouvel, Pierre Soria, Gilbert Lezènes, Martin Robain, Jean-Francois Galmiche, Rodo Tisnado and Jean-Francois Bonne.*

M.J. : Ces contraintes ne sont-elles pas finalement pour vous un moteur ?

J.N. : Les contraintes sont toujours un moteur. Pour moi, l'architecture, c'est ce qui se construit, on est donc obligé de tenir compte de ces contraintes. On trouve dans chaque nouveau programme, dans les conditions mêmes du site, ce que j'appelle les spécificités d'un projet. Rien ne serait plus ennuyeux que de devoir travailler sur un terrain réel, mais presque théorique, qui ne présenterait pas de contraintes. Auquel cas, ce ne serait plus de l'architecture, car l'objet final ne traduirait pas les conditions de production d'une époque.

Ce que j'aime dans l'architecture de toutes les époques — et je la lis toujours ainsi —, c'est qu'elle révèle une sorte de consensus social, une possibilité des techniques de l'époque qui sont aussi une contrainte.

L'architecture, c'est : que peut-on faire à ce moment-là, dans une situation donnée ? Ce qui est intéressant, c'est de jouer avec les règles du jeu et d'aller aux limites du possible. Je pense qu'un architecte doit d'abord résoudre les problèmes liés à l'usage du bâtiment qui va se créer, qu'il doit donc répondre de façon précise à des éléments objectifs et qu'après seulement vient ce qui est du fait de la création.

Je ne crois pas qu'il puisse, au nom de ses valeurs artistiques, vouloir ou pouvoir influer sur cet usage. Souvent, on a vu les architectes utiliser un style, comme un peintre l'utilise, et finalement influer de façon directe sur la nature profonde de l'objet au point de vue de l'usage. C'est une déformation grave.

Cette sorte de refuge extraordinaire que permet le fait de dire : « je suis un artiste », cette autoproclamation de l'artiste est réellement insupportable : « Faites votre travail, messieurs les architectes et, en plus, si vous êtes capables de mettre de l'art dans ce que vous faites, alors tant mieux[1] ! »

to what I would call the specificities of the project. Nothing would be worse, or more boring, than to design for a site which presented no constraints. In the end, the design would not be architecture as it would not reflect the building conditions of its era.

What I have always appreciated in the architecture of all eras is that it reveals a sort of social consensus and a technical solution possible at its time.

Architecture offers an answer to the question : "What was possible at that moment, for a given situation?" It is always interesting to play with the rules of the game and to push back the limits.

An architect must first resolve all the problems related to the building's use and offer precise answers to its objectives, and only then can he begin to "create".

I don't think that he can or should invoke artistic values to alter the building's activities.

In the many instances when architects have employed a style in the same manner that an artist might, a direct impact upon the nature and the use of the object has resulted which can only be considered a grave mistake.

The comforting imposture which lies in the declaration : "I am an artist" — the self-proclamation on the part of the artist — is totally unacceptable. "Do the job properly first of all. If, in addition, you are capable of creating art in your endeavors, well then, so much the better[1] !"

1. Ce texte est extrait d'une interview de Jean Nouvel par Marc Jouassain, CAUE de Maine-et-Loire.

1. Excerpts from an interview with Jean Nouvel by Marc Jouassain, CAUE of Maine-et-Loire.

Plan de la façade sud
composée de panneaux de
diaphragmes en aluminium
qui reprennent des éléments
de la géométrie arabe. Une
cellule photo-électrique
dose la lumière en jouant
sur l'ouverture de
27 000 diaphragmes.

En bas à gauche : l'un des
240 panneaux vu de jour en
position ouverte et fermée.

En bas à droite : ce même
panneau vu de nuit.

*Plan of the south façade
composed of aluminum
diaphragm panels recalling
Arab geometric patterns. A
photoelectric cell adjusts the
light admitted by
27 000 diaphragms.*

*Lower left : one of the 240
panels in open and closed
positions during the day.*

*Lower right : the same panel
seen at night.*

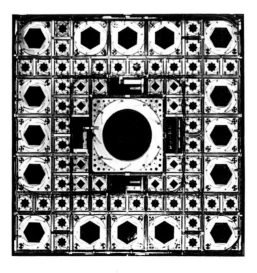

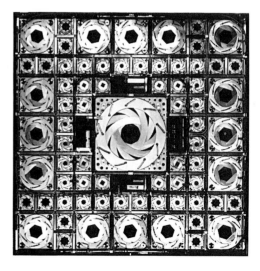

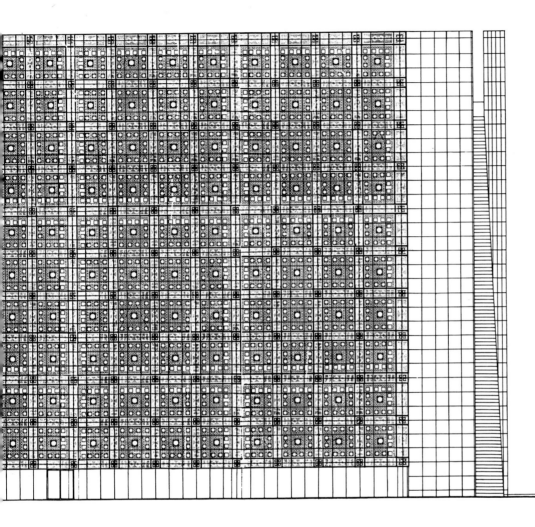

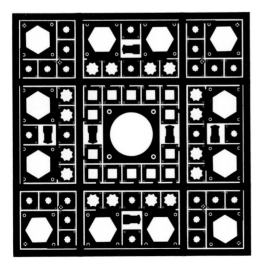 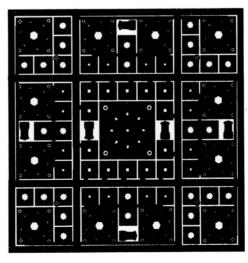

Plan de la façade nord. La silhouette des immeubles parisiens est sérigraphiée sur les vitrages pour mieux souligner l'appartenance du bâtiment au Paris historique. La conception graphique (P.-M. Jacot) a été traitée par ordinateur. A droite : détails de l'incrustation sur le vitrage.

Plan of the north façade. The silhouette of Parisian buildings silk-screened on the glass underlines the fact that the building belongs to historic Paris. The use of computers aided in the graphic design (P.-M. Jacot). To the right : details of incrustation on the glass.

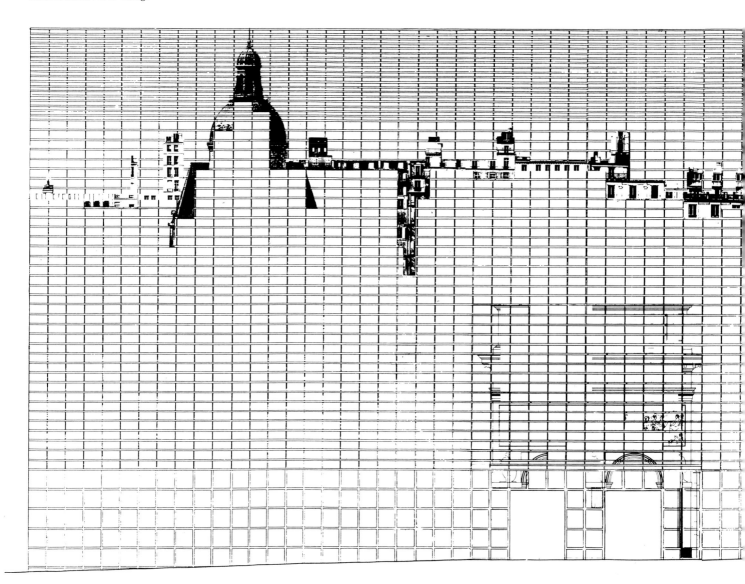

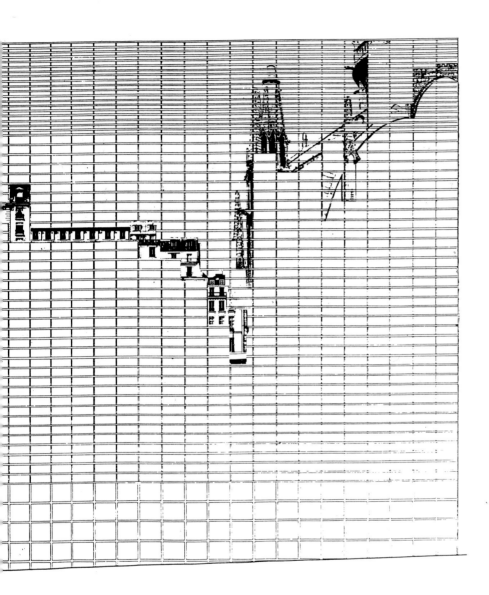

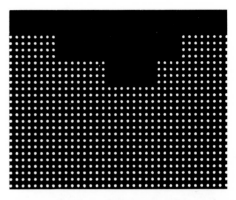

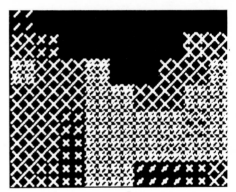

A gauche, le pignon ouest tel qu'il
est vu du boulevard
Saint-Germain. On distingue
en transparence la rampe hélicoïdale
de la tour des livres. En haut
à droite, les premières rangées
de diaphragmes de la façade sud.
En bas à droite, la façade nord et
les incrustations sérigraphiques.

*Left : the west wall as seen from the
boulevard Saint-Germain. The
spiral ramp of the book tower is
apparent.
Above right, the south façade's
diaphragms ; below, the north façade
and silkcreened incrustations.*

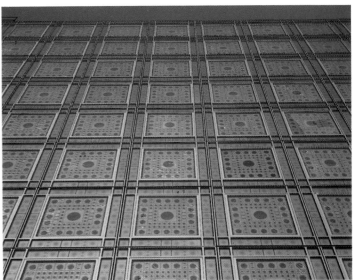

Le ministère
des Finances

Ci-dessous : le nouveau ministère des Finances. Maquette vue de l'ouest. La configuration du terrain a conduit les architectes à retenir une implantation perpendiculaire au fleuve, contrairement à celle adoptée pour les grands édifices publics qui bordent la Seine.

Page de droite : détail de la maquette. Vue sur l'hôtel des ministres et sur la pile dans la Seine.

Below : the new Ministry of Finances : model viewed from the west.
The site's shape led the architects to design a building perpendicular to the Seine, contrary to the practice for other public buildings along the river.

Opposite page : detail of the model. View of the minister's quarters and the column in the Seine.

C'est le 24 septembre 1981, lors de la première conférence de presse de son septennat, que le président de la République a annoncé la décision d'étendre à l'ensemble du palais du Louvre sa destination de musée. Cette décision impliquait le transfert en d'autres lieux de la partie des services centraux du ministère de l'Economie, des Finances et du Budget installée dans ces locaux. Le mois suivant, le premier Ministre me confiait la mission d'animer et de coordonner l'ensemble des actions devant aboutir à l'installation du ministère dans les locaux de nouveaux bâtiments. Dès le 13 janvier 1982, je lui remettais un rapport proposant, notamment, différentes implantations dans la capitale.

En mars 1982, le site de Bercy était retenu pour accueillir les nouveaux locaux du ministère. Ce choix correspondait à une volonté clairement affirmée de permettre un rééquilibrage de Paris vers l'est. Il était aussi décidé que la réalisation du futur ministère ferait l'objet d'un concours national d'architecture. Après la publication, en mai, d'un appel de candidatures, en septembre de la même année cent trente-sept offres étaient remises par les architectes aux services spécialisés du ministère. Après s'être réuni plusieurs fois en octobre et en novembre, le jury présenta sa

On the 24th. of September, 1981, — during the first press conference of his seven-year term — President of the Republic François Mitterrand announced his decision to extend the museum function to the entire Louvre Palace. This decision implied the transfer of the Ministry of Economy, Finances and Budget offices installed in the Palace to another site. The following month, the President assigned me the task of initiating and coordinating the actions necessary for the relocation of the Ministry's services in new accommodations. On the 13th. of January of the following year, I submitted a report proposing, among other things, different implantations in the capital.

The Bercy site was chosen for a new Ministry building in March 1982. This choice of building to the east reflects a clear intent to counterbalance the concentration of government activities to the west of Paris. It was also decided that the design of the new building would be the subject of a national architectural design competition.

The call for competitors took place in May and 137 design submissions were received by the Ministry's services in September. The Jury met several times during the months of October and November before submitting its selection to the Chief of State. On the 16th. of

sélection au chef de l'Etat. Ce dernier, confirmant ce choix, retint, le 16 décembre 1982, le projet qui, après levée de l'anonymat, se révéla être l'œuvre de l'Atelier d'Urbanisme et d'Architecture. L'équipe était composée de MM. Chemetov, Huidobro, Devillers, ainsi que de MM. Duhart-Harosteguy, architecte-conseil, et Lacoudre, assistant. M. Huidobro était leur mandataire commun.

Le projet initial a été modifié, d'une part, pour répondre à la demande du président de la République d'améliorer l'intégration des bâtiments dans le site et, d'autre part, pour permettre à certains locataires expropriés d'être relogés à proximité de leur ancien lieu d'habitation. Le gouvernement a, en effet, décidé de construire un immeuble de logements sur la partie nord-est du terrain.

Cette décision avait pour conséquence une perte de surfaces pour le ministère. En compensation, il fut décidé d'implanter des surfaces complémentaires de bureaux au nord-ouest du site, partie laissée libre par le maître d'œuvre. Fut repris, pour cette partie sur dalle, le projet de MM. Arretche et Karasinski qui avait été abandonné lorsque la décision d'attribuer ce terrain au ministère était intervenue. On procéda ensuite à une harmonisation entre les projets de MM. Arretche et Karasinski et ceux de MM. Chemetov et Huidobro.

L'opération de transfert du ministère de l'Economie, des Finances et du Budget à Bercy est conduite directement par les services administratifs du ministère. Cela suppose que l'ensemble des actions est soumis à la réglementation administrative. Ainsi la maîtrise d'ouvrage est-elle assurée par la sous-direction de la construction et des affaires immobilières (direction du personnel et des services généraux). Pour les autres grandes opérations parisiennes, des établissements publics ont été créés.

Ce choix délibéré de ne pas mettre de structure nouvelle avait une valeur test : mener à bien une opération de grande ampleur dans des structures administratives existantes.

Les deux bâtiments situés au nord-ouest du terrain ont une surface hors œuvre de 42 000 mètres carrés et ont été livrés à l'automne 1986.

Les trois bâtiments issus du concours, d'une surface hors œuvre brute de 216 000 mètres carrés, sont destinés, d'une part, à recevoir 4 700 agents, d'autre part, à accueillir quatre ministres avec tous les aménagements correspondants (salles de conférences, centres d'informatique, espaces sociaux...). L'installation dans ces bâtiments aura lieu dans le courant de 1988.

Pour que les bâtiments soient achevés dans les délais prévus au calendrier de la construction, les entreprises doivent se livrer à des performances sans précédent pour une telle surface : quarante-quatre mois et demi de chantier.

Guy Vidal,
chargé de mission,
coordonnateur pour le transfert
du ministère des Finances.

December 1982, the President confirmed the jury's choice, the project submitted by the Atelier d'Urbanisme et d'Architecture. The team was composed of Messrs. Chemetov, Huidobro, Devilliers, as well as Mr. Duhart-Harosteguy, consulting architect, and Mr. Lacoudre, assistant. Mr. Huidobro is the project leader.

The original project was modified at the President's request to provide for a better integration of the existing buildings on the site and to rehouse persons whose dwellings were expropriated in the vicinity. The government decided to build housing on the north-eastern part of the site.

As this decision meant a reduction in the Ministry's floorspace, complementary offices were then designed for the north-western part of the site — left unoccupied by the architects. A previous project by Messrs. Arretche and Karasinski — abandoned when the site was designated for the competition — was recommissioned and modifications to ensure a harmonious relationship between the two designs were carried out.

The transfer of the Ministry to the Bercy site is being coordinated directly by the Ministry's own services with the result that all actions must conform to administrative procedures. Thus, the role of client for the new building is assumed by the Office of construction and real-estate affairs (part of the Office of the personnel and general administration). The other major Paris projects had required the establishment of a Public Authority as client body so that this deliberate decision on the part of the Ministry was a valuable test : is it possible to direct a huge project within the framework of existing administrative structures ?

The two buildings to the north-west of the site (42,000 m² of usable floor-space) were delivered during the autumn of 1986.

The three buildings which were the subject of the competition (216,000 m² of gross usable floorspace) will accommodate 4,700 civil servants as well as four Ministers and their ancillary facilities (meeting rooms, data-processing center, social spaces...). Delivery of the building is scheduled for 1988.

The construction schedule is extremely ambitious and requires a major effort on the part of the contractors : 44.5 months construction time.

Guy Vidal,
Project Coordinator,
Coordinator for the transfer
of the Ministry of Finances.

Construire l'image

Building an image

L'ensemble des bâtiments du ministère de l'Economie et des Finances marquera la géographie urbaine de Paris, s'inscrivant ainsi dans la suite des monuments qui jalonnent la Seine.

Il ne s'agit pas, en l'occurrence, d'une reprise de bâtiments préexistants, comme ce fut hier le cas au palais de Chaillot ou, aujourd'hui, pour le musée d'Orsay, mais bien d'une création urbaine comparable à celle de la galerie du Bord-de-l'Eau du Louvre, du collège des Quatre-Nations ou de la Monnaie.

Toutefois, dans ces exemples, et à plus forte raison dans des compositions précédées d'un grand terreplein (Invalides, Concorde, Champ-de-Mars), la relation à la Seine était frontale. La difficulté du terrain retenu est le petit côté qu'il présente au fleuve. Il était donc indispensable de chercher à faire figurer sur la Seine les bâtiments à édifier. Il est clair que le viaduc de Bercy qui porte le métro aérien — avec sa double rangée d'arcades de pierre blanche — amorce le parti proposé. Il ne s'agit pas, bien entendu, de reprendre directement des formes mais plutôt de provoquer la nécessaire association de deux éléments.

La présence du viaduc serait ainsi confirmée dans son potentiel urbain : retenue visuelle sur le cours de la Seine qu'on retrouve, à la limite aval du Paris historique, au pont de Bir-Hakeim. A Paris, l'accès ouest jouit de la présence verticale de la tour Eiffel. Il s'agit, en ce qui nous occupe, de signaler l'accès est. Le viaduc marque la ligne de franchissement du fleuve par l'ancienne enceinte des Fermiers généraux qui limitait le Paris d'avant 1860. Tout indique qu'il existe ici un lieu sensible dans l'histoire de la ville. Le maintien dans notre projet de deux bâtiments d'entrée des anciens octrois et leur prise en compte comme axe est-ouest de la composition confirment cette observation.

Le bâtiment principal a donc été projeté allégoriquement comme un viaduc faisant face au tumulus (tout autant métaphorique) que les architectes Andrault et Parat ont choisi pour forme enveloppe du Palais omnisports.

Tout bâtiment longiligne suppose réglé le problème de ses ailes. L'extrémité vers la Seine est traitée comme une arche interrompue à la façon des loges de l'architecture italienne dont Venise a stéréotypé un modèle. Il est certain que, de ce point, la vue sur la courbe du fleuve, le Jardin des plantes et Notre-Dame est, comme disent les gazettes, imprenable.

Il est évident que le projet du ministère des Finances doit satisfaire des besoins de représentation autant que de fonctionnement ; il faut donc fabriquer un symbole.

Pour exprimer l'institution ou la puissance, on utilise l'hypertechnologie. Il est certain que l'usage dans le bâtiment des formes et des matières de la technologie spatiale ou automobile fait que les images valorisantes attachées à ces domaines sont transportées sur le bâtiment. Ce type de réponse pose une condition : le prix. Pour exemple, le prix des bâtiments avoisine 5 francs par kilo, l'automobile coûte dix fois plus

The Ministry of Economy and Finances buildings will enrich the urban geography of Paris, becoming part of the ensemble of monuments along the Seine.

This will not involve restoration of existing buildings, as with the Palais de Chaillot or the Museum of the 19th. century. It is a design in its own right, similar to the riverside Gallery of the Louvre, the Collège des Quatre-Nations or the Mint.

In all of these examples, and those with an open space (Invalides, Concorde, Champ-de-Mars), the relationship to the Seine is frontal. The difficulty presented in this case is that the smaller side of the site borders the Seine. Thus it became indispensible to find a way to make the buildings face the Seine. The Bercy Metroviaduct, with its double set of white stone arcades, is an evident point of departure for our concept. It is obviously not our intention to imitate the forms but to underline the necessary association of the two elements. The urban potential of the viaduct is thus confirmed. A reminder of the historic limit of Paris, it is reflected further downstream by the Bir-Hakeim viaduct. The western entrance to Paris is visually reinforced by the Eiffel Tower, and it is our task to strengthen the eastern one. The viaduct crossing the Seine marks the boundary of the earlier wall of the Fermiers Généraux which designated the Paris city limits until 1860. That this is a sensitive site in the history of the city has been further confirmed through the conservation of two entrance pavilions from the earlier wall as the east-west axis of our composition.

The principal building was thus conceived as an allegorical viaduct facing the allegorical tumulus chosen by Andrault and Parat for the envelope of the Omnisports Palace.

The problem with all long buildings lies in what to do at the extremities. The end over the Seine is treated as an interrupted arch in the same manner as the Italian loggias which Venetian architecture has established as a stereotype. From this privileged vantage point the views over the Seine to Notre-Dame and to the Jardin des Plantes are unimpeded.

The Ministry of Finances project must obviously fulfill both representational and functional requirements ; an image must be produced.

In this context, the latest technology is an expression of the institution or of its power. It is quite clear that a design which adopts forms and materials from spatial or automobile technology profits from the transfer of the positive image of these industries to the buildings which result. The only drawback to such an approach is the cost. A building may cost less than a dollar a kilo, for example, while an automobile will cost up to ten times as much and the cost of space exploration is enormous... which goes some way towards offering an explanation as to why the recent projects of Rogers in London or Foster in Hong Kong are double to quadruple that estimated for our project.

We were given a cost objective of 7,500 F per square meter (net) which corresponds to current office building costs in 1983. This limited both the type and the choice of technological solutions open to us.

Vue sur la façade
principale. La structure
d'immeuble-pont souligne
la proximité du fleuve. Les
deux franchissements de
70 mètres qui enjambent le
quai de la Rapée et la rue

de Bercy constituent des
portes monumentales vers
le Paris historique.
Les immeubles
à l'arrière-plan prolongent
l'opération vers
la gare de Lyon.

View of the principal façade.
The building-bridge's
structure underlines the
river's proximity.
The two 70-meter spans over
the quai de la Rapée and the
rue de Bercy form

monumental gateways to
historic Paris.
The buildings
in the background
continue the project
towards the Gare de
Lyon train station.

Détail de la façade principale.

Detail of the main façade.

L'hôtel des ministres.
Croquis de Borja
Huidobro (janvier 1986).

The minister's quarters.
Sketch by Borja Huidobro
(January 1986).

cher, et ne parlons pas du coût de la conquête de l'espace... Cela explique pourquoi le budget nécessaire aux œuvres récentes de Rogers à Londres ou de Foster à Hongkong est double ou quadruple de celui retenu pour le ministère des Finances.

Pour le ministère, nous avions un prix réduit de 7 500 francs par mètre carré (hors œuvre), prix normal pour des bureaux en 1983. Cette première contrainte limitait non seulement l'éventail des solutions techniques mais plus encore la famille formelle utilisable.

Ce qu'attendent les observateurs, ce n'est pas un nouveau Versailles — même si, obscurément, cette image rassurante hante leurs esprits —, c'est bien un bâtiment qui les aide aujourd'hui à se situer de façon positive dans la relation contradictoire du monde moderne à la tradition, fût-elle architecturale.

Une autre voie de réponse réside dans la prise en compte de l'échelle des travaux publics dans le bâtiment. L'intérêt porté par des profanes aux

Observers are thus not waiting for us to produce a new Versailles — even if this reassuring notion may occasionally appear to haunt them — but to come up with a building which will somehow allow them to assume a positive position in the contradictory relationship between the modern world and their traditions — and even, perhaps, an architectural tradition.

Another possible solution lies in the civil engineering aspects of the building. The general public is always interested in contemporary construction feats — airports, bridges — and the spatial images which they provoke have a positive significance.

It is entirely possible in the field of architecture to firmly fix the symbolism of the new building through the ways in which it is perceived. The simple example which follows amply demonstrates how we will achieve this goal.

The approaches to the building, the views familiar to Parisians and the distances involved have strongly influenced the development of the buildings' designs.

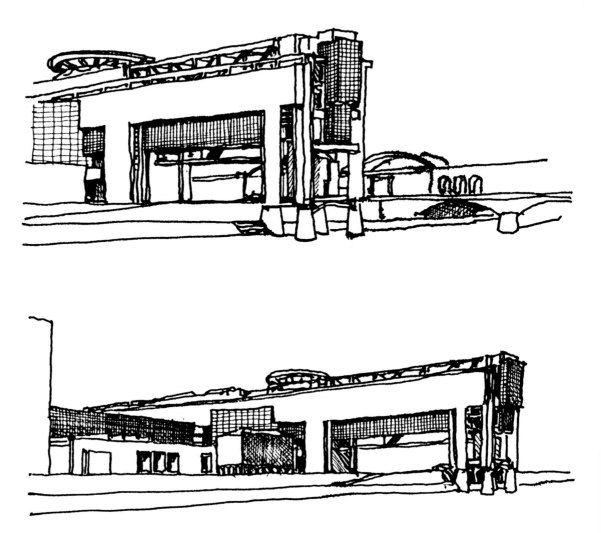

En haut : perspective
d'ensemble du projet.
Croquis de Borja
Huidobro (avril 1984).
En bas : façade principale
vue depuis la Seine.
Croquis de Borja
Huidobro (janvier 1986).

Above : perspective of the
project. Sketch by Borja
Huidobro (April 1984).
Below : main façade viewed
from the Seine. Sketch by
Borja Huidobro (January
1986).

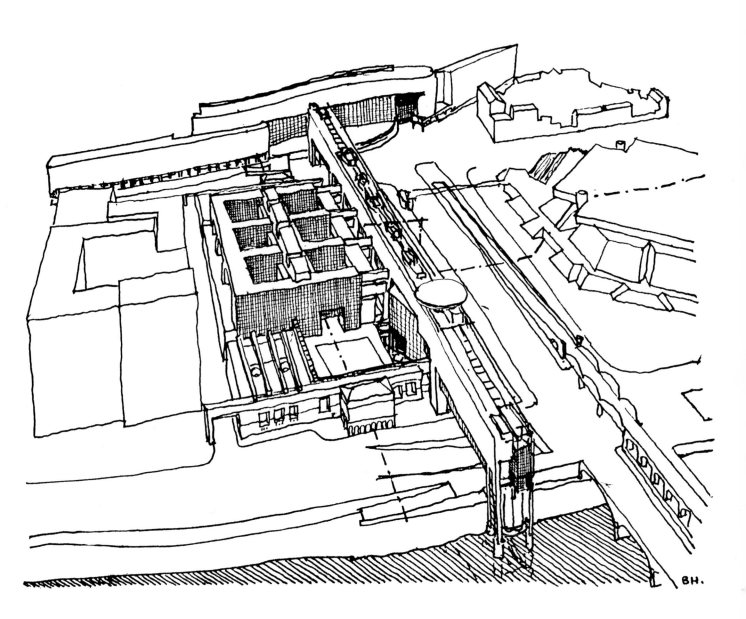

grands ouvrages contemporains — aérogares, ponts — pour le rêve d'espace qu'ils provoquent a une signification positive.

Quitter l'abstraction, en notre domaine, c'est aussi ancrer la symbolique nécessaire dans la perception sensible du nouveau bâtiment. Développons un seul exemple, il illustre fort bien notre démarche.

L'approche du bâtiment et la vision qu'en auront les Parisiens ont orienté la facture du ministère qui tient compte des distances de vue possibles.

De loin, les lignes d'un attique en gradin et des superstructures métalliques qui rappelleront celles du Palais omnisports joueront sur le ciel, transposition des balustrades, cheminées et lucarnes des bâtiments traditionnels parisiens.

En vision moyenne, entre les piles porteuses, la maille d'une grande charpente métallique et le remplissage en mur-rideau veulent signifier que ce bâtiment est aussi un lieu de travail tertiaire et peut donc aussi utiliser ce qui le caractérise aujourd'hui.

En vision rapprochée, le jeu des épaisseurs de pierre des socles et des nervures en béton bouchardé (montrant ainsi la construction réelle des piles), des poutres ou des tirants en profilés métalliques, évitera que ce grand bâtiment, qui a la taille de la façade de l'Ecole militaire, n'apparaisse que comme un schéma découpé à la scie égoïne et indifféremment plaqué d'un seul matériau, fût-il noble.

Il est bien évident qu'un tel traitement qui, comme nous le disions, n'ignore pas le côté positif des « ouvrages d'art » (qu'on médite sur ces mots : qui oserait aujourd'hui se qualifier, à l'instar de Guimard, d'architecte d'art ?) et met donc en scène la rationalité technique et constructive, crée la possibilité d'une collaboration inventive et fructueuse avec les ingénieurs du bâtiment qui devrait se prolonger par le dialogue avec les entreprises, dès lors que leur fierté de constructeurs peut s'investir dans les valeurs apparentes du bâtiment. Nous l'avons constaté lors de l'élaboration du projet ; espérons que la construction du ministère des Finances en permettra l'expression.

Paul Chemetov et Borja Huidobro,
architectes.

From a distance, the lines of the stepped-back attic and the metal superstructure similar to that of the Omnisports Palace will be seen against the sky — a transposition of the balasters, chimneys and skylights of the traditional Paris skyline.

At a middle distance, the structural grid between the supporting columns will signal that this is also a work-place — entirely capable of assuming the materials which characterize office buildings today.

From close-up, the play of the thicknesses of the stone base and of the bush-hammered cannelations (thus revealing the real construction of the pilings), the metal beams or tension members will ensure that this huge building, the same size as the Ecole Militaire, will not look like something turned out on a jig-saw and indiscriminantly covered with a single — if noble — veneer.

It should be obvious by now that our project incorporates an expressive use of technical and constructional rationalism and recognizes the positive aspects of the civil-engineering "art". (This comment should inspire a few minutes reflection : who today would dare — as Hector Guimard did — to refer to himself as a practitioner of the art of architecture!) We have created the possibility for the inventive and fruitful collaboration between designers and engineers which should continue as interaction with the builders — to the extent that their pride as builders finds its expression in the values represented by the building. This potential first became apparent during the development of the design of the project ; we hope that the construction of the Ministry of Finances building will permit its expression.

Paul Chemetov and Borja Huidobro,
architects.

Perspectives sur le hall
d'accueil.

*Perspectives of the entrance
hall.*

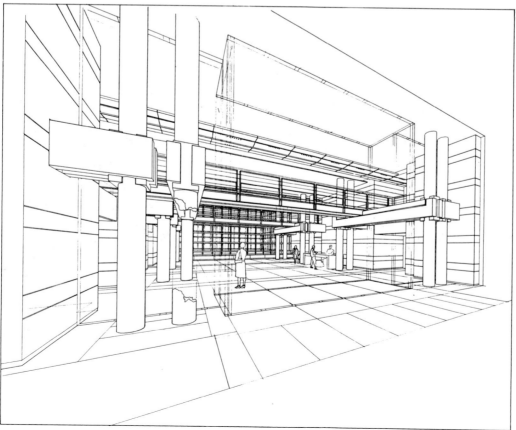

Quelques phases du
chantier de Bercy.

*Several phases of the Bercy
construction site.*

L'opéra
de la Bastille

Un nouvel état d'esprit

A new spirit

Ci-dessous : opéra de la Bastille. Vue axonométrique du projet montrant l'avancement des études d'architecture, fin 1985. A droite du trait de coupe, les ateliers dont la suppression a été décidée par le gouvernement en août 1986. A gauche, le demi-cylindre de la salle modulable dont l'affectation est réservée.

Below : the Bastille Opera. Axonometric view showing the advancement of the architectural studies at the end of 1985. To the right of the cross-section marks lie the workshops which the government suppressed in August 1986. To the left is the semicircle of an adjustable hall whose use has not been decided.

Réunis à Paris au début de l'année 1986, de nombreux artistes, directeurs d'opéra et spécialistes de l'art lyrique venus du monde entier ont réaffirmé l'importance que revêt la création du nouvel opéra de la Bastille.

Ce théâtre a été conçu pour donner à l'art lyrique un lieu qui autorise des conditions de travail plus favorables à l'épanouissement de cet art difficile entre tous. Il mobilise les techniques les plus élaborées à la fois pour encourager les compositeurs de notre temps à créer des œuvres nouvelles et pour aider les artistes à faire revivre, dans les meilleures conditions possibles, les grandes œuvres du passé.

En bâtissant un nouvel opéra, c'est un nouvel état d'esprit que nous cherchons à susciter. En cela, nous ne faisons que poursuivre le but que se sont donné tous ceux qui, dans de nombreux pays, s'attachent à réaliser, pour l'opéra, les théâtres qu'exige notre époque. Celui qui se construit aujourd'hui à la Bastille sera sans doute le premier de toute une génération.

Désormais, l'art lyrique disposera, à Paris, de deux grandes maisons. Outre les œuvres lyriques, l'opéra de la Bastille, dont le projet a été récemment remodelé, sera à même de produire des concerts et des spectacles chorégraphiques.

Et c'est à l'est parisien, qui attendait depuis des décennies la réalisation d'une grande œuvre architecturale et urbanistique, que revient d'accueillir, sur le site chargé d'histoire de la Bastille, ce nouvel opéra et de s'enrichir par là même de l'apport d'un grand équipement culturel.

Pierre Viot,
président de l'Etablissement public de l'opéra de la Bastille.

At the beginning of 1986, a number of artists, opera directors and lyric arts specialists from all over the world gathered in Paris to reaffirm the importance of the new Bastille Opera.

This theater has been designed to give Lyric Art a place where better working conditions would permit the development of this most difficult Art. Extremely elaborate techniques will encourage the creation of new works and aid artists to recreate great works from the past in the best conditions.

Through the building of a new opera we hope to infuse new spirit into the lyric arts. And, in this respect, we are a continuation of worldwide efforts to construct theaters for opera that is pertinent today. The Bastille Opera will no doubt figure among the first of an entirely new generation.

With its completion Paris will feature two grand opera houses. and, beyond opera, the new hall — whose program has recently been modified — will also be designed to hold concerts and choreographic presentations.

Thus the east of Paris, which has been awaiting the construction of a major urban architectural work for many years now, will soon be culturally enriched by the creation of a new opera on the historically important Place de la Bastille.

Pierre Viot,
President of the Etablissement public de l'opéra de la Bastille.

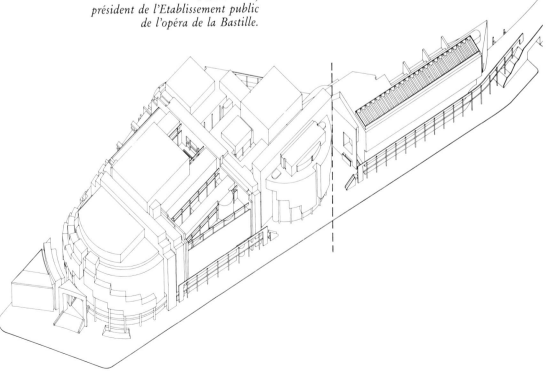

L'architecture du projet Bastille

The architecture of the Bastille project

En dehors de l'appréciation subjective et individuelle, l'opéra de la Bastille marque une étape importante dans l'histoire de l'architecture urbaine. Former un jugement sur un projet architectural, c'est estimer la pertinence du résultat en fonction des objectifs fixés. A cet égard, le projet se présente comme un manifeste par rapport aux récentes attitudes urbaines, dont la portée se trouve amplifiée par la nature de l'objet (un théâtre d'opéra) et par sa situation (la place de la Bastille, à Paris).

En premier lieu, il s'oppose aux ruptures brutales et aux destructions dans les tissus des villes provoquées, au cours des trente dernières années, par l'application abusive et schématique d'un système urbain utopique, issu des principes de la charte d'Athènes, conçu pour l'homme du XXIᵉ siècle présupposé différent.

Il s'élève aussi contre la réaction éclectique qui associe, avec naïveté et nostalgie, à la notion d'espace urbain constitué et hiérarchisé (avenues, rues, places, squares, etc.) des architectures pastiches reproduisant des organisations formelles sans correspondance avec leur contenu.

Face à ces deux courants, l'opéra de la Bastille affirme une volonté essentielle : celle de la reconquête du centre urbain par l'architecture de notre temps, dans le respect de l'histoire des lieux et des hommes. Cette volonté est tout d'abord visible par le choix de la place de la Bastille, qui est à Paris l'exemple quasi unique de la rencontre des formes urbaines de chaque époque parvenues presque intactes jusqu'à nos jours et de leur contenu, témoin d'une culture, d'une activité et d'une histoire, offrant ainsi en quelque sorte une image contractée de l'histoire des hommes et des sociétés à travers le temps. Mais la place de la Bastille, c'est aussi, concrètement, un vide urbain, conséquence de la fameuse démolition de la forteresse.

L'objet opéra qui va prendre place dans un site aussi particulier doit intégrer, dans sa conception même, une véritable contradiction : il est d'abord, par nature, un lieu de spectacles prestigieux, hors du commun ; mais il est aussi un centre de production, moderne et fonctionnel, dans lequel travaillent quotidiennement un millier de personnes, artistes et artisans, techniciens et personnels administratifs.

Il fallait trouver une réponse à ces objectifs. Et cette réponse devait éviter deux écueils, fréquemment rencontrés aujourd'hui : soit privilégier l'image de l'objet architectural au détriment de sa fonctionnalité (pastiche de l'ancien ou fausse simplicité moderne), soit se limiter à la construction d'un simple outil. Il fallait aussi gommer la dichotomie entre l'espace interne de l'opéra et l'espace externe de la ville. Il doit y avoir une véritable symbiose entre le bâtiment et le tissu urbain, à la différence du palais Garnier, bâtiment fermé qui semble infranchissable. Le projet de l'opéra de la Bastille joue avec cette interaction entre l'espace urbain et l'espace architectural. C'est un bâtiment qui appartient au public.

Le projet prouve que l'architecture peut s'affirmer et

Quite aside from a subjective, personal appreciation, the Bastille Opera marks an important step in the history of urban architecture. A critical appraisal of an architectural project requires an evaluation with regard to a certain number of objectives. Compared with recent urban phenomena, this project can be considered as a manifesto whose importance is magnified through the nature of the project (an opera) as well as through its site (the Place de la Bastille in Paris).

To begin with, the proposal is in opposition to the brutal ruptures and destruction of urban fabric of the last thirty years which was due to the abusive and systematic application of the principles of the Athens Charter — an utopic system conceived for a 21st. century man considered somehow to be different.

It is also opposed to the eclectic reaction which associates — with a mixture of naïveté and nostalgia — the notion of structured urban space (avenues, streets, places and squares) with architectural pastiche employing formal organizations devoid of content.

In the face of these two trends, the Bastille Opera affirms a fundamental desire : that of the reconquest of the urban center by the architecture of our times — respectful of both human and urban history. This conviction is expressed in the choice of the Place de la Bastille : This is the almost unique Paris space containing virtually untouched fragments of urban form from all periods and their content — examples of a culture, an activity and a history. The result is a compressed image of the history of man and his society. But the Place de la Bastille is also a void, the consequence of the destruction of the famous fortress.

The Opera-object, placed in such a peculiar site, must also incorporate a contradiction : by its nature the Opera is above all, a prestigious, an extraordinary entertainment hall ; it is also a modern, functional production-center employing a thousand persons — artists, craftsmen, workers and administrators — on a daily basis.

It was necessary to find a response to these objectives. And the response must take care to avoid two dangers often encountered today : to give too much importance to the form of the object (pastiche of the past or false modern simplicity) — to the detriment of its functioning — or to simply build a machine. It was also necessary to erase the dichotomy : internal space of the opera, external space of the city. There should be a real symbiosis between the building and the surrounding area unlike the Palais Garnier solution of an hermetically-sealed building. The Bastille Opera project plays with the interaction between urban space and architectural space. The building will belong to the public.

The project proves that the architect can affirm himself and make his complex efforts understood. The architect must be prepared to assume the complexity of his work, to refine and bring it out into public view. He can no longer hide behind a virtuous simplicity which, more often than not, conceals a conceptual poverty.

The Bastille architecture is based upon the refined expression of the different elements of the program. The use of simple volumes makes it possible to identify the

Plan de la scène principale, de la scène de répétition et de leurs cinq espaces de dégagement. Le dispositif scénique qui permet le stockage des décors et l'alternance des représentations est l'élément le plus innovateur du projet.

Plan of the principal stage, of the rehearsal stage and of the five storage spaces. The inclusion of spaces permitting set storage and thus the concurrent presentation of several operas is the project's most original element.

se faire comprendre comme une entreprise humaine complexe, l'attitude nouvelle consistant à assumer cette complexité, à l'apprivoiser et à la montrer plutôt que de se cacher derrière les vertus d'une simplicité qui recouvre trop souvent une pauvreté conceptuelle.

L'architecture de la Bastille est fondée justement sur l'expression transcendée des différentes fonctions du programme. Des volumes simples permettent d'identifier la fonction de chaque lieu et composent une morphologie dans laquelle les différents espaces sont répartis d'une façon très rationnelle et très lisible. A un premier ensemble d'espaces publics et de foyers s'ajoutent, autour des salles, les zones consacrées au travail artistique et à la préparation des spectacles (loges, salles de répétition, etc.).

L'équilibre et l'harmonie sont assurés par le contrôle rigoureux des formes, de leur composition, de leurs proportions, et par le choix d'une gamme cohérente de quelques matériaux nobles exprimant aussi bien la tradition (la pierre) que les apports contemporains (le verre et le métal)[1].

Carlos Ott,
architecte.

1. Texte établi sur la base d'entretiens avec Carlos Ott.

function of each space and to compose an ensemble within which different activities are distributed in a very rational and visible manner. The initial group of public spaces and vestibules gathered around the central hall are completed by the areas necessary for the artists' work and the preparation of presentations (dressing rooms, rehearsal rooms, etc.).

Equilibrium and harmony are ensured through the rigorous control of the composition and proportions of forms, and through the use of a coherent range of noble materials — both traditional (stone) and contemporary (glass and metal)[1].

Carlos Ott,
architect.

1. Excerpts from an interview with Carlos Ott.

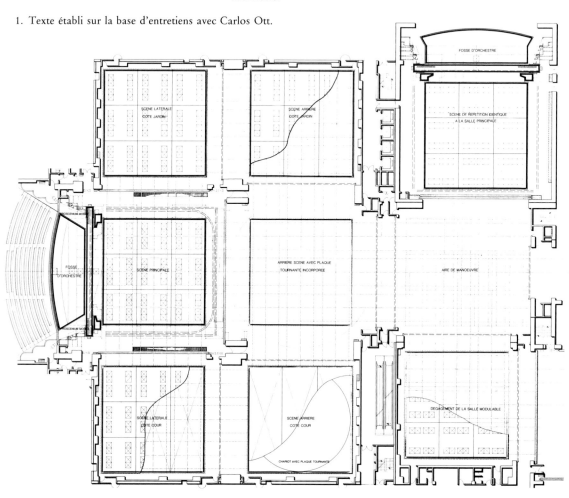

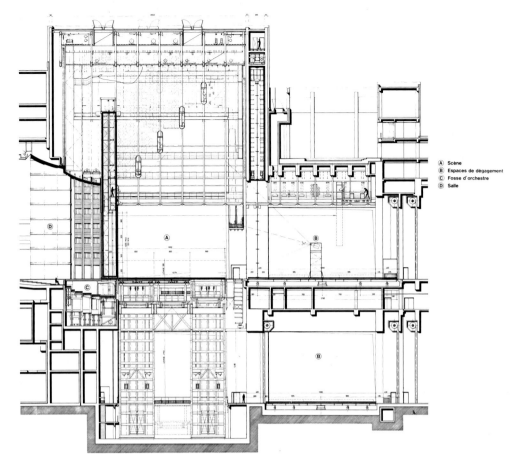

Coupes sur la scène
principale et les espaces de
dégagement.
En haut : coupe
longitudinale montrant, à
gauche, la fosse
d'orchestre à profondeur
variable et, à droite, les
deux niveaux d'espaces de
dégagement.
En bas : coupe transversale
avec cadre de scène, gril et
proscenium variable.

*Sections through the main
stage and the storage spaces.
Above : the longitudinal
section shows the variable
depth orchestra pit to the left
and the two-level storage
space to the right.
Below : transverse section
with the stage frame, grid
and variable proscenium
indicated.*

Ⓐ Scène
Ⓑ Espaces de dégagement
Ⓒ Fosse d'orchestre
Ⓓ Salle

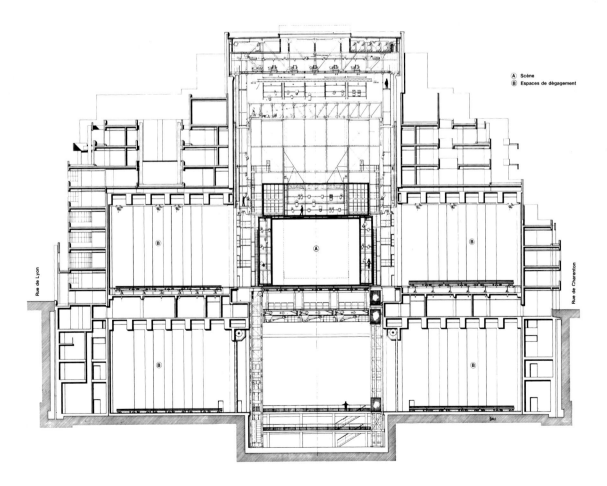

Ⓐ Scène
Ⓑ Espaces de dègagement

Vue d'ensemble de la
maquette depuis la place de
la Bastille.

*View of the entire model
from the Place de la Bastille.*

Entrée principale de
l'opéra. Le volume
cylindrique englobe la
grande salle de
2 700 places. Au premier
plan à gauche, l'immeuble
de la *Tour d'argent* dont la
façade a été reconstruite à
l'identique. Il abrite
notamment un studio de
280 places.

*Principal entrance to the
Opera. The cylindrical
volume encloses the
2 700 seat main hall. In the
foreground is the* Tour
d'argent *building (with its
original façade reproduced)
housing a 280 place studio.*

Coupes horizontales
au-dessus de la grande
salle avec, en haut, les
locaux administratifs,
les espaces de répétition et les
loges, et, en bas, les espaces
de dégagement.

*Horizontal sections over the
main hall : the
administrative offices,
rehearsal spaces and dressing
rooms are above and the
storage spaces below.*

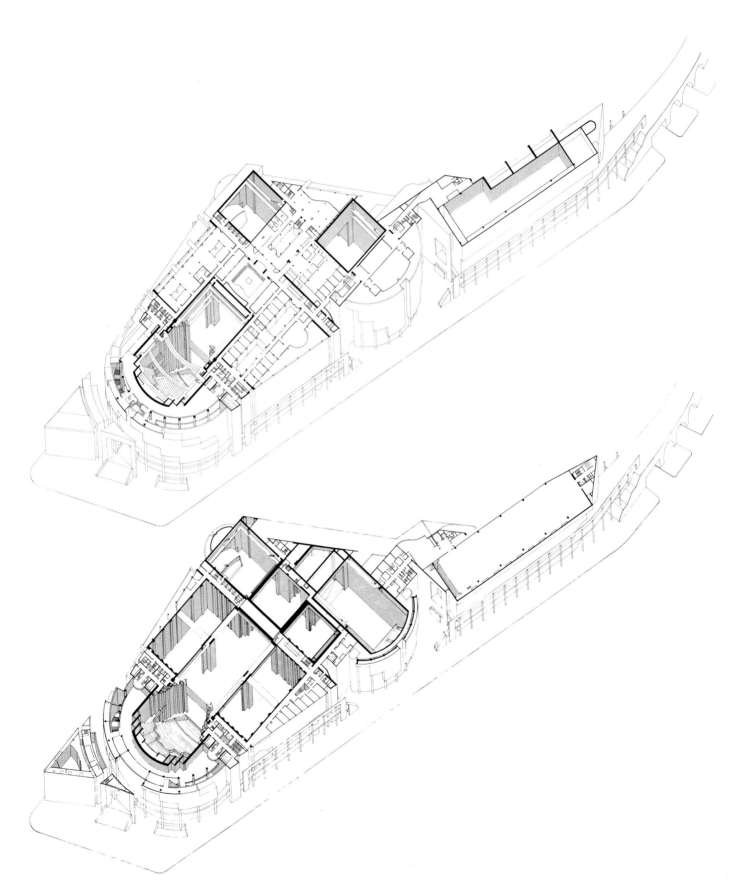

Façades sur la place de la Bastille. La maquette montre le portique dont la double courbure épouse à la fois les contours de la place et ceux du bâtiment.

Façades on the Place de la Bastille. The model shows the double curve of the gateway which follows the contours of both the place and the building.

Pages suivantes : façades sur la rue de Lyon.

Following pages : façades on the rue de Lyon.

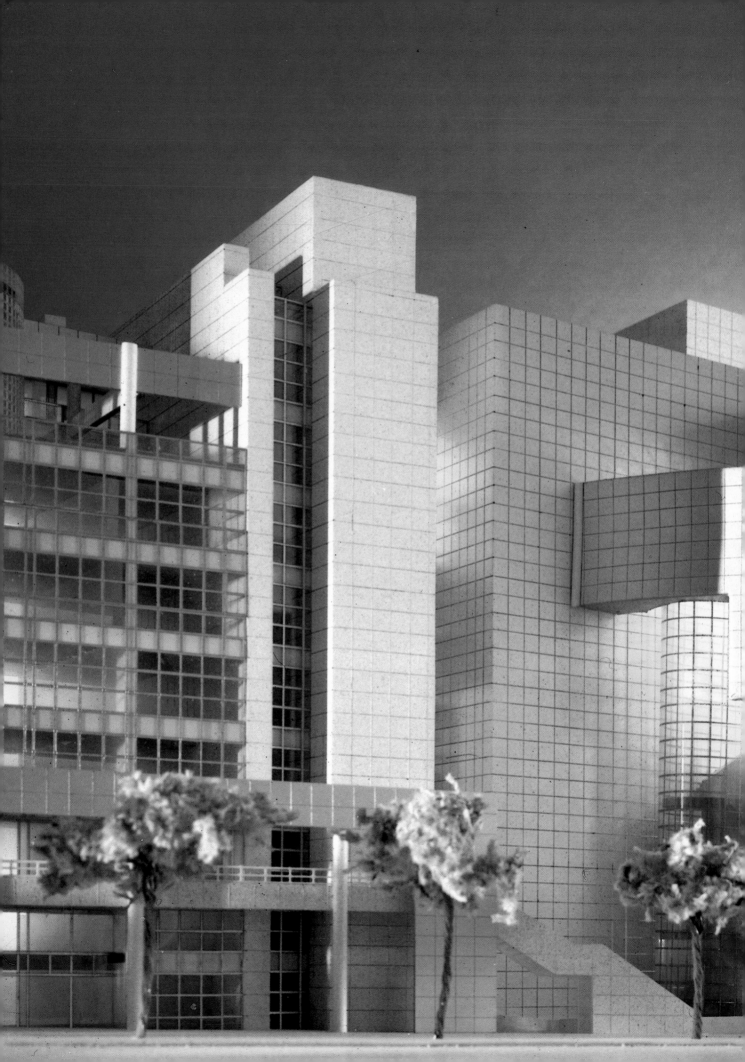

La Villette

La petite ville

The little city

Lorsque, en décembre 1979, le président de la République, M. Valéry Giscard d'Estaing, décida de consacrer à un Musée des sciences, des techniques et des industries l'édifice inachevé qui devait à l'origine abriter la salle des ventes des abattoirs de la Villette, il eut certainement conscience d'avoir ainsi choisi de doter la France d'un grand équipement qui lui manquait — du moins à une dimension actuelle — en même temps qu'il résolvait un épineux problème politique et financier. Sans doute ne pouvait-il aussi sûrement prévoir que, par sa décision, il allait offrir à notre pays une série d'« occasions » architecturales dont il avait grand besoin.

Certes, le réaménagement de l'énorme bâtisse pour l'adapter à son nouvel office en fut une, qui incita les meilleurs architectes français à proposer leurs solutions. Mais il fallait, pour ouvrir complètement le site de la Villette à l'architecture, que le projet se fît accueillant à toute culture et non pas seulement à celle des sciences exactes. Un parc et un équipement musical étaient bien mentionnés dans le programme de 1979 ; ils ne figuraient toutefois qu'en indication de l'environnement du Musée. C'est au président François Mitterrand qu'il reviendra, en 1982, de fixer définitivement les orientations d'un grand projet culturel global à la Villette : il s'agissait moins d'augmenter le programme du prédécesseur, dès l'abord confirmé, que de le préciser et de lui donner une plus grande cohérence en affirmant la nécessité de symbiose entre les différents éléments du programme. Il s'agissait aussi — et c'est ici ce qui importe le plus — de faire de chacun de ces éléments un événement architectural. On verra d'ailleurs que les projets choisis sont devenus autant d'incitations à l'architecture pour ceux qui devaient suivre.

Un site exceptionnel mais contraignant

Le site de la Villette, à vrai dire, mérite bien ces soins. Peu de métropoles peuvent encore dégager un terrain de 55 hectares sinon au cœur de la cité, du moins à l'intérieur de son enceinte du XIXe siècle. Le voisinage n'est pas des plus prestigieux, mais les invitations à l'art urbain ne manquent pas :

— Des voies d'eau rigoureusement tracées marquent le site : l'une, rectiligne depuis la célèbre rotonde de Ledoux, traverse le terrain de la Villette et le divise en deux parts à peu près égales avant d'aller former au-delà de Paris le canal de l'Ourcq. L'autre, perpendiculaire à ce canal, délimite le site à l'ouest. Surtout, l'intersection de ces deux voies d'eau a été aménagée en un « rond-point des canaux » dont le nom décrit bien l'intention urbaine.

— Des anciens abattoirs de la Villette, les plus modernes d'Europe lorsqu'ils furent inaugurés en 1867, il reste, après les démolitions auxquelles il a fallu consentir, la Grande Halle aux bœufs, œuvre d'un élève de Baltard qui constitue un impressionnant exemple d'architecture métallique du siècle dernier.

Ces grandes réalisations ponctuaient de vastes compositions urbaines, témoignages des vues généreuses

The 1979 decision by French President Giscard d'Estaing to transform the unfinished Salle des Ventes (Auction Hall) at La Villette into the National Museum of Science, Technology and Industry was intended to create a modern facility which France lacked, while solving a difficult financial and political problem. The President was also aware, no doubt, that his decision would result in a series of architectural events which the country sorely needed.

The remodelling of the enormous Salle des Ventes drew proposals from the best French architects. For the La Villette site to successfully welcome modern architecture, however, it was essential that the project encompass all facets of culture and not just the sciences. A park and a music facility were mentioned in the 1979 program — though they only figured as potential elements of the Museum's environment. Thus it fell to President Mitterrand, in 1982, to determine the overall orientations of the important La Villette cultural complex : the task was less one of extending his predecessor's program than that of carefully defining the program and of emphasizing the need for a symbiosis between all the program elements. His task also consisted — and this concerned us directly — of making each of the elements an architectural landmark. As we shall see, each of the projects became an essential factor in the design of those which followed.

An exceptional, but difficult site

The La Villette site is certainly worth the effort because very few metropolitan areas can boast of a 55-hectare site, if not in the heart of the city, at least within the 19th. century urban boundaries. The neighborhood is not one of the most prestigious but it does have an urban design potential :

— The site is marked by several rigorously defined waterways : one is straight and, beginning at Ledoux's famous Rotunda, cuts the site in two nearly equal parts before becoming the Ourcq Canal to the east of Paris. The other is perpendicular to the first and marks the site's western limits. The meeting point of the two at a circular intersection creates the opportunity for a canal roundabout with a strong urban identity.

— The Main Cattle Hall (Grande Halle aux bœufs), designed by a student of Baltard, is the sole reminder of the La Villette slaughterhouses — the most modern in Europe at their 1867 inauguration — and a striking example of the last century's metal architecture.

In both cases our predecessors punctuated their urban compositions with major projects — testimonies to their generosity. The building and remodelling we are undertaking should express the same spirit in a contemporary manner.

What are the site's characteristics ? First of all, the site is 1.5 times larger than Paris' largest existing park, the Tuileries Gardens. It is marked by the waterways mentioned above (the Saint-Denis Canal and the Ourcq Canal), and dominated by two imposing existing buildings :

— To the north is a 30 m-tall, rectangular building with a 3 hectare footprint within which it would be

de nos devanciers. Les constructions qu'il s'agit aujourd'hui d'édifier ou d'aménager doivent exprimer une semblable volonté, dans une perception contemporaine.

Quelles sont les données ? Un terrain, d'abord, dans lequel pourrait tenir une fois et demie le plus grand parc de Paris, le jardin des Tuileries. Un terrain marqué par la présence de l'eau — les canaux de l'Ourcq et de Saint-Denis déjà évoqués — et sur lequel s'imposent deux ensembles de bâtiments :

— Au nord, un volume bâti, inachevé, qui occupe 3 hectares au sol et qui élève à plus de 30 mètres au-dessus du terrain naturel un parallélépipède massif où l'on pourrait loger trois fois le Centre national d'art contemporain de Beaubourg. La modeste rotonde des vétérinaires, vestige des premiers abattoirs de 1867, fait à côté bien frêle figure.

— Au sud, la Grande Halle allonge sur 241 mètres ses 30 portiques de fer (86 mètres de portée, 19 mètres de hauteur à la clé). Flanquée, au sud, de deux pavillons de pierre de la même époque, elle constitue le fond d'une vaste place pavée, héritage aussi des anciens abattoirs.

Un projet global

C'est donc à partir de ces données que s'est progressivement défini le projet global de la Villette : dans l'ordre chronologique, le programme énoncé le

possible to house the National Contemporary Art Center at Beaubourg three times over. The modest "Veterinaries' Rotunda" to the west, a reminder of the 1867 slaughterhouses, is, in comparison, a slight figure indeed.

— To the south is the Grande Halle with its thirty bays (86 meters-wide and 19 meters-tall) stretching over 241 meters. Along with the two flanking pavilions built in the same period, the cobbled space is also a remnant of the previous slaughterhouses.

An all-encompassing project

The overall project for La Villette was progressively defined on the basis of these existing elements : the first was the Science Museum which soon became the National Museum for Science, Technology and Industry ; then came the remodelling of the Grande Halle to the south ; the general program for the Parc de La Villette and for the City of Music followed ; the Zénith pop-music hall was first envisaged as a temporary structure but is now considered permanent due to its importance to popular music — one of La Villette's previous features.

Progressing from the general to the specific, a presentation of La Villette must begin with the context which the Park establishes for all the other projects. The Park itself will be presented in detail below and, for the moment, it is only necessary to recall that park's de-

premier a été celui du Musée des sciences, devenu depuis lors la Cité des sciences et de l'industrie, puis ce fut le tour du centre d'exposition dans la Grande Halle, au sud ; vinrent ensuite le programme général du parc et celui de la Cité de la musique ; enfin, la halle de concerts du Zénith est apparue comme un élément étranger au projet et temporaire d'abord, mais bien vite devenu permanent tant son usage pour la musique populaire prolongeait des pratiques antérieures à la Villette.

Pour présenter ces programmes, du général au particulier, il faudrait d'abord évoquer le parc, écrin et réceptacle des autres équipements. Ce parc est présenté plus loin en détail. Il suffit ici de souligner que le vœu des concepteurs est d'accueillir des publics très variés par leur âge autant que par leur attente culturelle. Ils souhaitent offrir à ces publics un choix très ouvert et que la plus libre circulation s'établisse entre les divers centres d'intérêts afin de favoriser les échanges et les contacts.

Le Zénith, salle de concerts consacrée plus particulièrement à la musique de variétés et au rock, trouve naturellement sa place dans cet ensemble. Mais ses dimensions — 6 000 places réductibles à 4 000 — et les horaires habituels des spectacles lui confèrent une certaine autonomie que l'aménagement futur du parc devra précisément s'efforcer d'atténuer.

Le programme de la Grande Halle, comme celui de la Cité des sciences et de l'industrie, est né de la convergence entre le constat d'un besoin et la volonté de réutiliser au mieux un bâtiment à conserver. D'un côté, 20 000 mètres carrés couverts dégageant un espace librement utilisable ; de l'autre, une demande non satisfaite pour des grandes expositions culturelles et pour des salons commerciaux de moyenne envergure.

Il a donc fallu aménager la halle pour l'enrichir des équipements nécessaires à la tenue commode d'expositions et d'autres manifestations (conférences, spectacles) tout en lui conservant sa souplesse originelle d'utilisation.

Le programme de la Cité des sciences et de l'industrie, logée dans un bâtiment long de 270 mètres et large de 110 mètres, a été établi en 1979 par Maurice Lévy qui est depuis un an le président du nouvel établissement. Il a subi au cours des années plusieurs modifications. Elles n'ont pas altéré l'essentiel de ce qui doit être une des pièces maîtresses de la Villette, dernier-né des grands centres destinés à la culture scientifique. Son originalité tient à trois caractéristiques essentielles :
— la présentation simultanée des sciences, des technologies et de leurs conséquences sur le plan socioéconomique ;
— l'utilisation très large des dernières techniques audiovisuelles et informatiques ;
— le rassemblement, pour la première fois en un même lieu, de moyens de communication divers, ce qui devrait permettre de toucher tous les publics.

Dernier des grands équipements de la Villette à recevoir une définition précise, la Cité de la musique

signers intend to accommodate as diverse a public as possible... in terms of age as well as in terms of cultural interests. The maximum potential for public interaction and contact will arise through the provision of a wide variety of activities and unimpeded circulation between major centers of interest.

A concert hall specifically dedicated to pop concerts and musicals is at home in this park. But its size — 4,000 to 6,000 places — and the usual budgets for its activities gives the Zénith an autonomy which the future development of the park should specifically limit.

As with the National Museum of Science and Industry, the program for the Grande Halle project results from the need for a facility and the desire to make the best use of a historic building. On the one hand is the unsatisfied demand for large cultural exhibits and modest commercial fairs ; on the other is 20,000 m^2 of covered, open space. It was thus necessary to provide the Grande Halle with all of the facilities needed for exhibits and other activities (conferences, shows) and to maintain its original flexibility of use.

The National Museum of Science and Industry program initially established by Mr. Maurice Levy, recently appointed the Etablissement Public's President, has been modified since, but the principal aspects of the latest science facility remain unchanged and the building is still one of the central elements in the development of La Villette. The program's originality results from four essential characteristics :
— the simultaneous presentation of science and technology and of their socio-economic consequences ;

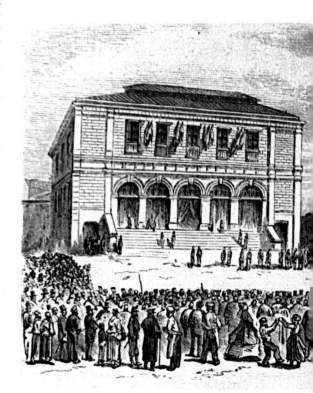

doit, de part et d'autre de la place aux Lions, fermer la composition amorcée par la façade sud de la Grande Halle et celle des deux pavillons qui l'accompagnent. Elle doit être construite en deux étapes. La première comprendra le Conservatoire national supérieur de musique de Paris, dont le transfert à la Villette a été décidé en 1982, une salle de concerts de 1 200 places que le Conservatoire partagera avec l'Ensemble intercontemporain. Un Musée de la musique et quelques équipements annexes compléteront cet ensemble d'environ 30 000 mètres carrés construits. La seconde étape sera principalement constituée de plusieurs auditoriums.

Le projet de la Villette comprend, enfin, la réhabilitation de la rotonde des vétérinaires, qui abritera la « maison de la Villette », sorte d'écomusée du site et des quartiers environnants, et deux ensembles résidentiels d'environ 300 logements chacun, situés l'un au nord de la Cité des sciences et de l'industrie où il contribuera au traitement architectural de l'esplanade qui s'ouvre devant le bâtiment de la Cité, l'autre au sud-ouest, qui assurera la continuité bâtie entre la Cité de la musique et les constructions bordant la grande avenue qui conduit vers le centre de Paris.

Une fête pour l'architecture

Enoncer des programmes aussi variés allant de la réhabilitation de bâtiments existants à d'ambitieux édifices nouveaux proposant des usages individuels aussi bien que des fonctions au service d'un large

— the generous use of the latest audio-visual and computer-related techniques ;
— the unique combination of a variety of communication media under the same roof permits contact with a broad public ;
— the 270 m-long and 110 m-wide building.
The last of the major projects to be defined — the City of Music — will be built on either side of the Place aux Lions and thus complete the composition begun by the Grande Halle and its two flanking pavilions. The project will be built in two phases. The first will allow the transfer of the Paris National Music Conservatory to La Villette (accepted in 1982), a 1,200 seat concert hall shared with the Ensemble Intercontemporain, a Music Museum and several complementary activities. The 30,000 m² complex will be completed by a music-teaching institute and several housing units. The second phase will principally concern several auditoriums.

The rehabilitation of the Rotonde des Vétérinaires will house an eco-museum presenting the history of La Villette and its environs. Two residential units of 300 dwellings each will be built : one will border the esplanade to the north of the Museum for Science Technology and Industry and the other will be located to the southwest, creating a liason between the City of Music and the buildings along the avenue Jean Jaurès leading into the center of Paris.

A celebration of architecture
The announcement of an ambitious program of rehabili-

La Villette, côté porte de Pantin : le marché de la viande en 1868. La Grande Halle, les deux pavillons attenants et la Fontaine aux lions ont été conservés.

The Porte de Pantin side of La Villette : the meat market in 1868. The Grande Halle, the two neighboring pavilions and the Lions Fountain remain.

public, c'est ouvrir le champ à une intense émulation architecturale. De fait, il ne s'est guère passé d'année depuis 1980 sans que la Villette mette un projet en concours. Il est aisé d'imaginer l'intensité des échanges intellectuels, de l'effervescence créatrice, que la conception, la discussion puis la mise en œuvre des différents projets ont suscitée. Il n'est sans doute pas exagéré d'affirmer que les réalisations qui progressent sur le site marqueront la décennie par leur qualité exemplaire.

Les principaux maîtres d'œuvre exposeront dans les pages qui vont suivre leur approche architecturale et les caractéristiques de leur projet. Il convient de leur laisser ce soin. Mais il n'est pas inutile de dresser un bilan de ce que l'on peut déjà voir sur place et de ce que l'on peut pressentir dans le prochain avenir de la Villette.

Pour la Cité des sciences et de l'industrie, la presse et le public ont été frappés par l'évidence symbolique et la force de la Géode (ouverte en mai 1985), miroir étrange de son environnement, posé sur un plan d'eau face à l'imposant bâtiment de la Cité.

Celui-ci, inauguré en mars 1986, se distingue par sa masse austère, gainée d'acier inoxydable, d'où émergent les trois grandes serres qui flanquent la façade sud. L'imposant hall d'accueil a été très remarqué.

Le Zénith, structure hardie revêtue de toile argentée, a inauguré une « nouvelle génération » de salles de concerts. Ses architectes ont réussi, malgré ses dimensions, à lui conférer un chaleureux confort qui manque souvent à des salles de ce volume.

Dans la Grande Halle, c'est le respect des structures d'origine, la discrétion, la subtilité et l'harmonie des aménagements nouveaux qui suscitent les louanges : « Mais on n'y a rien fait ! », pouvait s'exclamer un visiteur peu averti, le jour de l'inauguration.

Le projet de la Cité de la musique donnera à son architecte, Christian de Portzamparc, l'occasion d'affirmer sur une grande opération le style très personnel et brillant qui a fait sa réputation à l'occasion de projets plus modestes. La Cité ouvrira ses portes à l'automne 1989.

Enfin, la proposition de Bernard Tschumi pour le parc réalise l'exacte synthèse du projet culturel de la Villette, en unifiant des constructions en elles-mêmes disparates par le moyen d'un concept rigoureux et extraordinairement efficace dans sa simplicité. Les premières « folies » sont en cours de construction et la première tranche du parc devrait être ouverte au public à la mi-1987.

La Villette se veut un lieu de fête — fête pour l'esprit, fête pour le corps ou simplement fête populaire. Ce sera aussi une fête de l'architecture. N'était-ce pas le déclarer que d'allier pour la première fois une Biennale de l'architecture à la Biennale de Paris lorsque ces deux manifestations ont, en mars 1985, inauguré le cycle des expositions à la Grande Halle ?

Serge Goldberg,
président de l'Etablissement public
du parc de la Villette.

tation and construction concerning both individual activities and public services was the beginning of an intense period of architectural design activity. Since 1980, in fact, every year has seen La Villette the focus of one competition or another. It is easy to imagine the intensity of intellectual exchange and the creative fervor generated by the design, the refinement and the realization of the different projects. It is no exaggeration to believe that the outstanding quality of the projects under way at La Villette will leave its mark on on 1980's.

In the following pages, the principal designers will describe the architectural approach and the characteristics of their projects — they are certainly the best placed to do so. It might be useful, nonetheless, to recall just what is already on the site and what will be opening in the near future.

For the National Museum of Science and Industry, both the press and the public were struck by the force and the symbolic nature of the shiny Géode — a curious reflection of its environment — resting on a watery base in front of the Museum.

The Museum, inaugurated in March 1986, is characterized by the imposing mass of the stainless-steel clad structure, the three huge green houses of the south façade and the dramatic entry hall.

The Zénith, with its silvery fabric covering the versatile structure beneath, is the first of a new series of rock-concert halls. In spite of its size, the architects have managed to give the building a warmth which is often lacking in other spaces.

The Grande Halle has maintained a respect for the original structure — a certain discretion, subtlety and harmony — which often led inauguration-day visitors to remark "But you haven't done anything!".

The City of Music, scheduled to open in the autumn of 1989, is a major project which will give its designer, Christian de Portzamparc, the chance to assert his brilliant, personal expression so successful in smaller projects.

And finally, Bernard Tschumi's design for the Park is an exact synthesis of the cultural ideals of La Villette, unifying a collection of disparate buildings through an extraordinarily simple and efficient concept. The first of the "follies" is already under construction and the first phase of the park will open to the public by mid 1987.

La Villette aims to be a feast for the body and for the spirit as well as a public fair — it will also be an architectural event ! This became perfectly clear when, for the 1985 inauguration of the Grande Halle, the Architecture Biennale was made a part of the Paris Biennale.

Serge Goldberg,
President of the Etablissement public
du parc de la Villette.

Perspective générale du parc. Le parc est formé par la rencontre de trois systèmes : les points — petits bâtiments appelés « folies » — abritent les activités et sont répartis sur une trame de 120 mètres ;

les lignes — galeries couvertes, promenades et circuits sinueux ; les surfaces — grands espaces bordés d'arbres pour le sport, les jeux, les spectacles de plein air.

Perspective view of the Park. The Park's form is derived from the combination of three systems : the points—small buildings called "follies"—contain activities and are located on a 120 meters grid ; the

lines—covered galleries, promenades and sinuous paths ; surfaces—large areas bordered by threes dedicated to sports, games and open air spectacles.

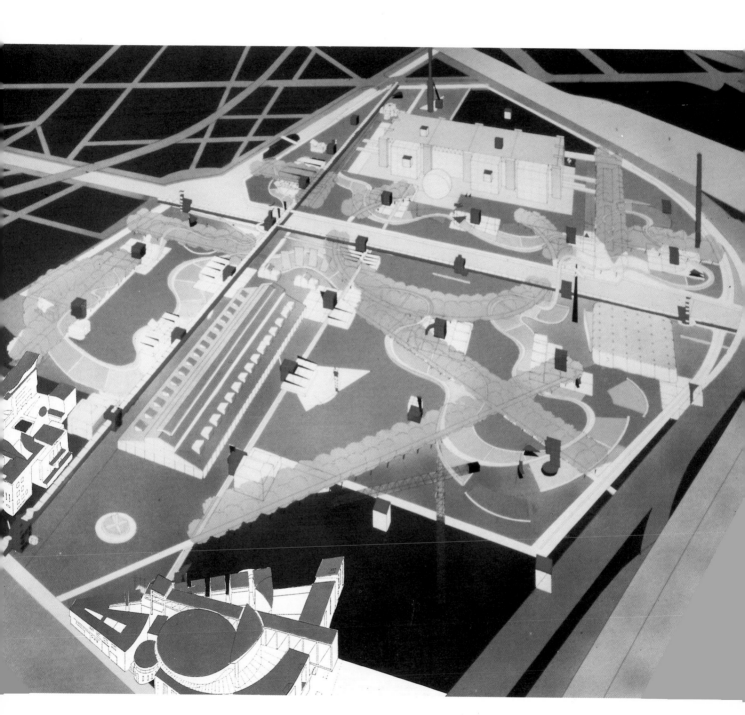

Le parc
Réinventer un espace urbain

La Villette : un grand quartier populaire du nord de Paris, profondément marqué il y a dix ans par la fermeture des abattoirs ; un espace vivant de 55 hectares soudain laissé à l'abandon, et qui renaît aujourd'hui.

La « petite ville » est en effet devenue le théâtre d'un des plus grands projets urbains de notre époque : la réunion en un lieu unique situé non pas au centre, mais à la périphérie de Paris, d'un ensemble d'équipements culturels de dimension internationale.

Le parc, avec près de 35 hectares, est l'un des trois éléments constitutifs de cet ensemble, avec la Cité des sciences et de l'industrie, au nord, et la Cité de la musique, au sud.

Il est le lieu de la mise en relation de ces deux équipements, en même temps qu'un équipement de plein air culturel et populaire répondant à deux objectifs majeurs.

Un nouveau modèle d'espace urbain

La ville a perdu ses espaces publics, devenus circulatoires et fonctionnels. La place, la rue, autrefois lieux d'échange, de rencontre, de commerce et de plaisir, ne sont plus que transit et traversée.

La plupart de nos parcs ne sont plus, comme au XVIIᵉ et au XVIIIᵉ siècle, des points forts de la vie de la cité : trop fréquemment conçus comme des espaces verts fonctionnels et sans charme, ils sont peu fréquentés par la population active.

Le parc de la Villette, ville-jardin, jardin dans la ville, propose un modèle nouveau d'espace urbain, lieu collectif d'échange et de rencontre, mêlant l'urbanité, le plaisir et l'expérimentation.

Actif, il s'adresse aussi bien aux adultes et aux adolescents qu'aux enfants ou aux personnes âgées ; permanent, il fonctionne toute l'année : la galerie qui relie les portes de la Villette et de Pantin, et rassemble les activités les plus animées, vivra jour et nuit, été comme hiver ; expérimental, le parc s'ouvre à toutes les formes de création culturelle et d'expression sociale qui trouvent, dès à présent, leur place dans la Grande Halle, le Zénith, le théâtre Paris-Villette.

Le mélange des publics et des cultures

Le parc de la Villette s'inscrit dans un contexte particulièrement fécond au cœur d'un ensemble urbain — 19ᵉ arrondissement, communes de Seine-Saint-Denis — où se côtoient toutes les catégories sociales et une multitude d'ethnies et de nationalités ; il réunit sur son territoire les expressions culturelles les plus contemporaines dans le domaine de l'art, de la science et de la technique.

Le parc sera la creuset où se mêlent amateurs de musique contemporaine et jardiniers du dimanche, rockers et joggers. Déjà, en 1985 et en 1986, alors même que le chantier bat son plein, il accueille pêle-mêle la Biennale de Paris, un carnaval de quartier, le Salon de la musique, un festival de jazz et un marché aux fleurs...

Décloisonnement, métissage, choc des expressions et

The Park
Reinventing an urban space

Ten years ago La Villette, a large blue-collar neighborhood in Paris' northeastern sector, was profoundly affected by the closing of its slaughterhouses. The 55 hectares which were suddenly abandoned are coming back to life today.

In fact the "little city" is in the process of becoming the major urban project of our era : a collection of internationally important cultural facilities is not being built in Paris' center but on a single peripheral site.

The 35 hectare park is one of the three constituent elements of the project (with the Center for Science and Industry to the north and the Center for Music to the south).

It is both the element which joins the two other facilities and a public open space and, as such, its design reflects two objectives.

A new type of urban space

The city has lost its public spaces, abandoned to traffic and other functions. The square and the street, which used to be places for shopping, meeting and amusement, are now only used for circulation.

Most of our parks are no longer focal points for the life of our cities, as they were in the 17th. and 18th. centuries : too often designed as functional spaces, devoid of charm, our parks are only rarely used by the working population.

The Parc de La Villette — city-garden, garden in the city — will offer a new type of urban space : a common space for public interaction which will combine pleasure, adventure and an urban feeling.

An active space, it is designed to appeal to adults and to adolescents as well as to the elderly and to the very young. Around-the-clock activity, winter and summer, is programmed for the gallery which links the gates of La Villette and Pantin and provides access to the most popular activities.

The Park will experiment with accommodating all the forms of social and cultural expression currently represented by the Grande Hall, the Zénith and the Paris-Villette theater.

The interaction of different cultures

The Parc de La Villette takes its place within a particularly rich context. All of the social categories and a multitude of races and of nationalities can be found in the 19th. Arrondissement and the villages of the Seine-Saint-Denis Department. The area also brings together the most contemporary representatives of the fields of art, of science and of technology.

The Park will accommodate modern music and Sunday gardeners, rock fans and joggers. Even in 1985 and 1986, with its construction in full swing, the Park had already played host to the Paris Biennale, a neighborhood Carnival, the Music Show, a jazz festival and a flower market...

Open new horizons, give an impact to expression, bring different cultures together : these are the objectives for a space which constantly benefits from contact with all forms of contemporary expression.

These general objectives are reflected in the activities

rencontre des cultures : tels sont les objectifs d'un espace qui s'enrichira sans cesse au contact de toutes les sensibilités contemporaines.

Ces objectifs généraux s'expriment concrètement par un programme d'activités qui a été défini de manière à répondre aux attentes d'un public très divers, en privilégiant les pratiques plutôt que les produits de manière à donner aux loisirs un statut majeur et une fonction créative. Enfin, ce programme cherche à concilier les besoins d'un espace de proximité et ceux d'un espace de dimension internationale. Il comprend ainsi :

• Des équipements tournés vers des pratiques de loisirs contemporaines :

— la « galerie des jeux électroniques » avec les plus récentes et les plus spectaculaires réalisations ;

— la « maison du jardinage », où l'on pourra s'informer sur tout ce qui concerne le jardinage urbain (plantes d'intérieur, balcons, jardins...) et acheter plantes, graines, livres spécialisés ; elle est complétée par une serre d'exposition et des jardins de démonstration ;

— les « thermes », dédiés aux soins du corps et au bien-être, dans un espace où l'eau joue un rôle essentiel.

• Des activités de proximité, plus largement tournées vers les habitants des communes et des quartiers le plus proches :

— la « maison de la Villette », où l'on découvrira l'histoire du quartier, la mémoire des abattoirs et aussi l'histoire en train de se faire, avec la participation des habitants ;

— la « maison des enfants », où se mêleront jeux, ateliers, spectacles, expositions, pour les enfants du voisinage mais aussi pour les visiteurs.

— la « maison du voisinage », pôle de rencontres, de services et d'information, où l'on pourra aussi bien organiser une fête amicale qu'emprunter du matériel de bricolage...

• Des restaurants, qui constituent une activité essentielle du parc liée, notamment, à la tradition de la Villette dans ce domaine. On trouvera ainsi une brasserie à la croisée des canaux, des petits restaurants « à thème », des buvettes...

• Des espaces aménagés de différente nature :

— des prairies ouvertes au public pour jouer, pique-niquer, se reposer ;

— des espaces de jeux ;

— des places pavées qui marquent les entrées majeures du parc ;

— le long de la promenade sinueuse qui parcourt le parc, des petits jardins, de 500 mètres carrés à 2 000 mètres carrés, définis suivant des thèmes différents — jardins de l'eau, jardins de l'énergie, jardins du jeu ou du jardinage —, créant ainsi une succession d'ambiances variées.

• Deux galeries, enfin, conçues comme de longs passages abrités, constituent les lignes de force du parc : l'une, reliant la Cité de la musique à la Cité des sciences et de l'industrie en passant par la Grande Halle et les activités les plus fortes du parc,

programmed for a very diversified public : action is favored over objects in such a way as to give leisure activities a major role and a creative function. At the same time, the program must reconcile the needs of a local open space and a park with an international dimension. The program includes :

•Activities focusing upon contemporary leisure practices :

— an electronic-game gallery which will present the latest and most spectacular examples ;

— the garden center where one can obtain information concerning urban gardening (plants for interiors, balconies, gardens...) and purchase plants, seeds, books... There will also be a greenhouse and demonstration gardens ;

— the thermal baths will be a space dominated by the presence of water and dedicated to keeping the body fit in a pleasant environment.

•Activities destined for people living in the vicinity of the park :

— the La Villette Center will interact with local residents to present the history of the site, the memory of the slaughterhouses, and the changes under way ;

— the Children's Center will mix games, workshops, shows and exhibits for local and visiting children ;

— the Neighborhood Center will provide local information, organize local get-togethers or even lend do-it-yourself materials.

•Restaurants figure among the Park's essential activities and refer to one of the site's enduring traditions : a typical restaurant at the canal intersection, theme restaurants, sandwich stands...

•A scattering of different types of space :

— public lawns for games, picnics, rest-areas... ;

Folies (architecte : Bernard Tschumi).
En haut : à gauche, folie observatoire ; à droite, folie café.
En bas : à gauche, galerie est-ouest traversant folies ; à droite, détail de la folie café.

Follies (Bernard Tschumi, architect).
Above left : belvédère folly ; to the right, café folly.
Below : left, east-west gallery crossing follies ; right, folly café detail.

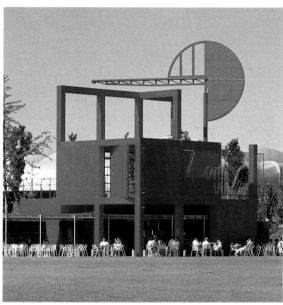

Vues de nuit des galeries
nord-ouest et est-ouest (le long du
canal).

*Night time views of the north-south
and east-west galeries (with the
canal).*

a le caractère d'une avenue urbaine et animée. L'autre, plus légère, est conçue comme un balcon longeant le canal de l'Ourcq et reliant d'ouest en est Paris à la banlieue.

C'est sur la base de ce programme complexe et foisonnant que travaillèrent les quatre cent soixante et onze concurrents (trente-six pays) du concours international jugé en mars 1983 et dont Bernard Tschumi fut désigné lauréat.

Celui-ci assume à ce titre un double rôle : d'une part, en tant que maître d'œuvre général, il assure la conception d'ensemble du parc ; d'autre part, il a en charge la conception et la réalisation des éléments structurants du projet, aussi bien sur le plan architectural (folies, galeries et pont) que sur le plan paysager (petit canal, bande de plantations le long de la promenade sinueuse, « carrés de la découverte », sur lesquels sont posées certaines folies).

Cependant, le projet de Bernard Tschumi implique, comme le prévoyait le règlement du concours international, l'intervention d'autres concepteurs : architectes, paysagistes, artistes. Les projets qui leur sont confiés sont soumis à un cahier des charges établi par Bernard Tschumi.

Les projets concernés sont principalement les « maisons » qui reçoivent les programmes bâtis dont l'importance dépasse la capacité d'accueil des folies, et les jardins, situés le long de la promenade sinueuse qui parcourt le parc. Enfin, indiquons pour conclure que la première tranche du parc, réalisée en 1985 et en 1986, ouvrira au public à partir de la mi-1987. Une douzaine d'hectares de prairies et de jardins seront achevés ainsi que neuf folies, quatre maisons (serre, « maison du jardinage », « galerie des jeux électroniques », « maison des enfants ») et la « maison de la Villette » qui s'installe dans l'ancienne rotonde des vétérinaires.

L'achèvement total du projet est prévu pour 1989-1990, avec l'aménagement du parc autour de la Cité des sciences et de l'industrie et, à l'ouest, de la Grande Halle.

François Barré,
directeur délégué de l'Etablissement public du parc de la Villette, directeur du parc, et Sylvie Barrau, *directeur adjoint.*

— *play areas ;*
— *paved areas at the Park's major entries ;*
— *a winding promenade with a collection of theme-gardens from 500 m² to 2,000 m², each with a different theme : water, energy, games or gardening.*
• *Two long, covered galleries establish a strong compositional base for the park : the first stretches from the Music Center to the Center for Science and Industry — linking the Grande Halle and a variety of important activities — and will be much like an urban street. The second runs east-west, is lighter and is designed as a balcony overlooking the Ourcq Canal linking Paris to the suburbs.*

Four hundred and seventy one competitors (representing 36 countries) responded to the complex program for the International Competition, judged in March 1983 ; Bernard Tschumi was named the winner.

His responsibility is two-fold : to assume the role of Designer in Chief of the Parc ; to design and supervise the construction of the project's structuring elements — whether architecture (Follies, galleries and bridges) or landscape (small canal, planting along the winding promenade, discovery areas upon which several follies are placed).

As foreseen by the competition rules and implied by Bernard Tschumi's project, other designers (architects, landscape architects, artists) may be consulted for the designs of facilities for which the competition winner has determined the brief.

These concern the "Centers" — larger than the Follies — and the gardens strung along the path winding through the park. The Parc's first phase will be built in 1985 and 1986 and will be opened to the public from mid 1987. Twelve hectares of lawns and gardens, nine Follies and four Centers (the greenhouse, the gardening center, the electronic games arcade and the children's center) will be opened as well as the La Villette Center located in the Veterinaries' Pavilion. The Park's final phase will involve the area around the Center for Science and Industry and the area to the east of the Grande Halle.

François Barré,
Managing Director of the Etablissement public de la Villette, responsable for the Park, and Sylvie Barrau, *Assistant Director.*

Le parc
Un parc urbain pour le XXIᵉ siècle

The Park
An urban park for the 21st. century

Un type nouveau

Le concours pour l'aménagement du parc de la Villette est le premier dans l'histoire récente de l'architecture à établir un nouveau programme, celui d'un parc urbain proposant que la combinaison et la juxtaposition d'activités diverses encouragent de nouvelles attitudes et de nouvelles perspectives. Ce programme représente un important pas en avant. Les années soixante-dix ont témoigné d'un renouveau d'intérêt vis-à-vis de la constitution formelle de la ville, de ses typologies et de ses morphologies. Bien que développant des analyses marquées par l'histoire de la ville, cet intérêt a été en général sans conséquence au niveau des programmes. Aucune analyse n'a abordé le problème des activités dans la ville. Aucune n'a vraiment considéré que l'organisation de fonctions et d'événements fait autant partie de l'architecture que l'élaboration de formes ou de styles.

Le parc de la Villette, au contraire, avec son centre culturel en plein air, encourage une politique de programmes intégrés à la fois à la ville et à ses limites. Le programme du nouveau parc urbain exige des ateliers, des thermes, des terrains de jeux, cela en addition à la Cité des sciences et de l'industrie et à la Cité de la musique. Le parc peut être ainsi considéré comme un des plus grands bâtiments jamais construits, un édifice discontinu mais possédant une structure unique, se superposant dans certaines de ses parties à la ville et à sa banlieue. Ce parc forme un modèle de ce que pourront être les nouveaux programmes du XXIᵉ siècle.

Durant le XXᵉ siècle, nous avons assisté à un changement concernant le concept du parc, lequel ne peut plus désormais être dissocié du concept de la ville. Le parc forme une partie de la vision de la ville. Le fait que Paris concentre un emploi professionnel ou tertiaire aussi bien qu'ouvrier milite contre les parcs d'esthétique passive et pour de nouveaux parcs urbains fondés sur l'invention culturelle, l'éducation et la récréation. Le dépassement de la polarité civilisation-nature dans les conditions de la ville moderne a invalidé le prototype historique du parc en tant qu'image de la nature. Le parc ne peut pas être conçu comme un modèle d'un monde utopique en miniature protégé de la réalité vulgaire. Plutôt qu'un refuge, le parc contemporain ne peut être vu que comme un environnement défini par les préoccupations de l'habitant de la ville, à travers des besoins récréatifs et des plaisirs déterminés par les conditions de travail et les aspirations culturelles de la société urbaine contemporaine.

Le concept d'« espace vert » s'épuise devant la réalité du parc culturel. Ainsi, nous nous opposons à la notion d'Olmsted, répandue pendant le XIXᵉ siècle, que « dans le parc, la ville n'est pas censée exister ». Créer de fausses collines cachant un boulevard périphérique ignore la force de la réalité urbaine. Nous proposons à la place un type de parc nouveau, distinct et innovant, représentant un changement, par son programme, par son organisation formelle

An innovative park

The competition for the Parc de La Villette is the first in recent architectural history to set forth a new program - that of the "Urban Park," proposing that the juxtaposition and combination of a variety of activities will encourage new attitudes and perspectives. This program represents an important breakthrough. The 70's witnessed a period of renewed interest in the formal constitution of the city, its typologies and its morphologies. While developing analyses focused on the history of the city, this attention was largely devoid of programmatic justification. No analysis addressed the issue of the activities that were to occur in the city. Nor did any properly address the fact that the organization of functions and events was as much an architectural concern as the elaboration of forms or styles.

The Parc de La Villette in contrast, represents an open-air cultural center, encouraging an integrated programmatic policy related both to the city's needs and to its limitations. The program allocates space for workshops, gymnasium and bath facilities, playgrounds, exhibitions, concerts, scientific experiments, games and competitions, in addition to a Museum of Science and Technology and a City of Music. The Park could be conceived as one of the largest buildings ever constructed - a discontinuous building, but nevertheless a single structure, overlapping in certain areas with the city and existing suburbs.

It forms an embryonic model of what the new programs for the 21st. century will be.

During the 20th. century, we have witnessed a shift in the concept of the park, which can no longer be separated from the concept of the city. The park forms part of the vision of the city. The fact that Paris is a concentration of tertiary or professional employment argues against passive "esthetic" parks of repose in favor of new urban parks based on cultural invention, education and entertainment. The inadequacy of the civilization vs. nature polarity under modern city conditions has invalidated the time-honored prototype of the park as an image of nature. It can no longer be conceived as an undefiled Utopian world-in-miniature, protected from vile reality.

What we see, then, is the exhaustion of the cultural park. Hence we opposed the notion of Olmsted, widespread through the 19th. century, that "in the park, the city is not supposed to exist." To create false hills hiding the Périphérique ignores the power of urban reality.

We proposed, instead, a distinctive and innovative park, embodying a change in social program, physical form, and social context. Extending the radical shift in ideology implicit in the program, our ambition goes beyond producing a variation of an existing type by altering one of its components. We aim neither to change styles while retaining a traditional content, nor to fit the proposed program into a conventional mould, whether neo-classical, neo-romantic or neo-modernist. Rather, our project is motivated by the most constructive principle within the legitimate "history" of architecture, by which new programmatic developments and inspirations result in new typologies. Our ambition is

Folies et galeries (architecte : Bernard Tschumi). En haut : à gauche, détail de la galerie nord-sud (maquette) ; à droite, folie des enfants (dessin de Bernard Tschumi). En bas : à gauche, folie du voisinage (dessin de Bernard Tschumi) ; à droite, folie informatique et galerie (maquette).

Follies and galleries (Bernard Tschumi, architect). Above left : north-south gallery (model) ; to the right, children's folly (drawing, Bernard Tschumi). Below left : neighborhood folly (drawing, Bernard Tschumi) ; to the right, electronic games folly and gallery (model).

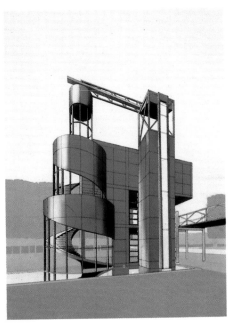

Maquette de la galerie des
jeux électroniques
(architecte : Jean Nouvel).

*Model of the electronic
games gallery (Jean Nouvel
architect).*

et, si possible, par son contexte social. Développant le changement radical sous-jacent au programme donné, notre ambition va au-delà de la production d'une variation d'un type existant. Nous refusons donc de changer de style en conservant un contenu traditionnel ou d'insérer le programme donné derrière une façade conventionnelle, qu'elle soit néo-classique, néo-romantique ou néo-moderniste. Au contraire, notre projet est motivé par les principes les plus constructifs ayant régi l'histoire légitime de l'architecture dans laquelle de nouveaux développements programmatiques ont résulté de nouvelles typologies. Notre ambition est de créer un nouveau modèle dans lequel programme, forme et contexte jouent un rôle complémentaire.

Les systèmes structurels

Le développement du projet est déterminé par le fait que le site ne se trouve pas dans la nature, mais dans un quartier populeux et semi-industriel, et incorpore deux édifices considérables : la Cité des sciences et de l'industrie et la Grande Halle. Rejetant l'idée d'une masse supplémentaire, même linéaire, sur un terrain déjà encombré, et respectant, par ailleurs, les importantes demandes du programme, nous proposons une solution structurelle simple : distribuer les exigences programmatiques à travers le site tout entier dans un arrangement régulier de points d'intensité variable, désignés comme « folies ». En déconstruisant le programme en une série d'activités placées suivant les caractéristiques d'usage et de contexte, le projet permet le mouvement maximal à travers le site, encourageant les découvertes et présentant aux visiteurs une diversité de programmes et d'événements.

Les développements en architecture sont généralement liés à certains développements culturels motivés par de nouvelles fonctions, de nouveaux rapports sociaux ou des découvertes techniques : nous avons pris cette constatation comme principe de base de notre projet, cherchant à le constituer comme image, modèle structurel et exemple paradigmatique d'une organisation architecturale. Dans une période qui a vu l'avènement de la production de masse et des séries répétitives, le concept du nouveau parc consiste en un ensemble d'objets semblables et neutres dont la similarité, loin d'être un désavantage, leur permet toute variation et toute qualification programmatiques. Ainsi, dans sa structure de base, chaque folie est nue, indifférenciée et « industrielle » dans son image. Cependant, à travers la spécialisation de son programme, elle devient complexe, articulée et connotée. Chaque folie constitue un signe autonome tout en suggérant, à travers une structure de base commune, l'unité du système global. Ce jeu de thèmes et de variations permet une lecture à la fois symbolique et structurelle du parc, tout en autorisant un maximum de flexibilité programmatique et d'invention.

En contraste avec les organisations spatiales de la Renaissance ou du XIXe siècle, le parc de la Villette

to create a new model in which program, form, and ideology all play integral roles.

Structure

Our project is motivated by the fact that the site is not "virgin land", but is located in a populated semi-industrial quarter, and includes two enormous existing structures, the Museum of Science and Technology and the Grande Halle. Rejecting the idea of introducing another mass, even of a linear character, into an already encumbered terrain and respecting the extensive requirements of the program, we proposed a simply structural solution to distribute the programmatic requirements over the total site in a regular arrangement of points of intensity, designated as "Follies." Deconstructing the program into intense areas of activity placed according to existing site characteristics and use, this scheme permits maximum movement through the site, emphasizing discoveries and presenting visitors with a variety of programs and events.

Developments in architecture are generally related to cultural developments motivated by new functions, social relations or technological advances. We have taken this as axiomatic for our scheme, which aims to constitute itself as image, as structural model and as a paradigm of architectural organization. Proper for a period that has seen the rise of mass production, serial repetition and disjunction, this concept for the Park consists of a series of related neutral objects whose very similarity allows them to be "qualified" by function. Thus in its basic structure each Folly is bare, undifferentiated and "industrial" in character ; in the specialization of its program, it is complex, articulated and weighted with meaning. Each Folly constitutes an autonomous sign that indicates its independent programmatic concerns and possibilities while suggesting, through a common structural core, the unity of the total system. This interplay of theme and variation allows the Park to read symbolically and structurally, while permitting maximum programmatic flexibility and invention.

In contrast to the Renaissance or 19th. century spatial organization, the Parc de La Villette presents a variation on a canonical modern spatial scheme, the open plan.

Conforming to the definition of a system or structure, the grid of the Follies is self-referential, meaning that it is initially independent of Park, program and site. It is only when the grid is applied or, more precisely, put in place, that it takes on a reality distinguishing it from a simple geometric system.

The new Park is formed by the encounter of 3 autonomous systems, each with its own logic, particularities and limits, the system of objects, the system of movements and the system of spaces.

The overlay of the different systems thus creates a carefully staged series of tensions that enhances the dynamism of the park.

Points

The Follies are placed according to a point-grid coordi-

présente une variation spatiale canonique de l'époque moderne, le plan libre.

Conformément à la définition de tout système ou structure, la trame des folies est autoréférentielle, c'est-à-dire qu'elle est initialement indépendante du parc, du programme et du site. C'est seulement lorsque la trame est utilisée, ou plus exactement mise en place, qu'elle prend une réalité qui la distingue d'un simple système géométrique.

Le nouveau parc est formé par la rencontre de trois systèmes autonomes, chacun avec leurs logiques, leurs particularités et leurs limites respectives : le système des objets (ou points), le système des mouvements (ou lignes), le système des espaces (ou surfaces).

La superposition des différents systèmes crée une série soigneusement agencée de tensions qui renforcent le dynamisme du parc.

Les points

Les folies sont placées sur une trame ponctuelle, à 120 mètres d'intervalle. Elles sont le dénominateur commun de tous les événements et de toutes les

nate system at 120-meter intervals. They provide a common denominator for all events generated by the program. Each is essentially a 10x10x10-meter cube or 3-storey construction of neutral space which can be transformed and elaborated according to specific programmatic needs.

The strict repetition of the basic 10x10x10-meter Folly is aimed at developing a clear symbol for the Park, a recognizable identity as strong as the British telephone booth or the Paris Metro gates. The advantages of this grid system are manifold. It is by far the simplest system establishing territorial recognition and one that is easily implemented. It lends itself to easy maintenance. The structure provides a comprehensive image or shape for an otherwise ill-defined terrain. The regularity of routes and positioning makes orientation simple for those unfamiliar with the area. The advantage of the point grid system is that it provides for the minimum adequate equipment of the urban park relative to the number of its visitors.

Lines
The Folly grid is related to a larger coordinate structure

Points de vue sur le jardin de bambous. Architecte paysagiste Alexandre Chemetoff.

Bamboos' garden. Panoramic views. Landscape architect Alexandre Chemetoff.

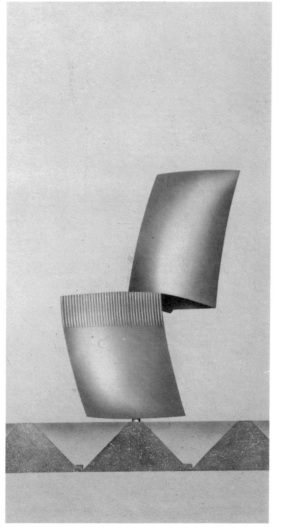

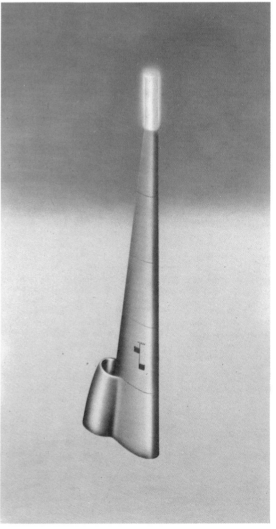

activités engendrées par le programme. Chaque folie est essentiellement un cube de 10 mètres de côté ou construction de trois étages d'espace neutre et transformable suivant n'importe quelle demande programmatique particulière.

La stricte répétition de la folie de base a pour but de développer un symbole clair pour le parc, une identité reconnaissable, aussi forte que celle des cabines téléphoniques londoniennes ou des bouches de métro parisiennes. Le système de la trame ponctuelle est développé de façon à accueillir une diversité d'activités de nature complémentaire ou conflictuelle (par exemple, cinéma, restaurants, jardins, thermes, ateliers) et de les distribuer à travers le parc sans concentration excessive des masses. Les avantages de la trame ponctuelle sont nombreux : c'est de loin le système le plus simple pour établir une détermination territoriale ; sa structure donne une image cohérente à un site par ailleurs irrégulier, tout en assurant un équipement adéquat minimal du parc urbain par rapport au nombre de visiteurs.

Les lignes

La trame des folies est liée à un système orthogonal d'axes de coordonnées, ou passages piétonniers couverts, marquant le site par une croix. Le passage nord-sud relie les deux portes de la Villette et de Pantin, le passage ouest-est relie Paris à sa banlieue. Les activités les plus fréquentées sont placées le long des coordonnées de manière à y accéder facilement vingt-quatre heures sur vingt-quatre, et liés à la vie urbaine, les axes de coordonnées permettent qu'une masse critique se développe, concentrée sur les activités les plus dynamiques du parc.

Le système des lignes comprend également la « promenade des jardins thématiques », un circuit sinueux qui relie les différentes activités du parc et est bordé par les jardins botaniques, sensoriels, paysagistes, du programme. La « promenade des jardins thématiques » intersecte les axes de coordonnées à différents endroits, offrant des rencontres imprévues avec certains aspects inhabituels d'une nature domestiquée ou programmée.

Les surfaces

Les surfaces du parc reçoivent toutes les activités du programme nécessitant une grande quantité d'espaces pour des jeux, des exercices physiques, des spectacles de groupe, des marchés, etc. Chaque surface est déterminée suivant le programme. Les surfaces d'herbe des prairies de jeux prennent la forme du cercle, du triangle, de la courbe au sud et du carré à l'ouest. Les surfaces stabilisées (athlétisme) sont marquées par le carré est. Les surfaces résiduelles sont composées de terre battue et de gravier, une surface de parc urbain familière aux Parisiens.

Bernard Tschumi,
architecte,
maître d'œuvre général.

(the Coordinates), an orthogonal system of high-density pedestrian movement which marks the site with a cross. The North-South Passage or Coordinate links the two Paris gates and subway stations of Porte de la Villette and Porte de Pantin ; the East-West Coordinate joins Paris to its suburbs. A 5-meter wide covered structure runs the length of both Coordinates. Organized around the Coordinates so as to facilitate and encourage access are Follies destined for the most frequent activities : the City of Music, restaurants, Square of the Baths, art and science displays, children's playgrounds, video workshops and Sports Center.

The Line system also includes the Thematic Gardens Path, the seemingly random curvilinear route that links various parts of the Park in the form of a carefully planned circuit. The Thematic Gardens Path intersects the Coordinate axes at various places, providing unexpected encounters with unusual aspects of domesticated or "programmed" nature.

Surfaces

The surfaces of the Park receive all activities requiring large expanses of horizontal space for play, games, exercises, mass entertainment, markets etc. Each surface is programmatically determined.

Grass surfaces for play-prairies take the form of the Circle, the Triangle, the South Free-Curve and the West Square. Stabilized surfaces for light athletics are delineated by the East Square. The remaining areas are covered with gravel or earth, familiar to the Parisians in their parks.

Bernard Tschumi,
coordinating architect
and chief designer.

En haut : perspective sur les canaux et la croisée des galeries (dessin de Bernard Tschumi).
En bas : maquette du mobilier du parc conçu par Philippe Stark. A gauche : chaise pivotante ; à droite : réverbère et corbeille à papiers.

Above : perspective of the canal and the gallery crossing (drawing by Bernard Tschumi).
Below : model of street furniture designed by Philippe Starck. Left : a pivoting chair · Right : a lamp and a litter basket.

La Grande Halle
Mettre en scène un lieu existant

The Grande Halle
Directing an existing space

La Grande Halle de la Villette tient une place tout à fait particulière dans ce qu'il est convenu d'appeler les « grands projets ». Près de dix ans après la démolition des halles de Baltard, la réutilisation de la Grande Halle prend une valeur de symbole, celui du maintien d'un « lieu » — architecture intérieure par excellence — et de la sauvegarde d'une certaine qualité architecturale que des générations de responsables administratifs et d'architectes n'avaient pas su comprendre.

Respecter l'intégrité du bâtiment
Notre attitude vis-à-vis de cet édifice exceptionnel fut celle du respect, au propre et au figuré. Tous les choix techniques et architecturaux ont été faits pour respecter la composition de la halle, la logique de sa technique et la qualité des détails architecturaux.
On a mis en valeur sa transparence, sa lumière et son acoustique, tout en se donnant les moyens de modifier leurs caractéristiques. Mais, au-delà de ces quelques règles, nous nous sommes efforcés de suggérer des utilisations futures qui, elles aussi, respectent la spécificité du lieu. Notre souhait est que les scénographes et les concepteurs des événements futurs comprennent cette architecture et utilisent les moyens qui sont à leur disposition.
Notre intervention peut se résumer à deux actions majeures : « mise en scène » d'un lieu existant et création d'un outil de travail. Il s'agissait tout d'abord d'architecturer la halle pour créer une gamme d'espaces divers, pour assurer la fermeture permettant le chauffage et la sécurité, et pour permettre l'exploitation (réserves, ateliers, locaux techniques etc.).
En complément de ces interventions fixes, nous avons conçu des éléments mobiles et un système d'éléments modulaires qui donnent des possibilités d'aménagement multiples. Les scénographes ont à leur disposition les moyens de modifier les configurations de la halle par l'utilisation, en particulier, de passerelles et de plateaux qui peuvent coulisser d'un bout à l'autre.

En faire un lieu polyvalent
La polyvalence du lieu ne dépend pas de mécanismes coûteux mais de la mise en espace des spectacles ou des expositions : les balcons latéraux, les plateaux et les passerelles mobiles ainsi que les gradins réinstallés pour chaque spectacle permettent une grande variété de configurations : ainsi, la mise en scène du lieu complète ou amplifie la mise en scène des spectacles.
Le « plateau » qui couvre l'ensemble du rez-de-chaussée est accompagné d'espaces « servants » situés en sous-sol et reliés par huit monte-charge et par une table élévatrice. Les éclairages scéniques, les moyens audiovisuels et la sonorisation sont mis en place à partir du sol ou des passerelles, la couverture ne gardant que sa fonction d'abri. Ainsi, l'architecture de la halle conserve son intégrité et n'est pas altérée par les installations de scénographie.

The Grande Halle occupies a special place among the "Major Projects". Ten years after the destruction of the Baltard Halles, the recycling of the Grande Halle has become a symbol, one of the conservation of an ideal interior space and of the preservation of an architectural heritage which previous generations of administrators and architects had not recognized.

Respect for the building's integrity
We adopted an attitude of respect with regard to this building - both in the proper and the figurative sense. All of the technical and architectural decisions respected the composition of the Halle, the logic of its construction and the quality of its architectural details.
The transparency, the quality of light and the acoustics of the Halle were emphasized even though their characteristics were modified. Beyond these few adjustments, we also felt it necessary to suggest possible future uses which would respect the specific qualities of the space. It is important that future set-designers and directors understand the building's architecture and fully exploit the means at their disposal.
Our task consisted of two major activities : the adaptation of an existing space to new uses and the creation of a resource for others to use. The first stage involved defining a variety of spaces, sealing the building for reasons of climate control and security and reserving space for the building's functions (storage, workshops and technical plant). In addition to these fixed elements, we also designed complementary mobile units and a system of modular elements which could be adapted to a number of potential arrangements. Set-designers are able to modify the configuration of the Halle through the use of bridges and platforms which can be moved the entire length of the space.

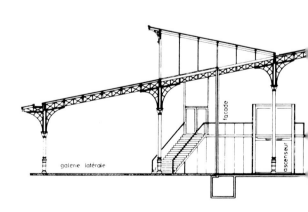

Le projet de la Grande Halle pose le problème de l'intégration d'éléments contemporains dans un édifice classé. Notre réponse architecturale est très claire : utilisation des mêmes matériaux et dessin contemporain. Ainsi, tous les ouvrages nouveaux, notamment les façades, les balcons latéraux, les éléments mobiles pour les montages d'expositions et de spectacles, sont réalisés en acier, en pierre ou en bois, qui sont les trois matériaux de la halle. Par ailleurs, nous avons utilisé des modules et des trames semblables aux mesures existantes, décalés d'un élément pour respecter les structures d'origine.

La Grande Halle n'a pas la charge symbolique des autres grands projets qui vont témoigner à travers la ville du rôle de l'Etat dans les domaines de la communication, de l'opéra, des musées et des finances. Elle s'assimile plutôt à un espace public et s'inscrit dans la ville comme le ferait une galerie publique, un marché couvert ou une place interdite aux voitures. Les activités qu'elle présente ne sont pas définies ni répétitives. C'est à ce titre qu'il faut la situer dans le contexte du parc de la Villette dont elle forme l'une des composantes.

Bernard Reichen et Philippe Robert,
architectes.

A multi-use space

The multiple-use of the space does not depend upon expensive machinery but upon the spatial concept of the activity : the lateral balconies, the mobile bridges and platforms and the seats installed for each event allow a wide variety of configurations. Thus the character and the attributes of the space complete or amplify the setting for the specific use.

The "stage", covering the entire ground floor of the Halle, is served by ancillary spaces located below ground and linked to the surface by six elevators and a moveable deck. The lighting, the audio-visual equipment and the sound system are located on the bridges and at ground level. The roof remains unaltered and does nothing more than cover the whole. The Halle's architecture is unchanged by its new vocation.

The Grande Halle project posed the problem of the integration of contemporary elements within a historic building and our response is very clear : use the same materials in a contemporary design. Thus all the new elements (facades, lateral balconies, mobile elements for exhibitions and spectacles...) employ steel, wood and stone — the three materials used in the existing building. The same grids and modules were used but were shifted to respect the original structure.

The Grande Halle is not charged with the same symbolism as the other Major Projects and is more appropriately a public space, inscribed in the city in much the same manner as a public arcade, covered market or a traffic-free square. The activities which will take place in this building are neither static nor repetitive. In this respect it must be considered a principal component of the Parc de La Villette which surrounds it.

Bernard Reichen and Philippe Robert,
architects.

La Grande Halle : coupe transversale. Les passerelles et les plateaux mobiles permettent de moduler l'espace intérieur.

The Grande Halle : transverse cross-section. The bridges and moveable platforms allow a transformation of the building's interior.

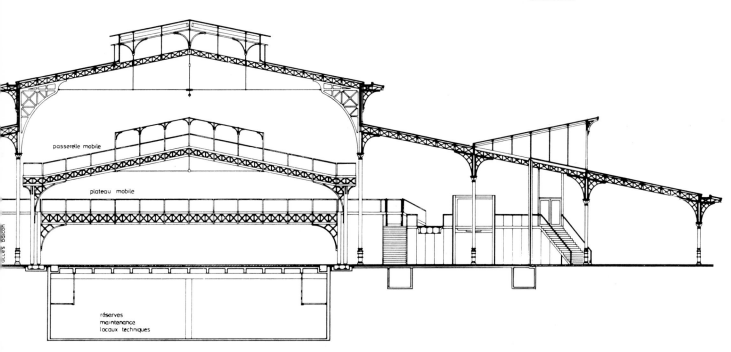

L'édifice vu de nuit. Au
premier plan, les « carrés
de la découverte » qui
balisent le parc.

*The building at night. In the
foreground are the Discovery
Squares limiting the Park.*

Entrée latérale.

Side entrance.

A gauche : le parvis s'ouvrant sur la cour de la Fontaine aux lions.
Ci-dessous : la nef avant les travaux.
En bas : l'aménagement intérieur lors de la Biennale de Paris.

To the left : the esplanade opening on to the courtyard of the Lions Fountain. Directly below : the nave before transformation.
Below : the interior for the Paris Biennial.

Les structures métalliques durant les travaux.

The metal structures during transformation.

Le Zénith
Sous un chapiteau,
une architecture implicite

The Zénith
An implicit architecture
under cover

Ci-dessous : le Zénith. Une double toile tendue recouvre les armatures et fait fonction de couverture et de façade.

Below : the Zénith. A double skin covers the structure and acts as both cover and façade.

Structure

Les structures légères utilisées habituellement pour le spectacle (chapiteaux, gonflables, structures tendues) présentent toutes des contraintes d'utilisation et offrent rarement des conditions favorables pour le spectacle (mâts gênant la visibilité dans les chapiteaux, difficultés pour suspendre les équipements scéniques...). La plupart de ces structures obligent, pour une utilisation en spectacle, à rapporter des éléments complémentaires (passerelles d'éclairage, gril technique, etc.).

Dans le projet du Zénith, la structure est conçue pour être à la fois porteuse de la toile, support des équipements de toute nature nécessaires au spectacle — éclairage scénique, décors, enceintes acoustiques, écrans —, et organe de circulation pour les personnes appelées à mettre en place ou à manœuvrer ces équipements.

Cette structure, d'une portée totale de 80 mètres, sans appui intermédiaire, est constituée d'un ensemble de poteaux et de poutres de section triangulaire, réalisés en charpente métallique, et supporte la double enveloppe composée d'éléments modulaires

Structure

The lightweight structures usually adopted for concerts (tents, inflatables, tensile structures) all pose certain constraints and rarely offer the best conditions for large shows (masts in the case of tents, difficulties in suspending lighting and sound equipment in the others,...). Most of these structures require complementary supports for large presentations (lighting catwalks, technical grids, etc.).

The Zenith's structure is designed to carry the textile roof, support the technical equipment of big shows — stage lighting, stage sets, speakers, screens — and provide access for the installation and manipulation of this equipment.

The all metal, 80-meter span structure is composed of triangular-section columns supporting a horizontal space-frame. The skeleton contains the technical galleries at elevation +13 m and supports the compound-curve roof elements with their stretched PVC/polyester double-skin. To save time and money, the entire roof — fabric covering, electricity, ventilation — was assembled on the ground and then raised to the top of the peripheral columns.

à double courbure, réalisés en toile tendue PVC-polyester.

Par souci d'économie et de rapidité d'exécution, l'ensemble de la nappe de couverture a été assemblé et totalement équipé au sol — toile, électricité, ventilation —, puis hissé au sommet des poteaux périphériques.

Scénographie

La recherche des conditions optimales de visibilité et d'un maximum de possibilités et de souplesse pour l'espace scénique a conduit à retenir un plan carré où la distance du dernier rang de spectateurs à l'aire de jeu est minimale. Cette compacité de l'espace constitue un facteur essentiel dans le rapport entre aire de jeu et public, et permet une bonne utilisation des angles de la structure pour les dépôts et les loges aménagés de part et d'autre de l'aire de jeu.

La scénographie a été spécialement étudiée pour la variété et le rock : plutôt qu'un dispositif frontal, la salle est dessinée suivant un tracé en éventail imprimant à l'ensemble une convergence et une focalisation sensible vers l'aire de jeu. Sur l'aire centrale, faisant face à l'estrade, peuvent être implantés des sièges en continuité des gradins. L'aire centrale peut aussi recevoir du public debout (concerts de rock) ou permettre une extension de l'aire de jeu.

Sous la partie arrière des gradins, au niveau rez-de-chaussée, est situé le hall d'accueil qui distribue les différents accès de la salle.

A l'extérieur, sur le parvis qui s'ouvre vers le parc, une résille de grande dimension reçoit affichage et informations. Cette résille constitue la « façade » proprement dite de la structure. Ainsi, comme dans les chapiteaux, on ne rentre pas directement dans la toile mais par l'intermédiaire d'une façade construite et architecturée.

Le Zénith n'est pas, à proprement parler, un « grand projet ». Il n'était, à l'origine, qu'une solution immédiate et provisoire pour pallier l'insuffisance à Paris de grandes salles de spectacle en attendant la construction d'une salle de rock définitive dont on redoute le délai de réalisation.

Le problème posé au début de 1983 était de construire le plus rapidement possible, et avec un budget très limité, une structure temporaire d'une grande capacité (6 500 places) spécialement adaptée aux concerts de variétés et de rock qui, jusque-là, n'avaient jamais disposé de lieux spécifiques.

La solution n'était pas évidente, et la plupart des artistes et des techniciens auxquels nous exposions l'idée ne se faisaient pas beaucoup d'illusions sur les capacités d'une structure textile que tous avaient pratiquée au travers de concerts sous chapiteaux.

Bien que le Zénith de la Villette reste imparfait à bien des égards, nous avons acquis la conviction qu'il est possible de réaliser pour le spectacle des structures légères tout aussi performantes et durables que des structures traditionnelles.

L'idée n'est pas nouvelle. D'autres, Jean Prouvé en particulier, ont largement ouvert la voie à ces ar-

Stage-design

The search for optimum visibility and maximum stage-area flexibility led to the adoption of a square plan in which the distance to the stage for the furthest spectator is less than it would be with other solutions. This compactness in plan is an essential aspect of the relationship between entertainer and public and leaves sufficient space in the corners on either side of the stage for dressing rooms and storage.

The interior layout is specifically designed for rock concerts and other popular entertainments and thus abandons the traditional Italian form for a fan-shaped one which focusses the spectators' attention on a projecting stage. The floor in front of the stage can increase the seating capacity (a continuation of the fixed seats), accommodate the standing audience of rock concerts or serve as an extension of the stage.

The entry hall and circulation space occupy the ground-level area under the raised seating.

The structure's visible façade is the large lattice supporting signs and other information which opens towards the park. Thus, unlike a tent, the entry is not a hole in the fabric but a solid, architecturally treated structure.

The Zénith is not a proper Major Project in the sense that it was initially conceived as a quick way to fill the void for a large Parisian hall until the definitive rock concert facility (whose future is now doubtful) could be built.

The problem in 1983 was to build — as quickly and as economically as possible — a facility which did not exist in Paris : a temporary structure capable of accommodating 6,500 spectators for rock concerts and other shows.

The solution was not immediately obvious as most artists and technicians who were approached did not express much hope for the capacities of a fabric structure given their experience with tents.

While the Zénith at La Villette is not ideal in some respects, we are convinced that lightweight structures can be just as appropriate and hard-wearing for concerts as traditional structures.

This is not a new idea and others, such as Jean Prouvé, have already demonstrated that lightweight structures could be applied to a number of uses. These structures are particularly suited to concerts and other large gatherings : the lightness, the quick, uncomplicated construction and the low cost make it possible to respond almost immediately to entertainment phenomena whose rapid evolution is unforeseeable.

The Zénith has also been an architectural experience in that the economic constraints have pushed us to optimize each design and each component. This constant preoccupation instills the project with a conviction which reminds us of "implicit" architecture : it is an architecture whose form lies outside references and reminiscences, and is simply an expression of the forces which contributed to its construction.

The social and economic system within which we were working obviously influenced our search for another type of less traditional architecture. For us, the airplane

Coupes sur le bâtiment :
l'espace central est dégagé
de tout appui.

*Cross-section : the central
space is free from any
supports.*

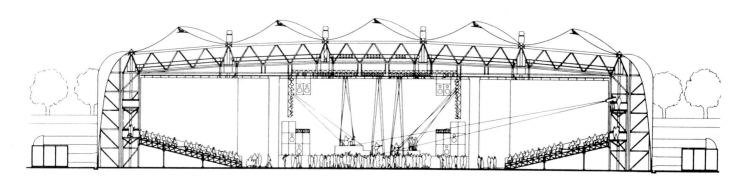

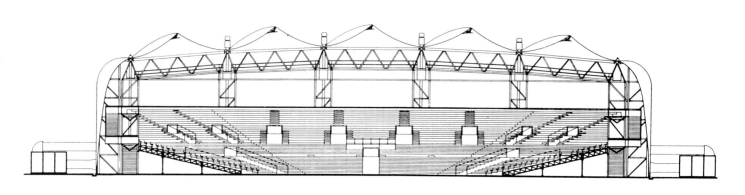

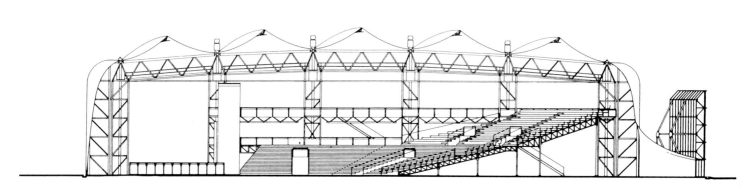

chitectures légères qui touchent aujourd'hui de nombreux domaines de la construction. Mais, peut-être, dans le spectacle, ces idées trouvent-elles un champ d'application particulièrement favorable. La légèreté, la rapidité de réalisation, l'économie, permettent de répondre de façon presque immédiate à des phénomènes fluctuants dont on ne peut prévoir l'évolution rapide.

Le Zénith est aussi, pour nous, une expérience sur le plan architectural. Les conditions économiques du projet ont conduit à rechercher dans chaque dessin, dans chaque pièce, une optimisation maximale. Ce souci constant confère peut-être au projet d'une certaine évidence et nous renvoie à cette architecture « implicite », une architecture qui prend corps, hors des références et des nostalgies, simplement dans le jeu des forces qui contribuent à sa réalisation.

Sans doute le système social et économique dans lequel nous intervenons invite-t-il à une architecture autre, à des démarches assez éloignées des pratiques habituelles. Au Zénith, l'avion, simple objet qui domine le parvis, focalise un univers propre à la salle — légèreté, dérive, voyage ; il est, pour nous, l'amorce de démarches d'un autre ordre, et l'ouverture, au-delà du high-tech, vers des moyens différents de faire l'architecture.

Philippe Chaix et Jean-Paul Morel,
architectes.

above the entry plaza is a simple object which serves as a focal point for the Zénith's special environment — airiness, escape, travel — and as the symbol of an approach surpassing "high-tech", seeking new ways of creating architecture.

Philippe Chaix and Jean-Paul Morel,
architects.

La Cité des sciences et de l'industrie
Donner un sens à l'aventure humaine

The Center for Science and Industry
Giving a sense to human endeavor

Le 19 février 1979, la décision a été prise de créer le parc de la Villette et d'y intégrer un Musée national des sciences, des techniques et des industries construit à partir de l'ancienne salle des ventes des abattoirs de la Villette. Il m'était alors demandé de réfléchir aux objectifs de ce musée ainsi qu'à ses modalités d'action et de réalisation.

Nous devions tenir compte au départ d'une donnée fondamentale : les caractéristiques de la « grande salle » de la Villette, d'une superficie de 140 000 mètres carrés. L'échelle du projet nous conduisait donc nécessairement à prendre un parti ambitieux, ce qui n'excluait pas, d'ailleurs, la prudence dans la méthode de réalisation ni la recherche de solutions raisonnables du point de vue économique.

Une autre donnée, non moins importante, fut le retard pris par notre pays dans le domaine des réalisations muséologiques à caractère scientifique et industriel. Il ne nous paraissait pas possible de proposer un projet qui ne fût pas au moins comparable aux établissements étrangers les plus significatifs. Il nous a semblé même que les progrès faits au cours des dernières années dans les méthodes de communication nous permettaient d'innover dans ce domaine. Ainsi, la Cité des sciences et de l'industrie apparaît comme un outil décisif pour la sensibilisation à la science et la modernisation des mentalités.

Dès 1979, tous les membres de la « mission du musée » avaient pleine conscience de l'ambition du projet. La suite de l'histoire a bien montré que nous ne nous trompions pas mais que, peut-être, nous avions sous-estimé les difficultés, moins sur le contenu du projet lui-même que sur son environnement : le bâtiment d'abord, dont la complexité n'est apparue que progressivement, le contexte socio-économique ensuite, qu'il a fallu intégrer dans le projet. En ce qui concerne le nom de l'établissement, je désirais trouver une autre appellation que celle de musée. Ce mot ne recouvre pas la complexité et la variété des activités que l'on y trouve en plus des expositions. En outre, ce mot a, en France, une connotation passéiste qui ne reflète pas du tout le caractère moderne et même avant-gardiste du projet. Nous avons donc opté pour la dénomination Cité des sciences et de l'industrie qui a émergé comme une alternative relativement satisfaisante.

La Cité des sciences et de l'industrie représente quelque chose de tout à fait neuf, le prototype d'une troisième génération de musées. La première génération était celle des musées historiques, dont l'exemple type est le Deutsches Museum[1] de Munich. La deuxième génération est représentée par ces centres interactifs créés un peu partout en Amérique et dont le palais de la Découverte, ouvert en 1937, fut le précurseur. La troisième génération correspond à une évolution des besoins culturels, à l'élévation du niveau de vie, à l'augmentation du temps de loisirs.

1. *Deutsches Museum von Meisterwerken der Naturwissenschaft und Technik* (Musée allemand des arts et métiers, et des sciences physiques).

On February 19, 1979, the decision was taken to create the Parc de La Villette which would incorporate the National Museum of Science and Industry in the Auction Hall of the La Villette stockyards. My opinion was sought concerning the museum's objectives, the ways in which it might function and the conditions for its realization.

We began with the fundamental characteristic : the dimensions of the Auction Hall — 140,000 m². The scale of the project and our very ambitious program did not stop us from being prudent with regards to implementation problems or from being reasonable in our search for economic solutions.

A no less important factor was the fact that France had fallen behind in the development of scientific and industrial museums and it was out of the question for us to propose a project which would not measure up to the most significant foreign museums. We felt that the latest developments in communication technology would even allow us to be innovative in the field. The Center for Science and Industry was thus seen as an important tool for updating public interest in science.

By 1979, all of the Museum Committee members were fully conscious of the project's ambitions. Looking back, we were certainly on the right track with regard to the program even though we may have under-estimated the problems involved : the complexity of the building progressively became evident and it was necessary to adapt the project to a changing socio-economic context. The term "museum" did not appear to us to fully express the complexity and the variety of the additional activities which complement the exhibits and another term seemed necessary. Also, the word museum has an old-fashioned connotation for the French which was totally at odds with the project's modern, avant-garde character. Thus the name "Center for Science and Industry" emerged as a relatively satisfactory alternative.

The Center for Science and Industry is an entirely new type of facility — a third-generation "museum". The first generation was that of the historical museum ; the Munich Deutsches Museum[1] is a good example. The second generation is the interactive museum of the type found throughout the United States and for which Paris' Palace of Discovery, opened in 1937, was the precursor. The third generation corresponds to an evolution in cultural demands, an improvement in living standards and more leisure time.

In this manner, the center's designers and administrators set out to build an efficient, multiform, interactive facility : the visitor approaches science at his own pace, following his own interests ; science is no longer blindly distributed regardless of the individual's cultural and educational background. The center offers things to discover, surprises, learning and fun.

From our beginning in 1979, we have sought to create a large, modern, flexible and attractive facility in which science would become a strong and readily available cultural force.

1. *Deutsches Museum von Meisterwerken der Naturwissenschaft und Technik.*

La Cité des sciences et de
l'industrie en mars 1986.

*The Museum of Science and
Industry in March, 1986.*

C'est donc le souci de bâtir un lieu multiforme, interactif et proche de la vie réelle qui a guidé, dès l'origine, les auteurs et les réalisateurs de la Cité : c'est l'homme qui va vers la connaissance scientifique à son pas et selon ses propres désirs, et non la science qui s'abat sur lui sans se soucier de son besoin de culture et de savoir ; elle est faite pour que chacun découvre, s'émerveille, apprenne ou simplement s'amuse.

Dès le début, en 1979, nous avons voulu un grand lieu, non contraignant, moderne et beau, où la science deviendrait authentiquement un puissant moyen de culture à la dimension de l'homme.

Des centaines de chercheurs, de scientifiques, d'ingénieurs, d'architectes, d'universitaires, ont donné le meilleur d'eux-mêmes pour imaginer, sans modèle, le plus original et le plus grand ensemble scientifique du monde qui, paradoxe, veut donner à chacun les moyens et la liberté d'y trouver son propre chemin.

Les quatre grands secteurs d'Explora répondent à ce désir en quittant les chemins traditionnels des classifications scientifiques pour partir des éléments les plus simples et les plus évidents de la vie et de l'homme. Cela se voit au premier coup d'œil puisque l'architecture, la scénographie, l'attractivité des grandes représentations répondent à cette vision humaniste de la science et de la Cité qui la met en scène.

De même, toutes les autres activités, celles de l'industrie et des entreprises, celles réservées aux enfants, aux écoles, aux chercheurs, la médiathèque, les grands espaces d'accueil, les salles d'actualités, de cinéma scientifique, des régions, etc., tout a été fait pour que la Cité renvoie à chaque individu une image simple, moderne, valorisante, libre.

La Cité des sciences et de l'industrie s'est vu reconnaître le statut d'établissement public à caractère industriel et commercial : c'est-à-dire qu'il lui est possible de gérer des produits dérivés de son activité. A terme, nous envisageons de pouvoir fixer à 30 % du budget général le montant des ressources propres de la Cité. Il s'agit là d'un objectif ambitieux certes, mais qui immunise en partie la Cité des sciences et de l'industrie contre les aléas politiques et économiques, et lui donne ainsi une certaine autonomie.

Dans les domaines de la science, des technologies et de l'industrie, la Cité des sciences et de l'industrie devrait jouer dans les années à venir un rôle majeur de sensibilisation du grand public à l'évolution très rapide que nous vivons actuellement et aussi un rôle de formation des jeunes générations, en leur donnant un sens de l'aventure humaine, de ses enjeux et de son avenir.

Maurice Lévy,
président de la
Cité des sciences et de l'industrie.

The world's largest scientific complex has benefitted from the participation of hundreds of scientists, researchers, engineers, architects and educators — and yet, paradoxically, the principal goal remains to make it possible for everyone to use the center as he pleases.

The fact that the four major sections of "Explora" abandon traditional scientific classifications in favor of the most obvious elements of man's existence reflects this. The very humanistic approach to science and to the center itself is immediately obvious through the architecture, the decoration and the design of the major exhibits. All of the other activities (whether for industry and business or for children, schools and researchers), the médiathèque, the reception areas, the "latest events" exhibits, etc...give each visitor a single, modern, attractive and inviting image.

The Center for Science and Industry has received the status of an "industrial and commercial public authority" and is now able to manage the funds generated by its activities. Over the long run, we hope to cover up to 30% of our general budget through the Center's own funds. If realized, this ambitious goal will give the Center a certain autonomy and put it beyond the threat of sudden political or economic change.

The Center for Science and Technology is destined to become a major force in the fields of science, technology and industry. It should play an important role in developing public interest in the rapid evolution which we are currently experiencing as well as instilling in our younger generations a sense of the dimension and the future of human endeavor.

Maurice Lévy,
President of the Center
for Science and Industry.

La Cité des sciences et de l'industrie
La mutation d'un édifice monumental

The Center for Science and Industry
The metamorphosis of a monumental building

Les grandes lignes du parti architectural

Le parti architectural découle d'une réflexion à l'échelle du site et de son environnement afin d'établir des relations privilégiées entre le Musée et le parc.

Trois thèmes marquent la conception du bâtiment : l'*eau* qui entoure le bâtiment, la *végétation* qui le pénètre par les serres bioclimatiques, la *lumière* qui tombe des coupoles rotatives et éclaire l'espace de l'exposition permanente.

L'ensemble du site était couvert de constructions relativement basses et à l'échelle du paysage, réalisées sans rigueur structurale.

Nous avons choisi de :

— démolir tous les bâtiments adjacents à l'espace compris entre les vingt piles supportant la toiture de la salle des ventes ; l'espace conservé est supérieur aux besoins du Musée dans sa première phase et dépasse en superficie (165 000 mètres carrés) le plus grand musée scientifique existant au monde ;

— ne pas remblayer les fouilles à 13 mètres en contrebas par rapport au terrain naturel pour accroître la hauteur de l'édifice et éclairer naturellement les niveaux prévus initialement enterrés.

C'est cette disposition qui, par ailleurs, devrait permettre d'accueillir les 95 000 mètres carrés d'activités prévus dans la première phase, en utilisant en particulier l'ancienne gare.

Par le jeu du reflet dans l'eau des bassins qui ceinturent en contrebas le Musée, la perception de la hauteur de l'édifice sera doublée pour créer un nouvel ordre monumental. La réhabilitation devient une véritable transfiguration tout en prenant le parti de mettre en valeur les structures existantes en disposant toutes les façades en retrait par rapport à la structure primaire.

Les formes architecturales simples et sans maniérisme échapperont aux modes fugitives du goût architectural actuel.

La façade sur le parc

La Cité s'ouvre sur le parc, au sud, par une façade totalement transparente, tandis que la façade nord, côté ville, est relativement fermée.

La façade sud, côté parc, est constituée de trois serres (32 mètres × 32 mètres) dans le but de contrôler les apports solaires (espaces tampons), de récupérer l'énergie et d'intégrer la végétation à l'intérieur du Musée : « trait d'union » entre le Musée et le parc. Le parc devient ainsi le prolongement naturel du Musée.

Cette façade bioclimatique est un ouvrage de haute technicité mettant en œuvre une structure en tubes d'acier inoxydable centrifugé assemblés par des pièces moulées.

Le vitrage est composé de panneaux de verre trempé de 2 mètres × 2 mètres, suspendus en chaîne et raidis par un système de câbles précontraints créant une surface extérieure lisse et continue.

La précision des techniques mises en œuvre et la finesse des pièces d'assemblage donnent à cette

The major elements of the architectural design

This project's architectural concept is based upon the creation of a privileged relationship between the Museum and the Park.

Three themes mark the Center's design : the water surrounding the building, the vegetation spreading into the building through the bio-climatic green-houses, and the light falling from the rotating cupolas into the permanent exhibition space.

The site was previously covered with a poorly structured collection of buildings that were relatively low with respect to scale of the landscape.

We chose :

— to demolish all of the structures adjacent to the volume defined by the twenty columns supporting the roof of the Auction Hall ; the remaining space is larger than the needs of the Museum in its first phase and contains a larger surface area (165,000 m²) than the largest science museum in existence ;

— to not backfill the excavated areas at the base of the building thus making it appear taller and allowing natural light to penetrate the lower floors.

This arrangement will permit the realization of the 95,000 m² first phase and the inclusion of the old station.

The reflection of the Museum in the water-filled basins at its base will increase its apparent height and reinforce the building's monumental quality. The rehabilitation has completely transfigured the Halle even though the existing structure is made even more evident by the placing of the façade behind it.

The simple, unaffected forms are devoid of any trace of transient architectural styles.

The Park façade

The southern façade of the Center is totally transparent and opens onto the Park while the northern facade faces the city and is relatively closed.

The southern façade is composed of three (32 m x 32 m) greenhouse elements which create a transition between the Park and the interior of the Museum — the Park thus becomes the natural extension of the Museum. This bio-climatic façade is a high-tech realization with a structure of stainless-steel tubes held together by moulded elements.

A continuous, smooth surface of glass is accomplished through a series of suspended tempered glass panels (2 m x 2 m) stiffened through a system of pretensioned cables.

The technical precision and the lightness of the elements give the façade a refinement and transparency never before achieved on this scale.

The entrance hall

The Center is 250 m long and 120 m wide and contains seven levels. The large entrance hall (18 m x 100 m) has been created in order to allow visitors to have an overall view of the activities from the moment they enter the building and to orientate themselves easily — the hall opens towards the city on the north and towards the Park to the south. This enormous space contains the

façade une transparence et une légèreté jamais atteintes à l'échelle d'éléments de cette taille.

Le hall d'accueil

La Cité (250 mètres de long sur 120 mètres de large) se développe sur sept niveaux. Un grand hall central (18 mètres × 100 mètres) a été créé afin de permettre aux visiteurs de percevoir dès l'entrée l'ensemble des activités du centre et de s'orienter facilement. Le hall s'ouvre, au nord, vers la ville, au sud, vers le parc ; ce vaste espace intérieur permet d'éviter une ségrégation par niveaux des différentes activités de la Cité ; il regroupe les circulations verticales majeures. La lumière, « source d'énergie du monde vivant », pénètre à l'intérieur par l'intermédiaire de deux coupoles rotatives de 17 mètres de diamètre, soutenues par une structure suspendue par câbles dite « araignée » et reliées au périmètre rectangulaire de la charpente existante par une couverture isolante en toile tendue translucide.

La réhabilitation

Elle exige le respect de la discipline et des contraintes de la structure existante tout en l'adaptant aux besoins muséologiques ainsi qu'aux règles de sécurité d'un bâtiment ouvert au public (la structure existante ne présentait aucune stabilité au feu).

Il faut aussi irriguer les espaces en fluides et en énergie pour répondre à des besoins très différents et plus complexes que ceux prévus initialement.

En particulier, les faibles performances de certains planchers et leur inclinaison ont nécessité leur renforcement et leur redressement pour supporter les charges nouvelles ; une des techniques employées est la précontrainte additionnelle par câbles dans les gaines en acier maintenues par des blochets de béton collés sur les joues des poutrelles. La vérification de la précontrainte a été effectuée par ultrasons. Les problèmes posés par la sécurité du public ont été abordés dès le début de l'étude avec les services compétents, et les principales dispositions ont été adoptées grâce à une concertation sans idées préconçues : en effet, aucune règle existante ne pouvait s'appliquer à un bâtiment comparable à un quartier de ville qui n'avait pas été conçu pour recevoir du public.

Deux routes traversent longitudinalement la Cité et permettent aux véhicules des sapeurs-pompiers d'accéder au cœur de l'immeuble, de stationner dans quatre gares et d'emprunter sept escaliers réservés dans les piles porteuses pour atteindre les niveaux supérieurs ou inférieurs.

Le niveau d'accès des véhicules des pompiers étant à mi-hauteur, le bâtiment échappe alors à la réglementation des immeubles de grande hauteur. L'intérieur des piles a été vidé pour mettre en place des escaliers servant d'issue de secours conformes aux normes de sécurité.

Les abords de la Cité

Les abords intègrent la Cité à son environnement,

major vertical circulation elements (escalators, elevators, stairs) and successfully avoids the segregation of activities by level. Natural light, "life's energy source", flows into the interior through two rotating cupolas (17 m diameter) supported by a type of tensegrity structure and covered with an isolated tension membrane of translucent fabric.

Rehabilitation

The design respects the existing structure while adapting the volume to the Center's functional needs and to the safety requirements for a public building (the existing building had no fire protection).

It was equally important to provide for a series of demands (water, gases, vacuum, energy...) which are totally different and much more complex than those of the original building.

The thin sloping floors required reinforcement and rectifying in order to support new loads — one of the solutions adds a compression load to the slab through the use of cables in steel casings, kept in place through the use of concrete blocks attached to the sides of beams. The load obtained was verified through ultra-sonic analysis. Public safety problems were discussed with the appropriate authorities at the beginning of the study and the principal problems were resolved : this type of building is unique and no existing regulation could possibly refer to a public building the size of a neighborhood.

Two interior roads running the length of the site permit the firemen's vehicles to gain access to the center of the building, to park in the four stations, and to gain access to the upper or lower floors by seven ramps enclosed within the structural columns.

Fire-truck access to the middle floor meant that the building need no longer comply with the stringent tall building protection measures.

The interior of the pillars was hollowed out to house the emergency exit stairs required by safety regulations.

The vicinity of the Center

The base of Center ensures the integration of the building with its surroundings and symbolically affirms the complementarity of Science and Nature.

The basins and the design of the 13 m deep exterior spaces on three sides of the site (containing restaurants, administration, air-conditioning plant, teaching and research accommodation, and audiovisual facilities) offer an animated transition in complete harmony with the Park.

The flow of water from the Ourcq Canal to the basins will irrigate a succession of gardens including a few remnants of the old chilling plant.

The Géode

The theater's 26 m hemispherical screen suggested a spherical form for its envelope. This mirror-polished stainless-steel covering and the water-filled basin at its base magnify its size and reflect the changing skies of the Paris region. Symbol of the Universe, the Géode reflects clouds suggesting continents and provides a fleeting impression of the environment.

De haut en bas :
Façade sud vue du parc. Au
premier plan, la Géode.
Coupe sur la Géode.
Coupe sur les douves.
Coupe sur le bâtiment. La
seconde travée abrite le
hall d'accueil directement
éclairé par deux coupoles.

From top to bottom :
South façade seen from the
Park. The Géode is in the
foreground. Cross-section
through the Géode.
Cross-section through the
basins. Cross-section
through the building. The
second bay contains the
entrance hall with natural
light from the two cupolas.

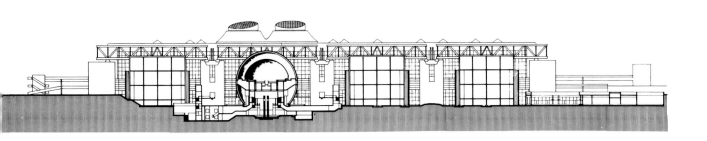

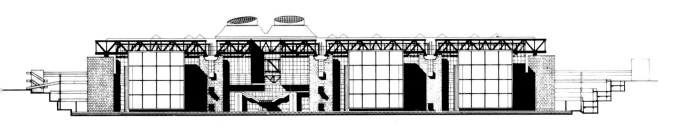

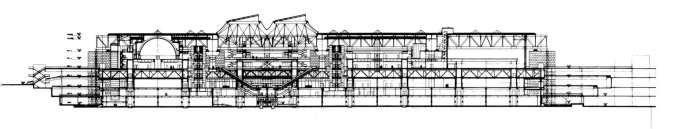

153

Ci-contre : façade sud. Les passerelles enjambent les douves et relient le bâtiment à la Géode et au parc.

Page de droite : l'une des trois serres de la façade sud. Leur rôle est double : assurer la continuité avec le parc, contrôler les apports solaires et en récupérer l'énergie. Leur dimension (32 mètres × 32 mètres) est à l'échelle du bâtiment (250 mètres de long × 120 mètres de profondeur).

Left : South façade. The bridges cross the basins linking the building to the Géode and the Park.

Opposite page : one of the south façade's three greenhouses. Their function is twofold : to ensure a continuity with the Park, to control solar gain. Their size (32 meters × 32 meters) reflects the scale of the building (250 meters long by 120 meters wide).

affirmant symboliquement la complémentarité de la science et de la nature.

Les douves, dont les 13 mètres de dénivelée sur trois côtés de la Cité comprennent les restaurants, l'administration, la centrale thermofrigorifique, les locaux de la formation-recherche, la Géode, l'audiovisuel, animent ces espaces extérieurs de transition avec le parc.

Le cheminement de l'eau depuis le niveau haut du canal de l'Ourcq jusqu'à la douve basse irriguera une succession de jardins portant l'empreinte des anciennes salles frigorifiques.

La Géode

L'écran hémisphérique de 26 mètres de diamètre de la salle de spectacle a engendré la forme sphérique de l'enveloppe. Cette structure, qui repose sur un plan d'eau, est recouverte d'acier inoxydable poli miroir pour magnifier sa forme et réfléchir l'image toujours changeante du ciel d'Ile-de-France. Symbole de l'univers, le reflet des nuages suggère la forme des continents et offre une vision immatérielle de l'environnement.

The Géode is an important landmark in the composition of the site as it is located in front of the all-glass southern façade at the articulation between the upper level of the Park and the basins 13 m below.

The silvery ball is on the entry hall axis and thus marks the Museum's main entrance from the south ; its imposing geometry constitutes an event which disrupts the linear aspect of the Auction Hall's façade — 270 m long. This monumental structure is composed of two distinct elements :

— The first is a reinforced concrete structure which spreads upwards from a central column to maintain the network of walls and beams supporting the theater's seating : the maximum overhang is 17 m. The bleachers were prefabricated. All of the formwork was faced with a specially smoothed covering in order to leave the concrete exposed. The entire structure is totally independent of the spherical envelope.

— The second, the geodesic sphere, is composed of 4" diameter tubing of 34 different lengths joined through 835 Saturn connections.

A secondary structure, composed of triangles, supports the mirror-polished stainless-steel skin composed of

Détail de la structure des grandes serres.
Le vitrage est constitué d'éléments de 2 mètres × 2 mètres suspendus en chaîne et raidis par un système de câbles qui permet de résister aux poussées du vent. A noter l'élégance et la légèreté de la structure.

Detail of the greenhouse structures. The glazing consists of suspended 2 meters × 2 meters elements, stiffened by cables which resist wind forces. The structure is both elegant and light.

Implantée devant la grande façade sud vitrée, à l'articulation entre le niveau haut du parc et les douves qui entourent le Musée à 13 mètres en contrebas, la Géode est un signal dans la composition générale du site.

Située dans l'axe du hall d'accueil, elle marque l'entrée sud du Musée depuis le parc, crée un premier plan monumental par sa géométrie et coupe l'aspect linéaire de la structure de 270 mètres de long de l'ancienne salle des ventes.

Cette œuvre monumentale par sa forme est constituée de deux structures totalement indépendantes :

— Une structure en béton armé arborescente portant les gradins de la salle sur un seul pilier central s'épanouit en poutres et en voiles croisés pour atteindre 17 mètres d'encorbellement. Les gradins ont été préfabriqués. Tous les parements ont été réalisés avec des coffrages spéciaux en parquet raboté pour laisser le béton brut de décoffrage. L'ensemble de cette structure n'a aucune liaison avec l'enveloppe sphérique.

— Une enveloppe sphérique qui est une structure géodésique constituée de tubes de 10 centimètres de diamètre et de 34 longueurs différentes, assemblés par 835 nœuds Saturne.

L'ossature secondaire est formée de triangles, supports des 6 433 triangles sphériques de la « peau » en acier inoxydable poli miroir. Le système de fixation de la peau sphérique permet une libre dilatation de chaque plaque d'acier.

Entre l'écran en aluminium perforé de 26 mètres de diamètre et le dôme, un espace technique intègre les écrans acoustiques et les dispositions les plus perfectionnées pour accorder image et son sur la totalité de la surface de l'écran.

Le hall d'accueil, en relation directe avec le Musée, est un espace dynamique situé sous le bassin d'où s'élance la structure en béton et les circulations vers la salle de spectacle.

Le travertin et le bois qui recouvrent les sols et les murs mettent en valeur le béton brut de décoffrage de la structure porteuse.

Vingt ans après le début de sa construction, la salle des ventes de la Villette aura achevé sa complète mutation pour devenir le premier édifice monumental dans le paysage de l'est parisien, zone tampon entre Paris et la banlieue ouvrière du nord de l'agglomération.

Adrien Fainsilber,
architecte.

6,433 spherical triangles. The tile attachment system permits a free expansion and contraction for each tile. The space between the perforated aluminium screen and the spherical skin is taken up with technical equipment, loudspeakers and acoustic baffles which allow a very precise coordination between image and sound for the whole of the screen's surface.

The reception hall of the theater, located below the basin, is directly linked to the Museum and is a dynamic space from which spring the concrete structure and the access to the theater.

The travertine and wood of the floors and walls are an effective contrast to the form-faced concrete of the structure.

Twenty years after groundbreaking, the La Villette Auction Hall will have undergone a complete mutation to emerge as the largest monument in eastern Paris — the buffer zone between Paris and the northern blue-collar suburbs.

Adrien Fainsilber,
architect.

En haut : hall d'accueil. La structure suspendue des câbles en « araignée » porte la coupole rotative et la batterie de miroirs qui captent les rayons lumineux.
En bas : un jeu de mezzanines découpe l'espace et atténue les grandes hauteurs. Au fond, le cylindre du planétarium.

Above : entrance hall. The "spider-web" of suspension cables supports the cupola and the mirrors which capture the light. Below : the play of mezzanines divides the space and attenuates the building's great height. The cylinder of the planetarium is in the background.

Page de droite : au niveau bas, le hall d'accueil. Les escaliers mécaniques donnent accès à l'exposition permanente. En haut, au premier plan, la structure porteuse du pont-serre. A l'arrière-plan, les grandes poutres métalliques de la charpente.

Opposite page : the entrance hall on the lower level. Escalators give access to the permanent exhibits. Above is the structure of the bridge-greenhouse. The roof structure's large steel beams are in the background.

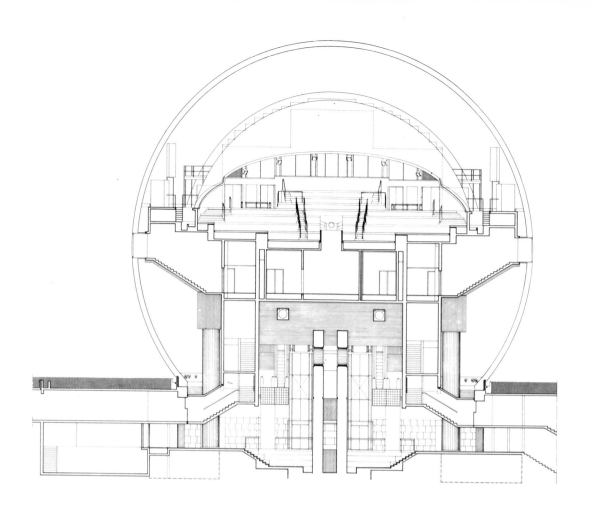

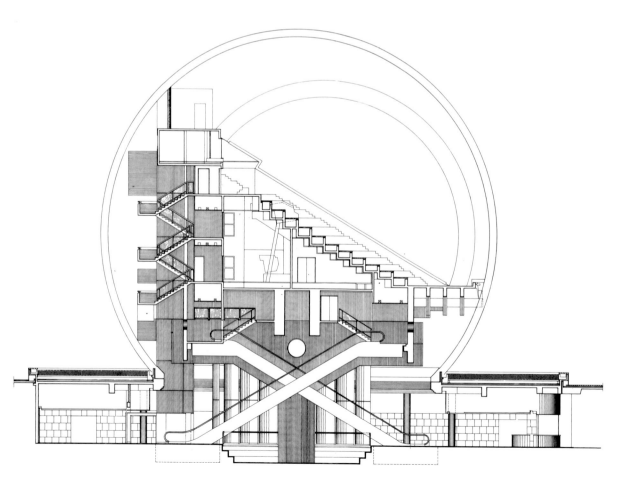

160

Ci-contre : intérieur de la
Géode.
Page de gauche : la Géode.
Coupes sur le bâtiment. On
distingue, en bas, le pilier
central qui supporte la
structure de béton
arborescente sur laquelle
s'appuient les gradins.
L'écran demi-sphérique a
26 mètres de diamètre.

*Left : the interior of the
Géode.
Opposite page : the Géode.
Cross-sections through the
building. The central pillar
of the arborescent structure
supporting the seating is
visible below. The
hemispherical screen is
26 meters in diameter.*

La « peau » de la sphère est constituée de 6 433 triangles d'acier inoxydable poli. Le système de fixation permet leur libre dilatation.

Page de gauche : étapes de la construction.
En haut : la structure en béton armé se développe autour d'un pilier central.
Au milieu : la structure géodésique est constituée de tubes de 10 centimètres de diamètre liés ensemble par 835 nœuds.
En bas : mise en place de l'enveloppe. Aucun triangle d'acier n'est identique.

6 433 polished stainless steel triangles form the covering. Their attachment alows free movement for dilatation.

Opposite page : stages of the construction.
Above : the reinforced concrete structure spreading out from the central pillar.

Middle : the geodesic structure contains tubes 10 centimeters in diameter joined by 835 nodes.
Below : attachment of the skin. No two triangles are identical.

La Cité de la musique
Un équipement complet, unique et attendu

The Center of Music
A complete, unique and much-needed facility

Au-delà de l'intérêt que représente, sur le plan architectural, le projet de la Cité de la musique, dernier équipement d'équilibre du parc de la Villette, c'est un grand sentiment d'enthousiasme que cette prochaine réalisation suscite dans le milieu musical. En effet, seuls des équipements professionnels adaptés aux réalités de notre temps répondront pleinement aux moyens qu'exige la rénovation pédagogique entreprise depuis quelques années au Conservatoire national supérieur de musique de Paris dont les locaux vétustes de la rue de Madrid interdisent le développement. Tel est l'enjeu de ce projet auquel Christian de Portzamparc, maître d'œuvre, apporte des réponses sensibles et fonctionnelles.

Ces équipements, avec près de 50 000 mètres carrés de surface utile, couvrent tous les champs de la formation et de la pratique instrumentale :

— Les classes publiques d'orgue, d'art lyrique et un atelier interdisciplinaire offriront aux jeunes musiciens la possibilité d'exercer leur art dans des conditions professionnelles et, le plus souvent, en présence d'un auditoire.

— Une médiathèque regroupera les services de la Bibliothèque nationale et du Conservatoire national supérieur de musique.

— Des locaux d'enseignement théorique et instrumental, nombreux et diversifiés, permettront de développer les activités de pratique collective telles que la formation au métier de musicien d'orchestre, la musique de chambre et la pratique chorale.

Ces locaux accueilleront également des disciplines nouvelles comme les sciences de l'éducation pour la formation pédagogique, les techniques contemporaines et la composition musicale, l'initiation aux musiques traditionnelles et extra-européennes ainsi qu'à la pratique du jazz.

— Une salle de concerts de 800 à 1 200 places offrira au Conservatoire et à l'Ensemble intercontemporain de Pierre Boulez un lieu privilégié pour l'abord des répertoires les plus larges. Est-il besoin de souligner l'intérêt que représente pour l'enseignement la proximité et la collaboration de cet ensemble professionnel et de son chef ?

— Le Musée instrumental du Conservatoire qui abrite actuellement, dans des conditions plus que précaires, des collections parmi les plus prestigieuses dans le monde, trouvera à la Villette des espaces et des moyens à la mesure de ses ambitions. Une présentation nouvelle et un projet muséologique élargi à l'instrument contemporain offriront aux publics la découverte de milliers d'instruments de toutes les époques, de tous les continents ainsi que, notamment, leurs techniques de fabrication. Des démonstrations d'instruments de facture traditionnelle ou contemporaine animeront le grand amphithéâtre. Enfin, des services techniques — laboratoires pour la restauration, centre de documentation — offriront une structure d'appui aux professionnels de la facture instrumentale de notre pays.

Un tel musée de la musique, centre de l'instrument,

Beyond the architectural interest generated by the Center of Music — the last element in the composition for the La Villette Park — the music community has received this project with great enthusiasm.

The Paris National Music Conservatory has undertaken a complete overhaul of teaching methods requiring the use of professional equipment adapted to today's conditions which is limited by the cramped conditions of the Conservatory's rue de Madrid building. The architect Christian de Portzamparc has produced a sensitive and functional design which measures up to the project's ambitions.

The 50,000 m² of facilities cover all of the aspects of instrumental teaching and practice :

— The public classes for organ, lyrical art and interdisciplinary workshops give young musicians the opportunity to express themselves in professional conditions — often in the presence of an audience.

— The Médiathèque will combine the resources of the National Library and the National Music Conservatory.

— A large number of diversified classrooms will aid in the development of musicians capable of participating in orchestras, chamber music groups and choirs.

These classrooms will also accommodate new disciplines such as music-teaching techniques, contemporary music composition techniques, initiation to traditional and non-European music as well as jazz.

— A 800 to 1200-seat concert hall will give the Conservatory and Pierre Boulez's Ensemble Intercontemporain the opportunity to undertake larger repertoires...the educational importance of the proximity and the collaboration of this professional company and its leader is obvious.

— The Conservatory's Musical Instrument Museum currently houses one of the world's most prestigious collections in very precarious conditions. At La Villette, the collection will find more space and better conditions. A new presentation — enlarged to include modern instruments — will display thousands of instruments from all over the world as well as their fabrication techniques. Demonstrations of traditional and contemporary instruments will take place in the Large Amphitheater. A laboratory, a documentation center and other technical services will be available to assist French musical instrument makers.

A music museum and an instrument center are the point of departure for a musician's career regardless of his chosen discipline.

— A Music Education Institute will gather information concerning music education experience in France and abroad and give the country's educators the resources they need.

— Complementary spaces such as residential accommodation, reception areas, meeting rooms, restaurant and gymnasium are indispensable resources for a renovation of music education : 400 students from the provinces spend too much time travelling and their education inevitably suffers.

The Center of Music is an extremely important facility which has already created considerable enthusiasm ; its

Plan masse de l'opération. A gauche de la cour de la Fontaine aux lions, le Conservatoire national supérieur de musique. A droite, la salle de concerts, la galerie des instruments et l'Institut de pédagogie musicale. L'entrée du parc est soulignée par le traitement du sol et l'intégration d'une folie.

Master plan for the project. The national music Conservatory is to the left of the Lions Fountain. The concert hall, the Instrument gallery and the Music Education Institute are to the right. The Park's entrance is underlined through special ground treatment and the integration of a folly.

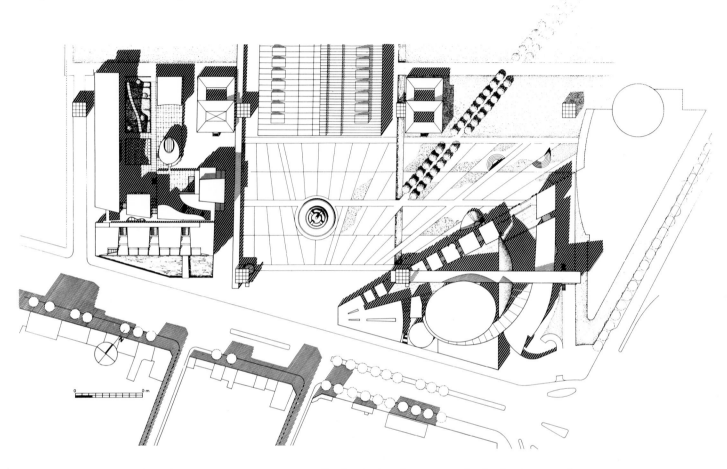

n'est-il pas le passage obligé pour tout musicien — de quelque discipline que ce soit — à l'abord de sa carrière ?

— Un institut de pédagogie musicale, structure scientifique créée pour répondre aux besoins du pays en matière d'information et de documentation, aura pour mission la mise en relation des expériences et des travaux pédagogiques conduits en France et à l'étranger.

— Les espaces complémentaires : résidences d'élèves, accueil et foyers, restaurant, gymnase, seront, bien que d'un caractère moins prestigieux, les équipements indispensables à une authentique rénovation de l'enseignement lorsqu'on sait que l'éloignement de quelque quatre cents élèves provinciaux pose actuellement des problèmes souvent insurmontables pour la mise en œuvre de cursus d'études satisfaisants.

Ainsi, tel est l'enjeu de la Cité de la musique, telles sont les raisons profondes de l'enthousiasme que suscite ce projet dont la réalisation est le seul garant du développement musical qualitatif de notre pays.

Marc Bleuse,
*directeur de la Musique et de la Danse
au ministère de la Culture
et de la Communication.*

realization is the sole guarantee for the development of musical excellence in France.

Marc Bleuse,
*Director for Music and Danse
at the Ministry of Culture
and Communication.*

Partie est. Vue sur la galerie
des instruments depuis la cour de la
Fontaine aux lions.

*East wing. View of the Instrument
gallery from the Lions Fountain
courtyard.*

En haut : partie est. Galerie des instruments : on distingue, incorporée dans le bâtiment, la première folie du parc.
En bas : partie ouest. Façade du Conservatoire sur l'avenue Jean-Jaurès : l'architecte joue sur les pleins, les vides, les failles de lumière.

Above : the east wing. The Instrument gallery includes the first of the Park's follies.
Below : the west wing. The Conservatory's avenue Jean-Jaurès façade : the architect employs solids, voids and streams of light.

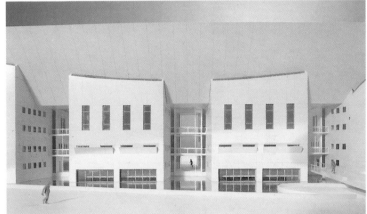

Partie ouest. Vue perspective du bâtiment de la danse depuis la cour de la Fontaine aux lions : au premier plan, la folie accueil sud et la galerie nord-sud du parc (dessin de Christian de Portzamparc).

West wing. View of the dance building from the Lions Fountain courtyard. The southern entrance "folly" and the Park's north-south gallery are visible in the foreground (drawing by Christian de Portzamparc).

A l'entrée sud de l'ensemble de la Villette, la Cité de la musique est un programme très nouveau, un rassemblement inédit de lieux consacrés à la musique et à la danse qui déploient leurs volumes diversifiés en deux grands quartiers de part et d'autre de la Grande Halle. Ce sont deux grandes ailes très différentes qui s'opposent et se complètent.

Dans ce jeu d'opposition, elles donnent sa forme à un espace majeur qui est une réponse « exacte » à l'esprit du site et elles identifient clairement deux grandes parties du programme.

A l'ouest, un ensemble stable, protégé, abrite les lieux réservés aux étudiants, le Conservatoire national supérieur de musique avec quatre-vingts salles de travail, des plateaux d'orchestre, une médiathèque et trois salles de concerts ouvertes au public.

A l'est, une métaphore de cité transfigurée par une géométrie dynamique et un enroulement spiral accueille le public, avec des commerces à vocation musicale, avec la salle des concerts partagée par le Conservatoire et par l'Ensemble intercontemporain de Pierre Boulez qui y a ses bureaux et ses salles de travail, avec aussi la « galerie des instruments » qui est à la fois un musée de la musique fondé sur un programme muséologique très nouveau et un centre d'organologie, avec, enfin, l'Institut de pédagogie musicale et une résidence d'étudiants.

Cet ensemble de l'est, dans une grande ligne en croissance dynamique, devient presque un objet pur,

Located at the Park's southern entry, the City of Music is an unique new assembly of music and dance activities. The complex features two very different, though complementary, wings separated by the Grand Halle.

Each wing corresponds to a specific part of the program and together they define a precise spatial response in the spirit of the site.

The modest, enclosed western wing is dedicated to students and houses the National Music Conservatory with its 80 practice studios, the orchestral stages, the Médiathèque, three concert halls open to the public and the administration.

The eastern wing, open to the public, is a city-metaphor featuring the dynamic geometry of a spiral, opening towards the Park and containing shops with a music theme, the Concert Hall shared between the Conservatory and Pierre Boulez's Ensemble Intercontemporain, also based here. There will be an Instrument Gallery with an innovative educational program, a center for organ technology, an Institute of Music Education and student accommodation.

The eastern complex is very much a pure, dynamic form detached from traditional urban spaces while the monumental western sector is inscribed in the Parisian tradition of which it is an extension. Thus the West is very much a part of the continuous urban façade of the avenue Jean Jaurès which it terminates and will be one of the first buildings greeting the visitor entering Paris by the Porte de Pantin while the east building is more

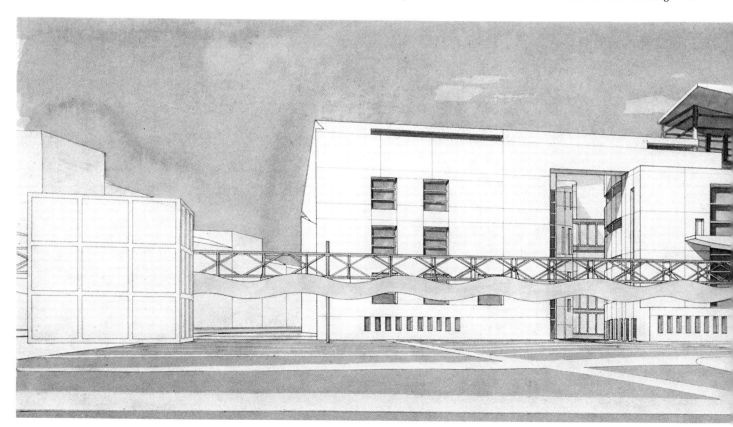

délié des attaches urbaines traditionnelles, alors que la partie ouest inscrit sa monumentalité dans le gabarit parisien qu'il borne : ainsi, l'ouest appartient à la ville, termine la longue séquence des mitoyens de l'avenue Jean-Jaurès et s'offre au regard en entrant dans Paris, tandis que l'est renvoie au parc mais aussi à une notion plus imaginaire, non habituelle, de la géométrie urbaine, un envol libre.

Cette dissymétrie n'est donc pas seulement une expression du programme. Elle est dictée par le destin du lieu et les grandes polarisations qu'y ont introduits le parc et le musée. D'emblée, l'axe de la Grande Halle est un piège pour l'avenir du site si on se laisse fixer sur lui seul. Il appartient à l'époque des abattoirs. Une place qui l'accentuerait ferait du parc un élément secondaire, obturé, placerait cette halle en une position unique, emphatique, dans une composition « pompière » à laquelle rien ne répondrait sur l'avenue.

Ce grand espace triangulaire que définit le projet entre ses ailes n'est pas une place traditionnelle, c'est une ouverture, une porte-fenêtre qui marque une fin de la ville, une façon de faire venir le parc jusqu'à elle, c'est le cadrage d'un paysage qu'il ne s'agit plus de tenir dans les rêts urbains traditionnels mais dont il faut exalter l'étendue dès l'avenue Jean-Jaurès comme s'offrent au regard les échappées visuelles surprenantes lorsque toute ville arrive au bord d'un grand parc.

attached to the Park and is more imaginative — freed from the confines of traditional urban form.

This asymmetry expresses the program but is also a reflection of the site's location and the composition imposed by the Park and its Museum. It was necessary to avoid giving the Grande Halle's axis too much importance in our composition as this building is one of the remnants of the original composition of slaughter houses. Any attempt to emphasize it in the design of the space would have resulted in an academic composition out of touch with the avenue Jean Jaurès.

The large triangular space defined by the project is far from being a traditional composition : it is both a gateway and a window ; it marks the end of the city while drawing the Park towards it ; it frames the landscape with an offering to passers-by on the avenue Jean Jaurès of an indication of the park's importance through a succession of surprising images which occur at the frontier between the city and all large parks.

Thus the space's design reflects the previous static axis of the Grande Halle and the Park's dynamic new axis based upon the Géode. From different vantage points, the space reveals each of the Park's contributing elements — Grande Halle, Museum, Music Center, City of Paris and Park. The design integrates these elements while participating in the spatial system of each ; even a large number of the Park's Follies are evident from the space — including, of course, the Welcoming Folly on the Avenue.

Partie est.
En haut : perspective
réalisée par ordinateur.
En bas à gauche : vue
axonométrique de la salle
de concerts.
En bas à droite : dessin
assisté par ordinateur de la
conque.

East wing.
Above : computer aided
perspective.
Below left : axonometric
view of the concert hall.
Below right : computer aided
drawing of the conch.

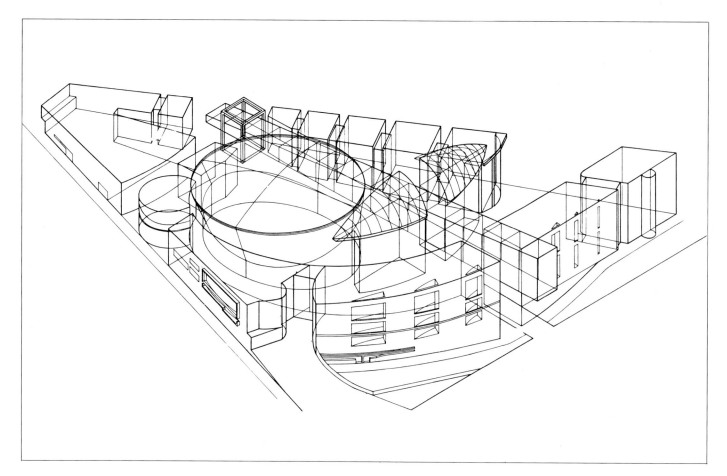

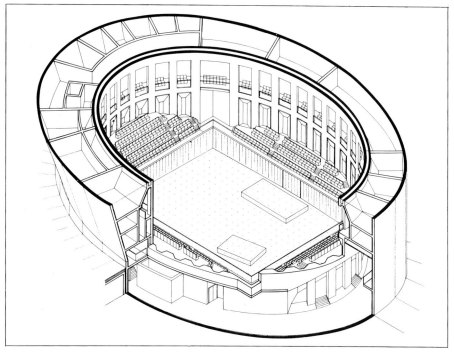

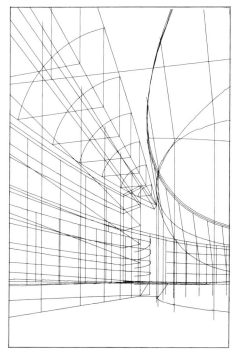

Partie ouest.
En haut : la cour intérieure.
Vue générale montrant le
patio, le jardin et le cloître.
Au premier plan,
superstructures des salles
d'art lyrique et d'orgue. Au
fond, des locaux
d'enseignement.
En bas : la cour intérieure.
Le cône tronqué éclaire la
salle d'orgue souterraine.
A l'arrière-plan, la
résidence pour étudiants.

West wing.
Above : the internal
courtyard. View of the patio,
the garden and the cloister.
The superstructure of the
lyric art and organ halls is in
the foreground. The teaching
areas are in the background.
Below : the internal
courtyard. The truncated
cone lights the underground
organ hall.
Student housing
is in the background.

171

Cet espace est donc construit sur une figure qui prend en compte l'axe statique, ancien, de la halle et s'ouvre sur l'axe dynamique, nouveau, du parc et la vue lointaine vers la Géode. C'est un espace à parcourir qui révèle les projets en présence et met en communication ces grandes entités éparses : halle, musée, cité, ville, parc, intégrant et faisant respirer tous les systèmes spatiaux en présence jusqu'aux folies, dont le projet dégage le plus grand nombre pour rendre perceptible leur trame et met en avant, dès l'entrée, la première folie d'accueil sur l'avenue. Depuis la porte de Pantin, après la grande courbe et les coupoles de la partie est situées en avant-poste, l'entrée progressive dans Paris offrira au regard la grande façade incurvée du Conservatoire. Rite d'entrée dans une grande ville ou comment finir une avenue.

Dans la conception des espaces intérieurs de tout le projet, un même principe est à l'œuvre, dans deux géométries opposées, qui distingue des volumes pleins, opaques, de dimensions diverses, que sont les enveloppes acoustiques des lieux de travail musical, et des volumes transparents, des failles de lumière qui les lient comme un tissu interstitiel, transitions entre le dedans et le dehors, lieux de circulation et de rencontre totalement vitrés ou à ciel ouvert. Ainsi, malgré la densité du programme et l'exigence de ses liaisons internes, la lumière et les vues lointaines sur le dehors sont partout présentes. Entre ces volumes pleins et ces couloirs de transparences, se joue un rapport méthaphorique du système de la ville avec ses immeubles et ses rues.

Dès lors, il s'agit bien d'une cité ; vivante, fluide, fondée sur la notion de pluralité. C'est une architecture qui se parcourt, qu'on ne peut jamais saisir en un seul regard. Et c'est précisément dans cette expérience du parcours, de la durée donc, de ses séquences, de ses ruptures et de ses découvertes, que l'architecture rejoint l'expérience musicale. Ce n'est plus tout à fait l'architecture comme « musique pétrifiée » de Gœthe, ou alors il faut admettre d'abord que nous, nous bougeons, que le regard découvre dans la durée. L'architecture est un art du mouvement.

Souvent, alors, dans tout le projet ce dialogue précis des pleins et des vides est saisi non seulement par la logique du programme ou de la forme urbaine mais par le lyrisme, le plaisir de cette expérience musicale. C'est, à l'ouest, la découverte de toute une séquence riche et contrastée dans la cour intérieure qui étonne après le calme serein de l'enveloppe sur l'avenue et le parc. C'est, à l'est, la fédération dynamique d'objets hétérogènes autour de la rue musicale qui se conclut sur le foyer de la grande salle, espace en enroulement spiral, trompe, forme spatiale qui est en elle-même un phénomène sonore, un diffuseur de son tourné vers le parc. C'est une architecture pour le son.

Christian de Portzamparc,
architecte.

Progressing from the Porte de Pantin towards the center of Paris, the visitor will encounter the long curve and the cupolas of the eastern sector followed by the Conservatory's large curved façade. The transition is an illustration of how to celebrate the entry to a city and to terminate an avenue.

A design concept involving the contrast of two geometries is reflected in the interior spaces throughout the entire project : on the one hand are the solid, obscure volumes of the many acoustic envelopes of the music workspaces ; on the other are the transparent, luminous volumes which link these spaces, ensure the transition between the exterior and the interior and provide both entirely glazed and even open-air circulation and meeting spaces. The play of solids and voids constitutes a metaphor of the city with its buildings and streets.

It thus becomes a city in its own right — rich and lively. It is an architecture which is impossible to seize in a single glance and must be experienced over time. It is precisely this continued discovery of the sequences and the contrasts of the design which will draw architecture and music together. This is not an example of Goethe's architecture as "petrified music" as we are constantly in movement and our appreciation develops over time. Architecture is an art of motion.

Thus the detailed play of solids and voids cannot be understood through the logic of the program or of the urban forms but through the poetry and pleasure of this musical experience. To the west, the interior courtyard reveals a rich sequence which is in surprising contrast to the serene calm of the envelope seen from the Park or the Avenue Jean Jaurès. To the east, the musical street with its spiral form dynamically groups diverse objects which end in the Large Hall's foyer. The spiral form of the street itself is an acoustic phenomenon — a horn turned towards the Park. An architecture of sound.

Christian de Portzamparc,
architect.

Vers une nouvelle génération d'équipements culturels

Towards a new generation of cultural facilities

Plongeant ses racines dans une longue tradition historique, le programme des neuf grands chantiers de l'Etat qui vient d'être décrit ne constitue pas, malgré son importance, une fin en lui-même. Il joue, en effet, un puissant rôle d'incitation auprès de tous ceux qui veulent, sur le plan national comme sur le plan local, exprimer les mutations culturelles et technologiques de notre temps.

Depuis plusieurs années, tout un foisonnement d'initiatives provenant de la France entière a vu le jour. Elles émanent de l'Etat qui poursuit l'œuvre accomplie dans la capitale avec la rénovation du Muséum d'histoire naturelle ou qui équipe les régions de grandes réalisations comme le Conservatoire national supérieur de musique de Lyon, les Archives du monde du travail, à Roubaix, ou l'aménagement du site archéologique de Bibracte dans le parc national du Morvan.

Mais les villes ne sont pas en reste, loin de là ! Angoulême va accueillir le Centre national de la

The program of nine state-financed projects described above continues a long-standing tradition and is not an end in itself — in spite of its importance and variety. And, even if the program has not been repeated in precisely the same manner, it has had a strong influence on government authorities wishing, on both a national and a local scale, to participate in the cultural and technological changes of our times.

For several years now, an important ground-swell of initiatives has taken place throughout France. Many of these originate with the state which continues its Paris experience with the renovation of the Natural History Museum and is equiping the regions with the Lyons National Music Conservatory, the Roubaix Workers' Archives and the Bibracte archaeological site.

At the same time, our cities have not been idle — far from it — Angoulême is building the Comic Strip and Cartoon Museum. The National Marine Center will go to Boulogne-sur-Mer and the Normandy Battle Museum to Caen. The city of Rochefort is restoring the

Le Muséum d'histoire naturelle : la grande galerie de zoologie en son état actuel. La grande galerie est fermée au public depuis 1965.

The Natural History Museum : Current condition of the main zoological gallery, closed since 1965.

bande dessinée et de l'image, Boulogne-sur-Mer, le Centre national de la mer et Caen, le Muséé mémorial de la bataille de Normandie. L'Ecole nationale de la photographie d'Arles a reçu sa première promotion d'étudiants. La ville de Rochefort réhabilite la Corderie royale, splendide édifice construit par Blondel au XVIIe siècle. Nice avec le musée Matisse, Saint-Etienne avec le musée d'Art moderne, Grenoble avec le Centre national et le musée d'Art contemporain se dotent d'installations à la hauteur de leurs collections exceptionnelles.

Partout, le renouveau architectural s'affirme comme en témoignent, entre autres, l'œuvre de Roland Simounet pour l'Ecole nationale de la danse de Marseille ou celle d'Henri Ciriani au Musée archéologique d'Arles. Après Ieoh Ming Pei au Louvre, les grands noms de l'architecture mondiale contemporaine viennent construire en France. Norman Foster travaille à Nîmes, Kenzo Tange à Paris, Mario Botta à Villeurbanne. Une dynamique nouvelle a été lancée. Elle place la France au premier plan et lui redonne la vitalité culturelle indispensable en ces temps de grandes mutations.

Cinq projets d'échelle et d'audience aussi différentes que la rénovation du Muséum d'histoire naturelle, de renommée internationale, le Centre national de la bande dessinée et de l'image d'Angoulême, le centre interrégional des Archives du monde du travail de Roubaix, le Musée archéologique d'Arles ou la Maison du livre, de l'image et du son de Villeurbanne illustrent parmi d'autres ces mouvements.

Paris : la rénovation du Muséum d'histoire naturelle

Créé en 1789 par la Convention, le Muséum d'histoire naturelle est à la fois un lieu de recherche et d'enseignement, et le gardien de collections d'une ampleur exceptionnelle. Ses richesses uniques — 1 million de mammifères, d'oiseaux, de poissons, de reptiles, 7 millions de végétaux, 150 millions d'insectes — constituent de véritables archives du globe et appartiennent au patrimoine de l'humanité.

A l'heure où Paris se dotait de nouveaux grands projets culturels, il n'était plus concevable de laisser à l'abandon les plus beaux fleurons de son architecture et, notamment, la grande galerie de zoologie qui clot de manière harmonieuse les longues allées du Jardin des plantes.

Construite en 1889, mais fermée pour cause de délabrement depuis vingt-cinq ans, la grande galerie a été vidée de toutes ses collections. Ne subsistent plus sous la lumière lugubre que laisse filtrer un toit de tôle provisoire que les carcasses de grands mammifères trop encombrantes pour être installées ailleurs. Depuis deux ans, l'Etat poursuit un effort particulier qui va permettre d'engager la restauration du bâtiment tout en lui conservant son caractère de témoin architectural de la muséologie du XIXe siècle. Pourtant, à l'intérieur, c'est un bouleversement complet qui se prépare avec, pour objectif, un grand

magnificent 17th. century Royal Rope-walk by Blondel. Nice with Matisse, Saint-Etienne with the Modern Art Museum, and Grenoble with the National Center and the Museum of Contemporary Art are all creating facilities which will enhance their exceptional collections.

The renewal of architecture is increasingly evident in such projects as Roland Simounet's design for Marseilles' National School of Dance or Henrique Ciriani's design for Arles' Archaeological Museum. Following Ioeh Ming Pei's Grand Louvre, famous architects from all over the world are coming to build in France. Norman Foster is working on a project for Nimes, Kenzo Tange for Paris and Mario Botta for Villeurbanne. The new enthusiasm which is evident places France in the spotlight and gives the country the cultural vitality necessary to face these times of major change. Five projects of as varied a scale and audience as the renovation of the internationally renowned Natural History Museum, the Angoulême National Comic Strip and Cartoon Museum, the Roubaix Inter-regional Workers' Archives, Arles' Archaelogical Museum, or Villeurbanne's Book, Image and Sound Center, provide more than adequate proof.

Paris : the renovation of the Natural History Museum

The Natural History Museum, created in 1789 by the Convention, is a research and teaching facility as well as the guardian of an exceptionally large collection. With a million animals, birds, fish and reptiles, seven million plants and 150 million insects, its unique richness constitutes a veritable planetary archives — a part of humanity's heritage.

With Paris receiving such grand new cultural facilities it would have been unthinkable to abandon one of France's major architectural monuments : the main zoological gallery which harmoniously terminates the long alleys of the Jardin des Plantes.

The run-down condition of the main gallery (built in 1889) brought about its closing and the removal of its collection twenty five years ago. Only five enormous, unmovable whale skeletons remained in the darkened building. Over the last two years, the state has undertaken an exceptional effort which will result in the restoration of the building's exterior and the preservation of a fine example of 19th. century museum architecture. The interior, however, will be completely transformed to provide a magnificent "evolution museum" where the public will be able to go back in time or project themselves into the future.

Angoulême : the National Comic Strip and Cartoon Center

Since its inception in 1973, the Angoulême International Comic Strip Fair has become a national and international cultural event. Building upon this notoriety, the city of Angoulême, the state and neighboring authorities decided to give narrative art a center for development which reflects the cultural and economic challenges of the image in modern communication.

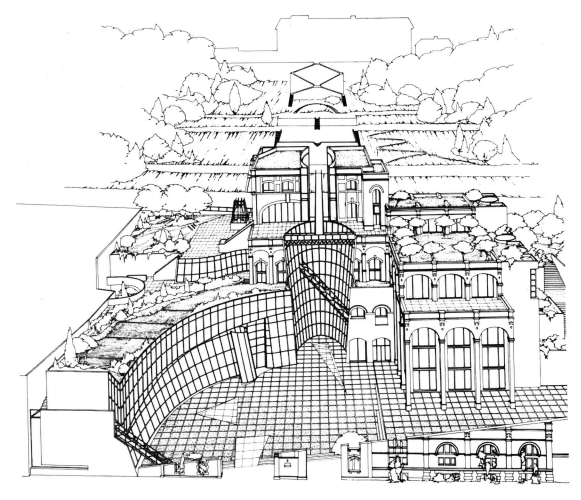

« musée de l'évolution » où le public pourra tout à la fois remonter le cours du temps et se projeter dans l'avenir de la vie.

Angoulême : le Centre national de la bande dessinée et de l'image

Depuis 1973, le Salon international de la bande dessinée d'Angoulême est devenu un événement culturel national et international. Poursuivant cette dynamique, la Ville d'Angoulême, avec le concours de l'Etat et des collectivités territoriales, a décidé de doter l'art narratif d'un centre de développement à la mesure des enjeux culturels et économiques de l'image dans la communication moderne.

Implanté en bordure de la Charente dans les anciennes brasseries Champigneulles construites au XIXᵉ siècle, ce centre réunit en un même lieu un musée de la bande dessinée, une médiathèque, un ensemble consacré à la production, à la recherche et à la formation. Son ambition : faire d'Angoulême et de sa région un pôle majeur des industries liées à l'art narratif illustré et aux nouvelles images.

The center is located on the banks of the Charente River, in the 19th. century Champigneulles brewery, and will encompass a comic strip museum, a médiathèque, and a unit dedicated to production, research and teaching. Its goal is to make Angoulême and its region a major pole for industries concerned with illustrated narrative art and new images.

Two architects who won the 1985 competition, Roland Castro and Jean Rémond, intend to "illustrate" this cultural and economic challenge. The brewery — symbol of the city's past development — has been brutally sectioned and de-structured by a series of architectural events (bridges, greenhouses, light wells, etc...) whose vocabulary, whether subtle or brutal, evokes comic strip graphics.

The architecture's poetic dimension is expressed through "building-walks" which can be experienced without entering them. It thus "fabricates" appropriable space, "awakens" the ramparts' north façade and reverses the image of an industrial zone from the past which can now be clearly identified from the town's Bordeaux Road major axis.

Les Archives du monde du travail de Roubaix : l'entrée latérale est traitée comme un pont-levis.

The Archives of the Working World, Roubaix : the side entry is treated as a drawbridge.

L'architecture de Roland Castro et de Jean Rémond, lauréats de la consultation lancée en 1985, veut « illustrer » ce double enjeu culturel et économique. L'ancienne usine, symbole du développement passé de la ville, est déchirée, décomposée par tout un ensemble d'événements architecturaux — passerelles, verrières, cônes de lumière, etc. — dont le vocabulaire tantôt subtil, tantôt brutal évoque davantage le graphisme de la bande dessinée.

La dimension poétique imprègne cette architecture en forme de « bâtiments-promenades » que l'on peut parcourir sans jamais pénétrer. Elle « fabrique » ainsi des lieux appropriables, « réveille » la façade nord des remparts, renverse l'image d'un quartier jadis industriel qui ose enfin clairement s'identifier depuis cet axe majeur qu'est la route de Bordeaux.

Roubaix : les Archives du monde du travail

Premier des cinq centres d'archives du monde du travail qui doivent être créés en France, le centre interrégional de Roubaix a pour objet la sauvegarde et la diffusion de la mémoire collective en matière économique, industrielle et sociale. Il sera implanté

Roubaix : the Workers' Archives

The Roubaix Inter-regional Center is the first of five French archive centers built with the goal of preserving and diffusing the collective experience of industrial and social economy. Located in Motte Bossut's city-center weaving-mills, the center is intended to bear witness to 19th. century industrial architecture and to symbolize the reintegration of the worker who has since moved to the outskirts of town.

The architect Alain Sarfati, winner of the 1985 competition, has modified the existing structure but its general appearance has been left intact. Any transformations bring out the building's peculiarities and their modern aspect underlines the reappropriation of the building and the revitalization of the city center.

The design cuts the building in half. The East Wing contains 50 km of archives. The West Wing is a space open to the public, organized around a glass-covered central well whose natural light enhances the structure. Two towers containing a staircase and a chimney constitute the project's gate upon the city.

The architectural concept is thus based upon the dialogue between the old building and the new additions ;

La Maison du livre, de
l'image et du son de
Villeurbanne : façade sur
rue (dessin de Mario
Botta).

*The Center for the Book,
Image and Sound,
Villeurbanne : street façade
(drawing by Mario Botta).*

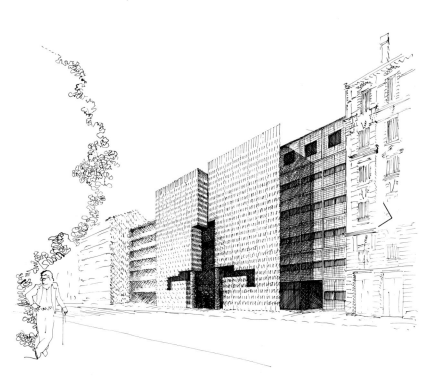

en centre-ville dans les anciennes filatures Motte-Bossut, à la fois témoignage de l'architecture industrielle du XIXᵉ siècle et symbole de la réintégration du monde du travail qui, depuis lors, s'était déplacé en périphérie.

Le projet d'Alain Sarfati, lauréat de la consultation d'architecture lancée en 1985, modifie la construction existance mais en respecte l'aspect général. Les transformations soulignent les particularités du bâtiment. Par leur modernité, elles le mettent en valeur et marquent clairement sa réappropriation dans la reconquête du centre-ville.

Le parti retenu découpe le bâtiment en deux fonctions. L'aile est est consacrée à l'archivage qui s'étire sur 50 kilomètres linéaires. L'aile ouest constitue la zone d'accès public organisée autour d'un vide central surmonté d'une verrière, source de lumière qui met en valeur la structure existante. Deux tours contenant un escalier et une cheminée marquent l'ouverture du bâtiment sur la ville.

La conception architecturale est ainsi fondée sur le dialogue entre le bâtiment ancien et l'intervention nouvelle ; entre la réalité du contexte urbain et l'aspect immatériel de la communication basée sur de nouvelles technologies qui inspirent une recherche plastique et symbolique en accord avec la vocation du projet.

Arles : le Musée archéologique

Les collections archéologiques d'Arles sont exceptionnelles mais la présentation actuelle, éclatée en plusieurs lieux de la ville et généralement à l'étroit, est indigne du prestige et de la qualité de l'ensemble. Aussi, en 1984, la municipalité d'Arles a-t-elle décidé la réalisation d'un nouveau bâtiment situé aux portes mêmes de la ville, à la jonction du Rhône et du canal. Le projet d'Henri Ciriani, retenu à l'issue d'une consultation lancée en 1984, épouse une forme de triangle. Les espaces d'exposition sont ainsi desservis de plain-pied par une boucle qui réduit les circulations, facilite les visites rapides et permet les extensions futures. A partir d'un hall d'accueil directement lié à l'axe de composition du cirque romain se développent deux ailes. Celles-ci bordent les salles d'exposition qui « s'enroulent » autour d'un patio central et s'ouvrent sur le fleuve dans leur plus grande dimension.

Les qualités spatiales et plastiques du bâtiment sont amplifiées par la grande finesse de l'insertion urbaine. Le musée, installé à la pointe de la presqu'île, face à la ville et au viaduc, fonctionne comme « fond de scène » du cirque romain, créant une continuité entre les deux unités urbaines aujourd'hui séparées, la ville ancienne et les nouveaux quartiers.

Villeurbanne : la Maison du livre, de l'image et du son

La Ville de Villeurbanne souhaitait améliorer les services d'une bibliothèque qui souffrait d'asphyxie et en étendre le fonds documentaire à tous les supports médias. Pour cela, une simple bibliothèque,

between the concrete reality of the building's urban context and immaterial communication aspects which inspire research for a design in keeping with the building's purpose.

Arles : the Archaeological Museum

Arles' exceptional archaeological collections are currently scattered throughout the town in generally crowded conditions, totally out of keeping with their exceptional quality. The city decided in 1984 to build a new museum on a site at the gates to the city, at the junction of the Rhône and the canal. Henri Ciriani's project — winner of a 1984 design competition — has a triangular form with the exhibition spaces organized on a single level featuring a loop which reduces circulation, facilitates short visits and allows future expansion. Two wings spread out from an entrance hall directly linked to the Roman circus. These wings border the exhibit rooms gathered around the central patio and open out upon the Rhône river on the longest side.

The building's spatial and sculptural qualities are amplified through a subtle use of the site. Located on the point of a peninsula facing the city and the viaduct, the museum acts as a backdrop for the Roman circus and establishes a bridge between two previously separated urban elements — the old city and the new housing areas.

Villeurbanne : the Book, Image and Sound Center

The city of Villeurbanne wished to improve the services of an over-crowded library and to extend its collection to include all media. A simple library would not suffice and the city council decided in March, 1983, to

même nouvelle, ne suffisait pas et, en mars 1983, le conseil municipal décida la construction en plein centre-ville d'une véritable Maison du livre, de l'image et du son.

Aux souhaits des élus qui voulaient une œuvre d'architecture contemporaine, le maître d'œuvre tessinois Mario Botta a répondu par une réalisation à la fois monumentale et bien insérée dans l'alignement des bâtiments qui l'encadrent. Ainsi se perpétue la tradition de rigueur et de qualité d'une ville qui fut avec ses gratte-ciel, ses grands axes, ses équipements culturels, à la pointe de l'urbanisme durant près d'un demi-siècle.

Fidèle à lui-même, Mario Botta a conçu un édifice où chaque espace est baigné de lumière. La façade sud offre un contraste puissant entre une avancée hermétique de pierre ponctuée de petits hublots et des décrochés latéraux tout en baies vitrées. Sur la façade nord, des meurtrières rythment un demi-cylindre qui suggère la profondeur du bâtiment. A l'intérieur, la lumière zénithale tombe en cascade dans un puits qui s'évase en éclairant des plateaux dégagés de toute contrainte. Ce projet remarquable dont la première pierre fut posée en février 1986 devrait être ouvert à la fin de l'année 1987.

Luc Tessier,
directeur de la Mission interministérielle
de coordination des grandes opérations
d'architecture et d'urbanisme.

construct a book, image and sound center in the city's core.

Architect Mario Botta's answer to the council's desire for contemporary architecture is a monumental building which successfully fits into its surrounding. The design thus respects the tradition of strong, high-quality architecture of a city whose sky-scrapers, broad avenues and cultural facilities have made it a leader in urban design for over fifty years.

As with his other projects, Mario Botta's design ensures that each space is bathed in light. The south façade offers a strong contrast between the hermetically sealed stone wall punctuated with small portholes and the glazed lateral panels. On the north façade, small windows mark a half-cylinder suggesting the building's depth. Light from overhead cascades into an interior light-well and spreads out to illuminate completely open floors. The construction of this remarkable project was begun in 1986 and is scheduled to open before the end of 1987.

Luc Tessier,
director of the Interministerial Coordinating
Commission for the Major Architectural
and Urban Planning Projects.

La grande arche de la Défense

Calendrier de l'opération
• Mars 1982 : annonce par le président de la République de la réalisation d'une grande opération à la Tête Défense devant accueillir, notamment, un Centre international de la communication et un nouveau ministère de l'Urbanisme et du Logement.
• Avril 1983 : désignation de Johan Otto von Spreckelsen lauréat du concours international d'architecture.
• Juillet 1984 : création de la Société d'économie mixte nationale Tête Défense.
• Juillet 1985 : début des travaux de construction.
• Avril 1986 : décision gouvernementale de ne pas réaliser le Carrefour international de la communication et de poursuivre l'opération immobilière.
• Avril 1989 : achèvement de l'arche.

Eléments du programme de l'arche
Surface totale : 120 000 m² utiles, dont :
• sous-socle, socle, belvédère : 33 000 m² ;
• patte nord : 43 500 m² de bureaux, propriété d'investisseurs ;
• patte sud : 43 500 m² de bureaux affectés au ministère de l'Equipement.

Eléments techniques
Capacité du site : 55 000 m².
Emprise au sol de l'arche : 12 650 m².

Eléments innovateurs
• Conception et exécution de la mégastructure constituée de 4 cadres contreventés de 110 m de haut.
• Fondations constituées de 12 poteaux et chapiteaux supportant l'arche de 330 000 tonnes qui repose sur appuis en néoprène.
• Béton hypercontraint à 40 mégapascals.
• Ascenseur panoramique de 100 m de haut.

Coût de la réalisation
2,900 milliards de francs, valeur juin 1984.

Intervenants
Maître d'ouvrage : Société d'économie mixte nationale Tête Défense.
Architecte de conception : Johan Otto von Spreckelsen, lauréat du concours international (Erick Reitzel, ingénieur-conseil associé).
Architecte associé : Paul Andreu.
Ingénierie : Aéroport de Paris ; Trouvin ; SERETE ; Coyne et Bellier. Gros œuvre : Bouygues.

The great arch of La Défense

Timetable
• *March 1982 : Presidential announcement of the realization of the International Carrefour of Communication at La Défense as well as of the relocation of the Ministry of Urban Planning and Housing.*
• *April 1983 : Announcement of the winner of the international design competition : Johan Otto von Spreckelsen.*
July 1984 : Creation of the National Tête Défense Joint Venture, client organization.
July 1985 : Commencement of construction.
April 1989 : Completion of construction.

Program brief
Cube : *120,000 m² usable floorspace.*
- basements, belvedere : (33,000 m²).
- North wing : (43,500 m²) private offices.
- South wing : (43,500 m²) Ministry of Planning offices.

Technical information
Site : 55,000 m².
Footprint : 12,650 m².

Innovations
• *The design and construction of the megastructure composed of four 110-meter tall stiffened frames.*
• *Foundations composed of 12 columns and capitals supporting a cube weighing 330,000 metric tons which rests on neoprene anti-vibration insulation.*
• *Hyper-stressed (40 megapascal) concrete.*
• *Panoramic elevators to a height of 100 meters.*

Project cost
2,900 million Francs (June 1984).

Designers and contractors
Client : Société d'Economie Mixte Nationale Tête Défense.
Architect : Johan Otto von Spreckelsen, winner of the international competition (Erick Reitzel, associate engineer consultant).
Associate architect : Paul Andreu.
Engineers : Aéroport de Paris ; Trouvin ; SERETE ; Coyne et Bellier.
Contractor : Bouygues.

Le Grand Louvre

Calendrier de l'opération
• Septembre 1981 : décision du président de la République d'affecter au musée du Louvre l'aile du palais occupée par le ministère des Finances.
• Juillet 1983 : désignation par le président de la République de Ieoh Ming Pei comme architecte du Grand Louvre.
• Novembre 1983 : création de l'Etablissement public du Grand Louvre.
• Mars 1984 : ouverture des chantiers de fouilles archéologiques cour Carrée et cour Napoléon. Engagement des travaux de restauration des façades et des toitures de la cour Carrée.
• Janvier 1985 : début des travaux cour Napoléon.
• Du 1er au 5 mai 1985 : simulation publique en grandeur nature de la pyramide.
• Décembre 1985 : achèvement de la réalisation de la crypte Philippe Auguste et Charles V. Achèvement de la cour Carrée. Achèvement de la première tranche de travaux du Musée de la mode.
• Février 1986 : inauguration de la cour Carrée.
• Début 1987 : mise en place de la structure de la pyramide.
• Décembre 1988 : achèvement de la pyramide et ouverture du hall d'accueil au public.

Eléments du programme (1ère tranche)
Cour Carrée
• Fouilles archéologiques mettant au jour les vestiges du donjon de Philippe Auguste et du château de Charles V.
• Création de la crypte archéologique.
• Reconstitution du dallage.
• Restauration complète des façades, de la statuaire et des couvertures.
Cour Napoléon
• Fouilles archéologiques.
• Création d'espaces souterrains (55 000 m² pour l'accueil, l'information, les services, les expositions temporaires et les locaux techniques).
Aile Rivoli
• Aménagement d'une liaison directe entre l'accueil et la place du Palais-Royal par le passage Richelieu.
• Réalisation de la première tranche du Musée de la mode dans l'aile de Marsan.
• Après le départ du ministère des Finances, transformation du bâtiment Richelieu ; décaissement et couverture des trois cours pour recevoir les grandes sculptures en plein air.
Cour du Carrousel
• Mise en souterrain de l'avenue du Général-Lemonnier.

Eléments techniques
Capacité du site : emprise du palais du Louvre.
Emprise au sol :
cour Carrée : 3 500 m² ;
cour Napoléon : 20 000 m².
Surface de planchers : 123 000 m² dont 66 000 m² utiles.

Eléments innovateurs
Des recherches de pointe ont été lancées pour les structures et le vitrage de la pyramide ainsi que pour la couverture des cours.

Coût de la réalisation (1re tranche)
2 milliards de francs, valeur juin 1984.

Intervenants
Maître d'ouvrage : Etablissement public du Grand Louvre.
Architecte : Ieoh Ming Pei.
Architectes associés : Georges Duval et Michel Macary.
Ingénierie : SOGELERG ; SERETE.
Gros œuvre : Dumez.

The Grand Louvre

Timetable
• *September 1981 : The French President decided to relinquish to the Museum the wing of the Louvre then occupied by the Ministry of Finances.*
• *July 1983 : The President of the Republic designated I. M. Pei Chief Architect of the Grand Louvre.*
• *November 1983 : Creation of the Etablissement Public du Grand Louvre.*
• *March 1984 : Commencement of archaeological excavations in the Cour Carrée and the Cour Napoléon and of the façade restoration and roof repair of the Cour Carrée.*
• *January 1985 : Commencement of construction in the Cour Napoléon.*
• *1-5 May 1985 : Full scale simulation of the pyramid's volume.*
• *December 1985 : Completion of the Phillipe Auguste and Charles V crypts and of the Cour Carrée restoration. Completion of the first phase of the Clothing Design Museum.*
• *February 1986 : Inauguration of the Cour Carrée.*
• *February 1986 : Commencement of works on the Passage Richelieu.*
• *Beginning 1987 : Installation of the pyramid.*
• *December 1988 : Completion of the pyramid and opening of the entrance hall.*

Program brief (first phase)
Cour Carrée
• *Archaeological excavations of the Phillipe Auguste keep and of the Charles V palace.*
• *Creation of an archaeological crypt.*
• *Reconstitution of the courtyard's paving.*
• *Complete restoration of the façades*

and roofing.
Cour Napoléon
- *Archæological excavations.*
- *Creation of underground accommodation (50,000 m² for reception, temporary exhibits, presentation spaces).*

Rivoli Wing
- *Creation of an underground link between the central reception hall and the Place du Palais Royal.*
- *Realization of the first phase of the Clothing Design Museum in the Marsan Wing.*
- *After the departure of the Ministry of Finances : clearing and covering of three courtyards prior to the installation of outdoor sculpture.*

Cour du Carrousel
- *Creation of an underground passage for the Avenue du Général Lemonnier.*

Technical information
Site : the totality of the Louvre Palace.
Footprint :
Cour Carrée : 3,500 m².
Cour Napoléon : 20,000 m².
Floor area : 123,000 m² gross floor space, 66,700 m² usable floorspace.

Innovations
Special research has been required in order to resolve the construction and glazing problems posed by the pyramid and the structures covering the courtyards.

Project cost
2,000 million Francs (June 1984).

Designers and contractors
Client : Etablissement Public du Grand Louvre.
Architects : Ieoh Ming Pei.
Associate architects : Georges Duval and Michel Macary.
Engineers : SOGELERG, SERETE.
Contractor : Dumez.

Le musée d'Orsay

Calendrier de l'opération
- Octobre 1977 : décision en comité interministériel présidé par M. Giscard d'Estaing, président de la République, de la création d'un musée d'art et de civilisation français du XIXᵉ siècle (tout spécialement de la seconde moitié du siècle) et de l'installation de ce musée dans les bâtiments d'Orsay qui seront classés monument historique.
- Mars 1978 : création de l'Etablissement public du musée d'Orsay.
- Juin 1979 : désignation de ACT Architecture (Renaud Bardon, Pierre Colboc et Jean-Paul Philippon) lauréat de la consultation d'architecture.

- Juillet 1980 : désignation de Gae Aulenti pour l'architecture intérieure et la décoration.
- Février 1981 : début des travaux.
- Mi-1986 : achèvement des travaux et installation des œuvres.
- Décembre 1986 : inauguration du musée.

Eléments du programme
- 16 000 m² pour les expositions permanentes.
- 1 200 m² pour les expositions temporaires.
- 2 500 m² pour l'accueil.
- Une salle de spectacles de 380 places.

Eléments techniques
Ancienne gare et ancien hôtel d'Orsay : 175 m de long, 75 m de large, 35 m de haut.
Emprise au sol : 13 100 m².
Surface : 60 900 m² hors œuvre, dont 47 000 m² utiles.
Transformation d'un bâtiment de type industriel en musée :
- 12 000 tonnes de structures métalliques (7 300 tonnes pour la tour Eiffel).
- 35 000 m² de verrières et parois vitrées.
- 1 million de m³/h d'air traité pour la climatisation.
- 944 caissons à rosaces en staff à recréer.

Eléments innovateurs
Acoustique, dispositifs antivibratoires et audiovisuels, gestion technique centralisée et maîtrise de l'énergie, contrôle de sécurité, éclairage et vitrage, banque de données adaptés à la préservation d'œuvres d'art, image et texte sur disques optiques numériques et programmes sur vidéodisques interactifs.

Coût de la réalisation
1,320 milliard de francs, valeur juin 1984.

Intervenants
Maître d'ouvrage : Etablissement public du musée d'Orsay.
Architecture : ACT Architecture.
Architecture intérieure : Gae Aulenti.
Signalétique : Monguzzi et Widmer.
Ingénierie : SETEC-Foulquier.
Gros œuvre : Bouygues.

The Orsay Museum

Timetable
- *October 1977 : Decision by the Interministerial Commission chaired by Mr. Giscard d'Estaing, President of the Republic, to create a museum of French art and civilization of the second half of the 19th century and*

the beginning of the 20th in the Orsay Station.
- *March 1978 : Creation of the Etablissement Public du Musée d'Orsay.*
- *June 1979 : Designation of the winning design : ACT Architecture — Bardon, Colboc and Philippon.*
- *July 1980 : Designation of Mrs. Gae Aulenti for the interior design and decoration.*
- *February 1981 : Commencement of infrastructure works.*
- *Mid-1986 : Completion of construction and finishing and commencement of the installation of the art-works.*
- *December 1986 : Inauguration of the museum.*

Program brief
- *16,000 m² of permanent exhibition space.*
- *1,200 m² of temporary exhibition space.*
- *2,500 m² of public reception space.*
- *380 seat auditorum.*

Technical information
The Orsay Station and Hotel : 175 m long, 75 m wide, 35 m high.
Footprint : 13,000 m².
Floor area : 60,900 m² gross floor space. 47,000 m² usable floorspace.
Transformation of an industrial building into a museum :
- *12,000 metric tons of metal structure (Eiffel Tower = 7,300 tons).*
- *35,000 m² of glazed roof and walls.*
- *1 million m³/hour of air conditioning.*
- *recreation of 944 stucco panels.*

Innovations
Acoustics, antivibration techniques, audio-visual facilities, central technical and energy control management, security control measures, special lighting and glazing, image and text data-banks on optical disks, interactive video-disk programs.

Project cost
1,320 million Francs (June 1984).

Designers and contractors
Client : Etablissement Public du Musée d'Orsay.
Architects : ACT Architecture.
Interior Design : Gae Aulenti.
Engineers : SETEC-Foulquier.
Contractors : Bouygues.

L'Institut du monde arabe

Calendrier de l'opération
- Octobre 1980 : création de l'Institut du monde arabe, dont l'implantation était prévue rue de la Fédération, à Paris.
- Septembre 1981 : choix d'un

nouveau terrain à l'angle du boulevard Saint-Germain et du quai Saint-Bernard.
- Décembre 1981 : désignation de Jean Nouvel, Pierre Soria, Gilbert Lezènes et Architecture Studio lauréats de la consultation d'architecture.
- Fin 1983 : début des travaux.
- Avril 1987 : achèvement des travaux et livraison du bâtiment.
- Décembre 1987 : ouverture au public.

Eléments du programme
- Musée d'art et de civilisation comprenant 2 600 m² d'exposition permanente et 700 m² d'exposition temporaire.
- Médiathèque accueillant 40 000 ouvrages, vidéothèque, cinémathèque.
- Service de documentation, salle d'actualité, informatique franco-arabe.
- Auditorium de 350 places.
- Parvis public de 4 700 m².
- Restaurant et cafétéria.

Eléments techniques
Capacité du site : 9 000 m².
Emprise au sol : 6 000 m².
Surface de planchers : 26 900 m² hors œuvre.

Eléments innovateurs
- 10 000 m² de façade en verre.
- Verre avec sérigraphie côté nord.
- Occultation par diaphragme en aluminium côté sud (27 000 diaphragmes répartis sur 242 panneaux).
- Conception et réalisation de la charpente métallique.
- Tour du livre avec sa rampe tournante en béton.
- Equipements informatiques et audiovisuels.

Coût de la réalisation
440 millions de francs, valeur juin 1984, dont 240 millions de francs à charge du budget de l'Etat français.

Intervenants
Maître d'ouvrage : Institut du monde arabe.
Maître d'ouvrage délégué : Service constructeur des académies de la région Ile-de-France.
Architectes : Jean Nouvel, Pierre Soria, Gilbert Lezènes et Architecture Studio.
Ingénierie : SETEC.
Gros œuvre : Nord-France et Baudin-Châteauneuf.

The Arab World Institute

Timetable
- *October 1980 : Creation of the Arab World Institute upon a site in the rue de la Fédération.*
- *September 1981 : Choice of a new site on the corner of the Boulevard*

Saint-Germain and the Quai Saint-Bernard.
- December 1981 : Selection of Jean Nouvel, Pierre Soria, Gilbert Lezènes and Architecture Studio as winners of a national design competition.
- Winter 1983 : Groundbreaking.
- April 1987 : End of construction and delivery of the building.
- December 1987 : Official inauguration.

Program brief
- Museum of Art and Civilization : 2,600 m² permanent exhibition space, 700 m² temporary exhibition space.
- Médiathèque : 40,000 books, films and videos, documentation service, current events space, franco-arab computer service.
- 350 seat auditorium.
- 4,700 m² public reception space.
- Restaurant and cafeteria.

Technical information
Site : 9,000 m².
Footprint : 6,000 m².
Floor area : 26,900 m² usable floor space.

Innovations
- 10,000 m² of glazed façades.
- Silk screened glass panels on the north façade.
- Aluminum diaphragm sun screen (27,000 diaphragms in 242 panels).
- The concrete book tower with its spiral ramp.
- Data processing and audio-visual systems.

Project cost
420 million Francs (June 1984) of which 240 million Francs (June 1984) have been contributed by the French government.

Designers and contractors
Owner : Institut du Monde Arabe.
Owner's representative : Service constructeur des académies de la région Ile-de-France.
Architects : Jean Nouvel, Pierre Soria, Gilbert Lezènes and Architecture Studio.
Engineers : SETEC.
Contractors : Nord France and Baudin-Chateauneuf.

Le ministère des Finances

Calendrier de l'opération
- Septembre 1981 : le président de la République décide le départ du ministère des Finances du Louvre.
- Mars 1982 : choix du site de Bercy.
- Décembre 1982 : désignation de MM. Chemetov et Huidobro lauréats du concours national d'architecture.
- Juillet 1984 : début des travaux

pour la réalisation des bâtiments de bureaux.
- Automne 1986 : livraison des immeubles de la dalle gare de Lyon (bâtiments D et E).
- Fin 1987 : livraison des immeubles de la rue de Bercy (bâtiment C).
- Eté 1988 : livraison des immeubles principaux (bâtiments A et B).

Eléments du programme
Cinq immeubles de bureaux :
- Bâtiments A et B comprenant, notamment, le hall d'accueil, les bureaux et les cabinets des ministres, un centre de conférences ainsi que les bureaux destinés à 3 500 agents.
- Bâtiment C pour 1 300 agents.
- Bâtiments D et E sur la dalle de la gare de Lyon (en location-bail) pour 1 500 agents.

Eléments techniques
Capacité du site : 48 400 m².
Surfaces de planchers : 270 000 m² hors œuvre dont 225 000 m² hors œuvre (bâtiments A, B et C).

Eléments innovateurs
- Franchissements de 70 m de portée sur 6 niveaux de plancher et structure mixte métal-béton.
- Façades en composite pierre-béton avec insertion de vitrages ouvrants.
- Isolation antivibratoire par appuis en néoprène pour l'immeuble de logements.
- Bureautique et réseaux informatiques, autocommutateur de 10 000 lignes.
- Réalisation de prototypes (cellule type) pour le second œuvre.

Coût de la réalisation
2,930 milliards de francs, valeur juin 1984, pour l'ensemble Bercy-la Râpée (bâtiments A, B, C).

Intervenants
Maître d'ouvrage : ministère de l'Economie, des Finances et de la Privatisation.
Architectes :
Paul Chemetov et Borja Huidobro (bâtiments A, B, C) ;
Louis Arretche, Roman Karazinski et V. Ciocardel (bâtiments D, E) ;
Emile Duhart-Harosteguy (bâtiment logements).
Ingénierie :
SERETE (bâtiments A, B, C, D, E).
SETEC (bâtiments A, B, C, D, E).
Sechaud et Bossuyt (bâtiments A, B, C).
SGTE (bâtiments A, B, C).
Gros œuvre :
Dumez (bâtiments A, B) ;
Dragage et Travaux publics (bâtiment C) ;
SAE et GTM (bâtiments D, E).

Ministry of Finances

Timetable
- September 1981 : The President of the Republic decided that the Ministry of Finances would vacate the Louvre.
- March 1982 : Choice of the Bercy site.
- December 1982 : Designation of the architects Chemetov and Huidobro as winners of the design competition.
- July 1984 : Commencement of construction of the office building.
- August 1986 : Delivery of the Gare de Lyon building.
- End 1987 : Delivery of building C (rue de Bercy).
- Summer 1988 : Delivery of the principal buildings (A and B).

Program brief
Five office buildings :
- Buildings A and B include the entry hall, the offices of the Minister and the cabinets, a conference center and offices for 3,500 civil servants.
- Building C will accommodate 1,300 civil servants.
- Buildings D and E on the Gare de Lyon deck are for 1,500 civil servants.

Technical information
Site : 48,500 m².
Floor area : 270,000 m² gross floor space ; 225,000 m² usable floorspace (buildings A, B and C).

Innovations
- 70 meter spans on six levels with a composite steel and concrete structure.
- Stone and concrete façades with encased opening windows.
- Overslung neoprene insulation for the housing.
- Office equipment, data-processing network, 10,000 line PABX.
- Sample finishes prepared for the finishing trades.

Project cost
2,900 million Francs (June 1984) for buildings A, B and C.

Designers and contractors
Client : Ministry of Economy, Finances and Privatization.
Architects : Paul Chemetov and Borja Huidobro (buildings A, B and C) ; Louis Arretche, Roman Karazinski and V. Ciocardel (buildings D and E) ; Emile Duhart-Harosteguy (housing).
Engineers : SERETE (buildings A, B, C, D, E) ; SETE (buildings A, B, C, D, E) ; Sechaud and Bossuyt (buildings A, B, C) ; SGTE (buildings A, B, C) ;.
Contractors : Dumez (buildings A, B) ; Dragage et Travaux publics (building C) ; SAE and GTM (buildings D, E).

L'opéra de la Bastille

Calendrier de l'opération
- Mars 1982 : annonce par le président de la République de la création d'un nouvel opéra, place de la Bastille.
- Octobre 1983 : création de l'Etablissement public de l'opéra Bastille.
- Novembre 1983 : désignation de Carlos Ott lauréat du concours international d'architecture.
- Octobre 1984 : démolition de la gare de la Bastille.
- Début 1985 : début des travaux.
- Août 1986 : décision du gouvernement de maintenir la vocation lyrique du palais Garnier et de réaliser dans l'équipement de la Bastille une grande salle de théâtre à vocation musicale, chorégraphique et lyrique.
- 1989 : ouverture au public.

Eléments du programme
- Une grande salle de 2 700 places.
- Une grande scène de répétition identique à la grande scène.
- Un dispositif de dégagement des décors organisé en 9 espaces répartis sur 2 niveaux et desservant les scènes.
- Un parking d'environ 700 places.
- Une Maison de l'opéra accueillant, notamment, un amphithéâtre de 600 places.
- Des lieux d'exposition, un centre de documentation et des activités de diffusion de l'art lyrique.
- Un studio de 280 places et un restaurant dans le bâtiment Tour d'argent.

Eléments techniques
Capacité du site : 22 800 m² dont 14 900 m² à l'origine d'emprises publiques.
Emprise au sol : 22 800 m².

Eléments innovateurs
- Fosse d'orchestre à géométrie variable.
- Cadre de scène et proscenium mobiles.
- Equipement scénique avec chariots pour changements de décors multiples et rapides.
- Rideaux coupe-feu de grande dimension.
- Traitement spécifique en matière d'audiovisuel, d'acoustique et de dispositifs antivibratoires.

Coût de la réalisation
2,170 milliards de francs, valeur 1984 (part budgétaire déterminée avant la modification du programme).

Intervenants
Maître d'ouvrage : Etablissement public de l'opéra Bastille.
Architecte : Carlos Ott.
Architectes associés : Saubot et Julien.

Ingénierie : SETEC ; SODETEG ; EMH ;
R. Biste.
Gros œuvre : SAE ; SCGPM ; Léon
Grosse.

The Bastille Opera

Timetable
- *March 1982 : Announcement by the President of the Republic of the creation of a new opera house at the Bastille.*
- *October 1982 : Creation of the Public Establishment for the Bastille Opera House.*
- *November 1983 : Designation of the winner of the architectural competition : Carlos Ott.*
- *October 1984 : Demolition of the Bastille railway station.*
- *Beginning 1985 : Commencement of earthworks and retaining walls.*
- *August 1986 : Government decision to maintain the Palais Garnier as an opera and to transform the Bastille Opera project into a theater for music, choreography and lyric art.*
- *1989 : Completion of the construction work.*

Program brief
- *A large, 2,700 seat auditorium.*
- *A stage for rehearsals identical to the large stage.*
- *A means for sets removal and storage, organized in nine areas distributed over two levels and serving all three stages.*
- *A 700-place car park.*
- *An opera center containing a 600-seat amphitheater.*
- *Exhibition areas, a center for documentation and activities for the distribution of information related to lyric art.*
- *A 280-seat recording studio and a restaurant in the Tour d'Argent building.*

Technical information
Site : 22,800 m², 14,900 m² of which were already public property.
Footprint : 22,800 m².

Innovations
- *Variable-shape orchestra pit.*
- *Mobile stage and proscenium frame.*
- *Stage equipment on trolleys for changing numerous sets rapidly.*
- *Over-sized fire check curtain.*
- *Special treatment in relation to audiovisual equipment, acoustics and vibration-damping devices.*

Project cost
2,170 million Francs (June 1984 values), before the project modification.

Designers contractors
Client : Etablissement public pour

l'opéra de la Bastille.
Architect : Carlos Ott.
Associate architect : Saubot et Julien.
Engineers : SETEC, SODETEG, EMH, R. Biste.
Contractors : SAE, SCGPM, Léon Grosse.

La Villette : le parc et la Grande Halle

Calendrier de l'opération
- Décembre 1979 : décision en conseil interministériel de créer un parc à la Villette en complément du Musée des sciences et de l'auditorium dont l'emplacement est réservé.
- Mars 1982 : confirmation par le président de la République de la réalisation d'un parc urbain, conçu comme un grand équipement vivant et animé. Désignation de Philippe Robert et de Bernard Reichen pour la réhabilitation de la Grande Halle.
- Mars 1983 : désignation de Bernard Tschumi, lauréat du concours international d'architecture, comme maître d'œuvre général du parc. Début des travaux d'aménagement de la Grande Halle.
- Automne 1984 : début des travaux du parc.
- Janvier 1985 : inauguration de la Grande Halle.
- Mi-1986 : début de la construction des folies et des galeries.
- Printemps 1987 : achèvement des espaces paysagés de la première tranche et de 3 folies.
- Mi-1987 : livraison échelonnée de 6 autres folies et ouverture de la première tranche du parc.

Eléments du programme
Capacité totale du parc : 300 000 m².

Programme de la première tranche
- 120 000 m² de jardins, prairies et promenades.
- 2 galeries couvertes dont l'une franchit le canal.
- 9 folies : folie des enfants, folie du belvédère, buvette, accueil nord, accueil-brasserie, accueil de la galerie informatique, folie du jardinage, antenne de secours, petite restauration.
- 5 maisons : galerie de jeux, maison du jardinage, maison des enfants, serre, rotonde des vétérinaires.

Coût de la réalisation (1ère tranche)
850 millions de francs, valeur juin 1984, pour la première tranche, y compris la réhabilitation de la

Grande Halle.

Intervenants
Maître d'ouvrage : Etablissement public du parc de la Villette.
Architecte, maître d'œuvre général : Bernard Tschumi (parc, folies et galeries couvertes, continuité des jardins thématiques).
Architectes :
Henri Gaudin (maison du jardinage) ;
Jean Nouvel (galerie des jeux électroniques) ;
Gaetano Pesce (maison des enfants) ;
Kazutoshi Morita, Dominique Lyon et Pierre du Besset (rotonde des vétérinaires) ;
Philippe Starck (mobilier urbain) ;
Robert et Reichen (Grande Halle).
Ingénierie :
SETEC (parc) ;
ARCORA (Grande Halle) ;
SOGELERG (Grande Halle).

Les maîtres d'œuvre du parc
Architecte maître d'œuvre général : Bernard Tschumi (folies et galeries couvertes, continuité des jardins thématiques).
Jardins thématiques
- Jardins de l'eau (au nord de la Grande Halle) : Alain Pelissier, avec Peter Eisenmann, John Hejduk, Fugiko Nakaya.
- Jardins du jardinage (entre la maison du jardinage et la serre) : Gilles Vexlard, avec Jean-Max Albert et Dan Flavin.
- Jardins de l'énergie (le long de la prairie triangulaire) : Alexandre Chemetoff, avec Daniel Buren, Bernhardt Leitner et Markus Raetz.
- Jardins calmes : Kathryn Gustafson, avec Rebecca Horn et Ulrich Ruckriem.
- Jardins sud Zénith : Jean Magerand et Elisabeth Mortamais.
- Jardins du forum des cuisines : Philippe Thomas (Scop Paysages), avec Claes Oldenburg.
- Jardins de jeux (entre le Zénith et la prairie circulaire) : Ettore Sottsass et Martine Bedin, avec Tony Cragg.
Bâtis
- Maison du jardinage : Henri Gaudin.
- Serre : Cedric Price.
- Galerie des jeux électroniques : Jean Nouvel.
- Maison des enfants : Gaetano Pesce.
- Rotonde des vétérinaires : Morita, Lyon, du Besset.
- Pavillon Mel'nikov : Pierre Granveaud et Jean-Louis Cohen.
- Pavillon de l'Esprit nouveau (Le Corbusier) : Jean-Louis Véret.

La Villette : The Park and the Grande Halle

Timetable
- *December 1970 : Decision by an Interministerial Council to create at La Villette a park which will complement the Science Museum and Auditorium, whose sites are already reserved.*
- *March 1982 : confirmation by the President of the realization of a lively and attractive urban park at La Villette. Commission of Philippe Robert and Bernard Reichen as architects for the conversion of the Grande Halle.*
- *March 1983 : selection of Bernard Tschumi as Architect in Chief for the design of the Park. Commencement of work on the Grande Halle.*
- *Autumn 1984 : commencement of work on the Park.*
- *January 1985 : inauguration of the Grande Halle.*
- *Mid-1986 : commencement of construction of the follies and the covered gallery.*
- *Spring 1987 : completion of the landscaped areas for the first phase and for three follies.*
- *Mid-1987 : sequential delivery of six other follies and the opening of the first phase of the park.*

Program brief
Total capacity of the Park : 30 ha.
Program for the first phase
- *120 000 m² of gardens, lawns and pathways.*
- *2 covered galleries of which one crosses the canal.*
- *9 follies, children's folly, belvedere folly, snack-bar, North reception, restaurant-reception, reception for the computer gallery, garden folly, emergency unit, small restaurant.*
- *5 houses, electronic-game arcade, garden center, children's center, greenhouse, veterinaries' rotunda.*

Cost for the first phase
850 million Francs (June 1984) for the first phase — including the Grande Halle.

Designers and contractors
Client : Etablissement public pour le parc de la Villette.
Architect in Chief : Bernard Tschumi (Park, follies and covered galleries, continuity of the thematic gardens).
Architects :
Henri Gaudin (Garden center) ;
Jean Nouvel (Electronic games gallery) ;
Gaetano Pesce (Children's center) ;
Katzutoshi Morita, Dominique Lyon, Pierre du Besset (Veterinaries's Rotunda) ;
Philippe Stark (Street furniture) ;
Robert et Reichen (Grande Halle).
Engineers : SETEC (Park) ;
AGORRA (Grande Halle) ;

SOGELERG (Grande Halle).

The Park's designers
Coordinating Architect and Chief designer : Bernard Tschumi. Follies, covered gallery, continuity of the thematic gardens.
Thematic gardens
- *Water gardens (north of the Grande Halle) : Alain Pelissier, with Peter Eisenman, John Hejouk, Fugiko Nakaya.*
- *Gardening gardens (between the garden center and the greenhouses) : Giles Vexlard, with Jean-Max Albert and Elisabeth Mortamais.*
- *Energy gardens (along the triangular lawn) : Alexandre Chemetoff, with Daniel Buren, Bernhardt Leitner, and Markus Raetz.*
- *Tranquil gardens : Kathryn Gustafson, with Rebecca Horn and Ulrich Ruckreim.*
- *Gardens South of the Zénith : Jean Mageraud and Elisabeth Mortamais.*
- *Gardens and kitchen forum : Philippe Thomas (Scop Paysage) and Claes Oldenburg.*
- *Game gardens (between the Zénith and the circular lawn) : Ettore Sottsass and Martine Bedin, with Tony Cragg.*

Buildings
- *Garden center : Henri Gaudin.*
- *Greenhouse : Cedric Price.*
- *Electronic-games gallery : Jean Nouvel.*
- *Children's space : Gaetano Pesce.*
- *Veterinaries' Rotunda : Morita, Lyon, Du Besset.*
- *Mel'nikov Pavilion : Pierre Grandveaud and Jean-Louis Cohen.*
- *Esprit Nouveau Pavilion (Le Corbusier) : Jean-Louis Véret.*

La Villette : la Cité des sciences et de l'industrie

Calendrier de l'opération
- Mi-1977 : mission confiée à M. Taillibert, architecte, sur la reconversion des bâtiments des abattoirs de la Villette, laquelle conclut à la possibilité d'installer un musée des sciences.
- Juin 1977 : rapport de M. Lévy, professeur de physique à l'université de Paris VI, sur la définition et le contenu d'une future cité des sciences.
- Juillet 1979 : création de l'Etablissement public du parc de la Villette.
- Décembre 1979 : décision en conseil interministériel, présidé par M. Giscard d'Estaing, de réaliser un Musée des sciences, des techniques et des industries selon

les orientations du rapport de M. Lévy.
- Septembre 1980 : choix d'Adrien Fainsilber lauréat de la consultation d'architecture.
- Juillet 1981 : confirmation par le président de la République de la poursuite du projet.
- Mi-1983 : début des travaux d'infrastructure.
- Février 1985 : création de l'Etablissement public de la Cité des sciences et de l'industrie.
- Mai 1985 : inauguration de la Géode.
- Mars 1986 : inauguration de la Cité des sciences et de l'industrie.

Eléments du programme
- Exposition permanente Explora (30 000 m²) comprenant 4 secteurs :
— de la Terre à l'univers,
— l'aventure de la vie,
— la matière et le travail de l'homme,
— langages et communications.
- Expositions temporaires (10 000 m²).
- Géode (360 places).
- Salles de découverte (1 070 m²).
- Médiathèque (grand public et chercheurs, 10 900 m²).
- Salles de conférences (1 000 places, 500 places et 4 salles de 100 places, 5 600 m²).
- Planétarium (890 m²).
- Accueil et activités commerciales (9 700 m²).
- Clubs jeunes, associations, formation, recherche (3 140 m²).

Eléments techniques
Capacité du site : ancienne salle de vente des abattoirs (275 m de long, 111 m de large, 40 m de haut).
Emprise au sol : 30 500 m².
Surface de planchers : 120 000 m².

Eléments innovateurs
- Reprise des structures porteuses de l'ancien bâtiment (poutres de 59 m de portée).
- Réalisation de très grandes verrières pour façades climatiques (32 m × 32 m × 8 m).
- Réalisation d'un éclairage zénithal par coupoles rotatives avec miroirs.
- Construction d'une centrale thermofrigorifique avec utilisation de la géothermie, récupération de chaleur et stockage des frigories.
- Construction d'une salle de cinéma hémisphérique de 36 m de diamètre.

Coût de la réalisation
4,450 milliards de francs, valeur juin 1984.

Intervenants
Maître d'ouvrage du bâtiment : Etablissement public du parc de la Villette.
Maître d'ouvrage du contenu : Cité des sciences et de l'industrie.

Architecte : Adrien Fainsilber.
Architectes d'aménagement de l'exposition permanente : Dowd et Stanton ; Lion et Althabegoity ; Beri et Gazeau ; Chaix et Morel ; O'Byrne et Dallegret.
Ingénierie : ALGOE ; SATOBA ; SGTE.
Contractant général : GTM.

La Villette : The Center for Science and Industry

Timetable
- *Mid 1977 : The President of the Republic assigned Mr. Taillibert, architect, the task of carrying out a study for the conversion of the La Villette slaughterhouse buildings. Mr. Taillibert suggested the possibility of installing a science museum.*
- *June 1977 : Mr. Levy, physics professor at Paris VI University, drew up a report on the definition and components of a future science museum.*
- *July 1979 : Creation of the Public Establishment for the La Villette Park.*
- *December 1979 : Decision by an inter-ministerial council chaired by Mr. Giscard d'Estaing, to plan a museum of science, technology and industry on the basis of the orientations noted by Mr. Levy.*
- *September 1980 : Selection of Mr. Fainsilber, architect, as the winner of the national architectural design competition.*
- *July 1981 : Confirmation by the President of the Republic of the project's continuation.*
- *Mid 1983 : Commencement of infrastructure works.*
- *February 1985 : Creation of the Public Establishment for the Museum of Science and Industry.*
- *May 1985 : Inauguration of the geodesic dome.*
- *March 1986 : Inauguration of the Museum of Science and Industry.*

Program brief
- *"Explora", a 30,000 m² permanent exhibit area consisting of 4 sections :*
— *from Earth to the Universe,*
— *the adventure of life,*
— *matter and the work of man,*
— *language and communication.*
- *Temporary exhibits (10,000 m²).*
- *Geodesic dome (360 places).*
- *Discovery rooms (1,070 m²).*
- *Médiathèque (general public and researchers, 10,900 m²).*
- *Conference rooms (1,000 places, 500 places and 4 rooms of 100 places each, 5,600 m²).*
- *Planetarium (890 m²).*
- *Reception and commercial activities (9,700 m²).*

- *Youth clubs, associations, training, and research (3,140 m²).*

Technical information
Site area : 275 m long, 111 m wide, 40 m high (old auction halls of the slaughterhouse).
Footprint : 30,500 m².
Floor area : 120,000 m².

Innovations
- *Strengthening the loadbearing structures of the old building (beams with a span of 59 m).*
- *Execution of very large glazed walls for bio-climatic greenhouses on the façades (32 x 32 x 8 m).*
- *Lighting provided by rotating domes and mirrors.*
- *Construction of a thermo-refrigeration plant, employing geothermics, heat recovery and the storage of negative kCals (frigories).*
- *Construction of a hemispheric movie theater, 36 m in diameter.*

Project cost
4,450 million Francs (June 1984 values).

Designers contractors
Client : Etablissement public du parc de la Villette.
Internal facilities : Cité des Sciences et de l'industrie.
Architect : Adrien Fainsilber.
Architects for the permanent exhibits :
Dowd and Stanton ;
Lion and Althabegoity ;
Beri and Gazeau ;
Chaix and Morel ;
O'Byrne and Dallegret.
Engineers : ALGOE, SATOBA, SGTE.
Contractor : GTM.

La Villette : la Cité de la musique

Calendrier de l'opération
- Décembre 1979 : décision de réserver l'emplacement d'un auditorium sur l'emprise de la Villette.
- Mars 1982 : annonce par le président de la République du programme d'ensemble de la Villette, dont la Cité musicale.
- Janvier 1985 : désignation de Christian de Portzamparc lauréat de la consultation d'architecture.
- Mars 1986 : début des travaux.
- 1989 : achèvement des travaux du Conservatoire national supérieur de musique.

Eléments du programme
Secteur ouest (34 000 m² hors stationnement)
- Conservatoire national supérieur de musique : 46 salles de cours et de répétition, et plusieurs salles

publiques pour l'art lyrique (450 places), l'orgue (200 places) et l'atelier de création interdisciplinaire (250 places).
• 50 logements en studios pour étudiants.
• Parking souterrain de 183 places.
Secteur est (30 000 m² hors stationnement)
• Accueil (1 500 m²).
• Institut de pédagogie musicale (2 500 m²).
• Salle de concerts modulable de 800 à 1 200 places (8 300 m²).
• Grand amphithéâtre (1 200 m²).
• Galerie des instruments (collections du CNSM : environ 4 000 pièces de valeur inestimable sur 4 100 m²).
• 83 logements en studios pour étudiants.
• Un bureau de poste (760 m²), un poste de police (400 m²) et des commerces (700 m²).
• Parking souterrain public de 376 places.
Coût de la réalisation
630 millions de francs, valeur juin 1984 dont 475 à la charge du budget de l'État.
Intervenants
Maîtrise d'ouvrage : Etablissement public du parc de la Villette.
Architecte : Christian de Portzamparc.
Ingénierie : SODETEG ; COMMINS ; SOGELERG.

La Villette : The City of Music

Timetable
• *December 1979 : Decision to reserve an area for constructing an auditorium on the La Villette site.*
• *March 1982 : Announcement by* the President of the Republic of the general program for La Villette, including the City of Music.
• *January 1985 : Designation of Christian de Portzamparc as the winner of the national architectural design competition.*
• *March 1986 : Commencement of earthworks.*
• *1989 : Completion of the Conservatory.*
Program brief
West sector (34,000 m² gross floor area, excluding parking).
• *National Conservatory of Music :* 45 rooms for lessons and practice, several public rooms for lyric art (450 places), organ room (200 places), and the workshop for interdisciplinary creation (250 places).
• *50 studio apartments for students.*
• *Underground parking for 183 vehicles.*
East sector (30,000 m² gross floor area, excluding parking).
• *Public reception area (1,500 m²).*
• *Music Teaching Institute (2,500 m²).*
• *Concert hall of changeable size (from 800 to 1,200 places) : 8,300 m².*
• *Large amphitheater (1,200 m²).*
• *Instrument gallery (CNSM collection : approximately 4,000 instruments of inestimable value) : 4,100 m².*
• *83 studio apartments for students.*
• *A post office (760 m²), police station (400 m²) and shops (700 m²).*
• *Underground public parking with 376 places.*
Project cost
630 million Francs (June 1984) of which 475 million Francs will be financed by the state.
Designers contractors
Client : Etablissement public pour le parc de la Villette.
Architect : Christian de Portzamparc.
Engineering : SODETEG, COMMINS, SOGELERG.

Entreprises titulaires d'un marché de travaux relatif aux grands projets de l'État à Paris
Firms which have participated in the realization of the Major Projects in Paris

Travaux préparatoires. Gros œuvre. Façades et couverture.
Preliminary work. Structural work. Façades and roofing.

ACMN - ALBARIC - ALBERTI S.A. - ALBOW HAMART - ALLROUND - AOPCZ - ASM - BACHY - BALAS MAHEY - BALLIMAN - BAUDIN - CHATEAUNEUF - BAYON - BETOM - BOHRER - BONALDY - BORIE - BOUYGUES - BRISARD NOGUES - BRUNEL - CALFA - CAMPENON BERNARD - CAUCE ARMETAL - CFEM - CGEE ALSTHOM - CGTH - CHABREDIER - CHAMEBEL - CHANTEAU - CHANTIERS - CHANTIERS MODERNES - CHARLES ET COSTA - CHARPENTIERS DE PARIS - CHEVALIER - CITRA COFEX - COIGNET - CONSTRUCTIONS METALLIQUES ROUMIGUIER - COSSON - COULON THAVEAU - COURBU - CTMT - DEGAINE - DELATTRE LEVIVIER - DENNERY - DODIN - DRAGAGE ET TRAVAUX PUBLICS - DUBOIS - DUMEZ - DUPIN - EGOM - EI - EMAIL STEEL - ENTREPOSE - ERPIMA - ERSEM - ETF - ETPM - FILLOD - FOCQUE - FOSSIER ALLARD - FOUGEROLLE - GALLOZZI - GAUTIER - GEOTECHNIQUE - GIES SEMED - GTM - GUINET DERRIAZ - HELISTRA - J. MARTIN - JOUFFRIEAU - L'HIRONDELLE - LA FENETRE AUTOMATIQUE - LAUBEUF - LAURENT BOUILLET - LEFEVRE - LEON GROSSE - LES PIERREUX DE FRANCE - MACE INDUSTRIE - MANNESMANN - MARCHIANDO BERTA - MARTIN - MAURICE BOHRER - MIEGE BUHLER - MILLS - MIROITERIE DE L'OUEST - MPR - MULTI-CUB - NORD FRANCE - OLIN - OWENS GORNING - PAIMBŒUF - PAYEUX - PEINTECO - PERRAULT - PETRACCO - PILLIARD - PIOLLET - PMB - PORTAL - PRADEAU MORIN - PRIGENT - PRISMES - QUELIN - QUILLERY - RAZEL - REEL - RITOU - ROCAMAT - ROCCHIA - PAIN - ROUMIGUIER - ROUSSEAU - ROUSSEL STORES - RUBEROID - SACHET BRULET - SADE - SAE - SAEP - SANTELLI FAUST - SCGPM - SCOPASE - SEGEX - SGE - SIDEX - SIMAP - SITRABA - SITRACO - SMAC - SNC FILLOD - BARBOT - SNET MILLS - SNSH - SOBEA - SOBETRAM - SOCIETEP - SOFAPO - SOLETANCHE - SOMAFER - SPAM - SPAPA - SPI - SPIE BATIGNOLES TRINDEL - SPIE BATIGNOLES - SPR - STAC - SYLVAIN JOYEUX - TERP - TUBRAPID - UNHIR - UNI MARBRE - URBAINE - UTB - VAN MULLEN - VIRY - VITURAT - VOISIN - WANNER ISOFI - ZELL.

Corps d'état techniques.
Technical contractors.

ADES - ALKITEX - ASCEL - BENDEL - BERGEON - BERGEON GEOFFROY - BONNAGA - BOULLET - CAIRE - CERBERUS GUINARD - CGCD - CGCE - CGEE ALSTHOM - CGEE DOLBEAU - CLEMESSY - COMPAGNIE DES SIGNAUX ET D'ENTREPRISES ELECTRIQUES - CUB - DANTOT ROGEAT - DEF - DOLBEAU - DUVAL MESSIEN - ELMO - ERCOLUMIERE - FICHET - FICHET BAUCHE - FLUIDELEC - FONTELEC - FORCLUM - GREGOIRE - GRIGUER - GTCM - GUBRI - GUINIER - HENNEQUIN - HERVE THERMIQUE - INDUSTRIELLE DE CHAUFFAGE - JEUMONT SCHNEIDER - KONE - LA FOUCRIERE - LAMIGEON - LEFORT FRANCHETEAU - MARTIN - MATHER & PLATT - MERLIN GERIN - MJB - MORAND - OTIS - PIOLINO - PORTENSEIGNE - PORTIER DIELHY - PRETEUX - RCS - RINEAU - ROIRET - SAGA - SAGA BARRIL - SAMOVIE - SANTERNE - SATELEC - SAUNIER DUVAL - SAUR - SAUVAGET - SDMO - SECC - SEEE - SEPTIER - SGP - SIDT - SIETRA PROVENCE - SNVD - SOCIETE ALSACIENNE DE CONSTRUCTIONS MECANIQUES DE MULHOUSE - SORETEX - SOULIER - SPIE TRINDEL - SUBURBAINE - SULZER - TELEDOC - TISSERAND - TNEE - TRACTEL - TRANSFLUIDE - TRINDEL - UNIDEL SECURITE - VERNIER - WALTHER.

Corps d'état secondaires et autres entreprises.
Finishing contractors and other firms.

AGRIGEX - ALLONCLE - ARLUS - BARBIER - BATIBOIS - BATIVER - BAZELAIRE - BFM - BOSTWICK - BOUDOU UROU et CRENNES - BOULANGER - BOUYGUES - BREDY - CAIRE - CAMPENON BERNARD - CARMINE - CBC - CGEE ALSTHOM - CGEE DOLBEAU - CHAMEBEL - CHAPUT - CHARPENTIERS DE L'ILE DE FRANCE - CHENUE - CIDELCEM - CLAISSE LEFRANÇOIS - CMP - COCER - COLAS - COMPAGNIE DE CARRELAGE ET DE REVETEMENT - CONSTRUCTIONS MODERNES PARISIENNES - COTTIN JONNEAUX - CRSM - DARGENTON - DBS - DELOFFRE BONO SAUVEUR - DENCO - DESAUTEL - DRS - DRUET -DUET - DUTEMPLE - EURISOL - EUROPHANE - FALLEAU - FICHET - LUTERMAX - FOUASSE - FRANCE SOLS - G.A. POTTEAU - GAMMA - GAUTHIER - GAUTIER - GIFFARD - GRIESSER - GRILL - HAUSERMAN - HOBART - IMBERT - INOXYFORM - INTER DISTRIBUTEUR - IRAC - ISOSOL - JACQMIN - JAV VALENTIN - JULLY - LACOUR MARTIAL - LAFOREST - LAURENT ET FONTIX - LE RUYET - LENZI - LES JARDINIERS DE L'HAY - MAES - MAGNY - MAI - MAZDA - MENUISERIE DE FLANDRE - METALLIERS CHAMPENOIS - MIROITERIE BRET - MONTAGNIER - MONTHULE - MOSER - MULLER - MULLERS FRERES - NET SERVICE - NORDFROID - OMNIUM TECHNIQUE STAFF - PARENGE - PETIT ET DEVALENCE - PINIER - PLEVEN GICQUEL - PMB - POLLET - POTTEAU - PRADEAU MORIN - PRAZ AGUETTAZ - PROCHASSON - PSY - QUINETTE - RAFFLEGEAU - ROCCHIA PAIN - SAR - SCGPM - SCMV - SCREG - SEGEX - SEPIE - SERECO - SERMA - SERVOPLAN - SESINI - SFDE - SFV - SGE TPI - SIETHAM - SIMOND - SIS - SITRABA - SITRACO - SMLS BRIENS LAMOUREUX - SMP - SNPEP - SNTPP - SOCIETE D'APPLICATION ET DE REVETEMENT - SOCIETE D'ENTREPRISES MUNICIPALES - SOCIETE FRANÇAISE DU VERRE - SOE STUC ET STAFF - SOFIANOS - SOMETA - SPDF - STABI - STE NOUVELLE FRANCE SOLS - STECS - SUBURBAINE - THIRODE - THOMAS HARRISON - TOUZET - TROUVE - USINOR - VAN MULLEM - VIGNOT - VILQUIN - VITTORIO BONACINA - YVROUD.

Biographies des architectes
Architects'biographies

La grande arche de la Défense
Johan Otto von Spreckelsen

Né le 4 mai 1929.
Décédé le 16 mars 1987.
Diplômé de l'Académie royale des beaux-arts, 1953.
Fonde son propre bureau en 1958.
Représentant de l'Unesco au METU, Ankara, 1960-1962.
Professeur honoraire, université d'Etat de l'Ohio, Etats-Unis, 1963-1964. Professeur à l'Académie royale des beaux-arts, responsable du département architecture, 1978.
Etudes approfondies en Europe, au Proche-Orient et aux Etats-Unis, orientées particulièrement sur les églises, les mosquées et autres architectures de grande envergure. Etudes d'un point de vue historique des travaux de Le Corbusier, Frank Lloyd Wright, Alvar Aalto et d'autres architectes du XXe siècle.
Concours : premier prix pour The Danish State Art Foundation, concours sur les villes nouvelles, 1967. Premier prix au concours nordique pour le développement d'une nouvelle ville de 6 000 habitants à Kristianstad, Suède, 1971. Premier prix pour la nouvelle église de Aarhus, Danemark, 1973. Premier prix pour la nouvelle église de Farum à Copenhague, 1977.
Projet d'habitation à Moesgaard, 1968. Projet d'habitation à Riisskov, 1968. Stade à Solbjerg Strand, 1969. Projet d'habitation à Gladsaxe, 1969. Planétarium à Copenhague, 1970. Bâtiment du Parlement à Stockholm, Suède, 1972. Eglise à Holte, 1975.
Exécution de travaux : résidence privée et bureau à Hoersholm, 1958. Eglise Saint-Nicolai, Hvidovre, Copenhague, 1960. Eglise Saint-Nicolai, Esbjerg, 1969. Eglise Vangede, Copenhague, 1974. Eglise Stavnsholt, Farum, Copenhague, 1982.

The great arch of La Défense
Johan Otto von Spreckelsen

Born 4 May 1929.
Deceased 16 March 1987.
Architecture Diploma from the Royal Academy for the Beaux Arts, 1953.
Founded his own office, 1958.
UNESCO representative to the METU, in Ankara, 1960-1962.
Honorary professor at Ohio State University, USA, 1963-1964.
Professor at the Royal Academy for the Beaux Arts, director of the Architecture Department, 1978.
In-depth studies of churches, mosques and other large-scale projects in Europe, the Near-East and the USA. Historic studies of the work of Le Corbusier, Frank Lloyd Wright, Alvar Aalto and other 20th century architects.
Competitions : First prize for the The Danish State Art Foundation, new towns competition, 1967. First prize for the nordic competition for a new town at Kristianstad, Sweden, 1971. First prize for the construction of a new church in Aarhus, Denmark, 1973. First prize for the new church, Farum-Copenhagen, 1977.
Mentions and other prizes : Housing project, Moesgaard, 1968. Housing project, Riisskov, 1968. Stadium for Solbjerg Strand, 1969. Housing project, Gladsaxe, 1969. Planetarium, Copenhagen, 1970. Parliament Building, Stockholm, 1972. Church, Holte, 1975.
Buildings : Private residence and office, Hooerscholm, 1958. St Nicholas Church, Hvidovre-Copenhagen, 1960. St Nicholas Church, Esbjerg, 1969. Vangede Church, Copenhagen, 1974. Stavnsholt Church, Farum-Copenhagen, 1982.

La grande arche de la Défense
Paul Andreu

Né en 1938 à Caudéran.
Ancien élève de l'École polytechnique (1958), et de l'École nationale des ponts et chaussées (1963). Architecte diplômé en 1968. Depuis 1969, architecte en chef d'Aéroport de Paris.
Principaux travaux : aéroport Paris-Charles-de-Gaulle (terminaux 1 et 2) ; aéroport de Jakarta-Cengkareng ; aérogares de Nice 2 ; Dar es Salaam, Le Caire 2 ; Brunei ; Dacca ; Abu Dhabi.
Étude pour les centrales

nucléaires ; centrale nucléaire de Cruas.
Travaux en cours : terminal français du tunnel sous la Manche ; poste frontière de Bâle-Mulhouse ; aéroport Charles-de-Gaulle, phase 3. Associé à J.O. von Spreckelsen pour la construction de l'arche de la Défense.
Membre de l'Académie d'architecture. Grand prix national d'architecture 1977. Officier de l'ordre national du Mérite. Chevalier de la Légion d'honneur.

The great arch of La Défense
Paul Andreu

Born in Caudéran in 1938.
Student at the Ecole Polytechnique (1958), and the Ecole nationale des ponts et chaussées (1963). Graduate architect in 1968. Chief architect at Aéroport de Paris since 1963.
Main projects : Charles-de-Gaulle airport - Paris (Terminals 1 and 2) ; Jakarta Cengkareng airport ; Nice, terminal 2 ; Dar es Salaam ; Cairo 2 ; Brunei ; Dacca ; Abu Dhabi. Study for the nuclear power stations ; Cruas nuclear power station.
Outstanding works : French terminal of the tunnel under the Manche ; Bâle-Mulhouse customs ; Charles-de-Gaulle airport, phase 3. Associated to J.O. von Spreckelsen to build the great arch of La Défense. Member of the Architectural Academy. National Grand Prix in Architecture (1977). Officer of the Order of Merit. Chevalier of the Order of the Legion of Honour.

Le Grand Louvre
Ieoh Ming Pei

Né en Chine en 1917.
Se rend aux Etats-Unis en 1935. Diplômé du MIT ainsi que de Harvard, où il fut l'élève de W. Gropius et de M. Breuer. Enseigne à Harvard de 1945 à 1948. En 1948, devient directeur de

l'architecture dans la firme Webb and Knapp, l'un des plus importants promoteurs immobiliers américains. Devient citoyen américain en 1954. Fonde sa propre agence en 1958.
Prix d'architecture de l'AIA en 1968. Médaille d'or de l'AIA en 1979. Grande médaille d'or de l'Académie d'architecture française en 1981.
Parmi ses œuvres, nombreuses aux Etats-Unis et dans le monde entier, on peut citer le Centre national de recherche atmosphérique à Boulder (Colorado), en 1967 ; le terminal TWA de l'aéroport Kennedy de New York, en 1970 ; l'immeuble Hancock, à Boston, en 1974 ; la mairie de Dallas, en 1977 ; l'extension est de la National Gallery, à Washington, en 1978 ; la bibliothèque J.-F. Kennedy, à Boston, en 1979 ; l'Hôtel des collines parfumées, à Pékin, en 1982.
Parmi les projets en cours : le complexe Raffles, à Singapour ; la salle de concerts de Dallas ; le Centre des expositions et des conventions, à New York ; le Centre IBM, dans l'Etat de New York ; la Banque de Chine à Hongkong. A été désigné pour la réalisation du Grand Louvre en juillet 1983.

The Grand Louvre
Ieoh Ming Pei

Born in China in 1917.
Emigrated to the USA in 1935. Studied with W. Gropius and M. Breuer, diplomas from MIT and Harvard.
Teacher at Harvard from 1945 to 1948.
Director of Architecture with the firm of WEBB & KNAPP in 1948. American citizen in 1954. Opened his own office in 1958. A.I.A. Prize in Architecture, 1968. A.I.A. Gold Medal, 1979. Grande Médaille d'Or of the French Academie d'Architecture, 1981.

His many projects built in the USA and abroad include : the National Center for Atmospheric Research, Boulder, Colorado (1967) ; the TWA terminal at Kennedy Airport, New York (1970) ; the John Hancock Building, Boston (1974) ; the Dallas City Hall (1977) ; the East Wing of the National Gallery, Washington (1978) ; the J. F. Kennedy Library, Boston (1979) ; the Perfumed Hills Hotel, Peking, China (1982). Current projects include : the Raffles Complex, Singapore ; the Concert Hall, Dallas ; the Concert and Exhibition Center, New York ; the IBM Center, New York State ; the Bank of China, Hong Kong. Awarded the commission to design the Grand Louvre in July, 1983.

Le Grand Louvre
Michel Macary

Né à Paris en 1936.
Architecte diplômé en 1966. Prix Guadet. Urbaniste ATG.
Enseignant à l'UP 6 de 1967 à 1971. Membre du comité de rédaction de *Technique et architecture*. Architecte en chef des stations touristiques de Lacanau et de Carcans-Maubuisson dans le cadre de l'aménagement de la côte Aquitaine ; architecte en chef, associé à Charles Delfante, de la ZAC de la gare de la Part-Dieu, à Lyon ; architecte coordonnateur de la ville nouvelle de Marne-la-Vallée (val Maubuée). Parmi les réalisations de Michel Macary, on peut citer des logements collectifs et para-hôteliers à Lacanau, des immeubles de bureaux à Paris et à Lyon ; un village de vacances à Carcans-Maubuisson ; des groupes scolaires, un centre commercial. Parmi les projets en cours : le campus universitaire de Jussieu, à Paris ; l'ambassade de France à Varsovie. Il est architecte associé à Ieoh Ming Pei pour la réalisation du Grand Louvre.

The Grand Louvre
Michel Macary

*Born in Paris in 1936.
Architecture Diploma in 1966, winner of the Gaudet Prize, Planner A.T.G.
Teacher from 1967 to 1971 at the Paris School of Architecture UP6. Member of the Editorial Board of the magazine* Technique et architecture. *Chief Designer for the Lacanau and Carcans-Maubuisson tourist resorts on the Aquitaine coast. Architect in Chief (with Charles Delfante) for the Part-Dieu Station ZAC (Planned Development) in Lyons. Co-ordinating architect for the Marne-la-Vallée New Town (Val Maubuée).
Has built apartment and hotel buildings in Lacanau, office buildings in Lyons and Paris, a resort in Carcans-Maubuisson, schools and a shopping center.
Current projects include : the Jussieu University campus, Paris, and the French Embassy, Warsaw.
Architect-associate of Ieoh Ming Pei for the Grand Louvre, 1983.*

Le musée d'Orsay
ACT Architecture

Renaud Bardon
Né en 1942.
Architecte DPLG. Urbaniste STG.
A collaboré aux travaux de l'Atelier parisien d'urbanisme (APUR) de 1971 à 1975.

Pierre Colboc
Né en 1940.
Architecte DPLG. Grand prix de Rome (1966). Urbaniste DIUP.
A enseigné au Québec et a collaboré à des études de rénovation urbaine à New York (1967-1969) et aux études de l'APUR (1970-1971).

Jean-Paul Philippon
Né en 1945.
Architecte DESA. Urbaniste.
A collaboré à l'APUR (1970-1971). A enseigné à l'Ecole d'architecture de Nancy.

Créée en 1973, ACT Architecture a développé ses activités dans divers domaines :
• Consultations pour la réalisation d'équipements : Ecole nationale de musique d'Angoulême, extension de l'hôtel de ville du Havre...
• Concours et commandes de logements : Cergy-Pontoise, Melun-Sénart, Saint-Quentin-en-Yvelines, Poitiers, Paris, Lille, Roubaix. Etudes pour la réalisation de bâtiments anciens et études

d'aménagement urbain.
Lauréats du concours restreint pour la transformation de la gare d'Orsay en musée, le 14 juin 1979.

The Orsay Museum
ACT Architecture

Renaud Bardon
*Born 1942.
Architect DPLG. Urban Planner STG.
Worked with the APUR (Parisian Urban Planning Agency) from 1971 to 1975.*

Pierre Colboc
*Born 1940.
Architect DPLG. Grand Prix de Rome (1966). Urban Planner DIUP. Taught in Quebec and collaborated on studies for urban renovation for the city of New York (1966-1969) and on studies for the APUR (1970-1971).*

Jean-Paul Phillipon
*Born 1945.
Architect DESA. Urban Planner. Worked for the APUR (1970-1971) and has taught architecture at the School of Architecture, Nancy.*

Founded in 1971, ACT Architecture has developed its activities in several fields :
• *The design of public facilities : the National School of Music in Angoulême, the City Hall in Le Havre...*
• *Housing commissions and competitions : Cergy-Pontoise, Melun-Sénart, Saint-Quentin-en-Yvelines, Poitiers,*

Paris, Lille, Roubaix.
• *Studies involving the re-use of old buildings and urban planning. Winners of the limited competition for the conversion of the Orsay Station into a museum, 14 June, 1979.*

Le musée d'Orsay
Gae Aulenti

Née à Milan en 1927.
Diplômée d'architecture de la Faculté polytechnique de Milan (1954).
Pendant une dizaine d'années est un membre influent de la rédaction de la revue *Casabella-Continuita* (1955-1965), puis de *Lotus* (1974). Développe une multiplicité d'activités et de produits, depuis le décor, la recherche théâtrale et la mise en scène (avec Ronconi), l'opéra (Berio) et l'architecture, jusqu'aux objets de grande consommation (mobilier, couverts, luminaires : la fameuse Pipistrella) qui lui valent de nombreux prix. Elle est chargée de réaliser l'exposition itinérante d'Olivetti (1970-1971).
Après avoir été choisie pour réaliser l'architecture intérieure du musée d'Orsay (1980), elle est chargée du réaménagement du musée d'Art moderne du Centre Georges-Pompidou dont la réouverture a eu lieu en mai 1985, et du palais Grassi, à Venise, ouvert en 1986. Ses projets et ses travaux

sont publiés dans les plus grandes revues internationales d'architecture et de design.

The Orsay Museum
Gae Aulenti

Born 1927 in Milan.
Architecture diploma from the Milan Polytechnic in 1954.
Important member of the staff of the Casabella-Continuita magazine (1955 to 1965) and of Lotus (1974). Developed a wide range of activities including decoration, theatrical research (with Ronconi), opera (Berio) and architecture which even included manufactured goods such as furniture, tableware and lighting (the famous Pipistrella). Designed the Olivetti travelling exhibition in 1970-1971.
Following her commission to carry out the interior decoration of the Orsay Museum, she was commissioned to redesign the interior of the Museum of Modern Art of the George Pompidou Center (re-opened in 1985) and the Grassi Palace in Venice (open in 1986).
Her work has been published in the leading architectural and design magazines.

L'Institut du monde arabe
Jean Nouvel

Né le 12 août 1945.
Admis premier à l'ENSBA, architecte DPLG.
En 1971, collaborateur de Claude Parent.
Crée un cabinet avec François Seigneur et participe à divers concours pour de grands équipements publics, dont le Centre Georges-Pompidou (sélectionné par *Connaissance des arts*). Lauréat du PAN, 1ère session Architecture nouvelle.
S'associe avec Gilbert Lezènes (1972) et avec Pierre Soria (1981).
Nombreuses réalisations

---

d'architecture et d'urbanisme.
Architecte-conseil de la mission opéra Bastille (1983).
Par ailleurs, Jean Nouvel est cofondateur du Syndicat de l'architecture et l'un des principaux organisateurs de la consultation internationale pour l'aménagement du quartier des Halles à Paris (1979).
Fondateur de la première biennale d'architecture qui a lieu au Centre Georges-Pompidou en 1980 et à la Grande Halle de la Villette en 1984. Il est désigné en 1985 pour la construction de la « maison des jeux électroniques » dans le parc de la Villette.
En 1986, il est lauréat du concours pour l'Opéra de Lyon.
Ses projets ont été publiés dans de nombreuses revues internationales.

The Arab World Institute
Jean Nouvel

Born 12 August, 1945.
First place in the entry exam for the ENSBA, Architecte DPLG in 1971, assistant to Claude Parent.
Created a firm with François Seigneur which participated in a number of competitions for the design of large public buildings : the Centre Georges Pompidou (selected by Connaissance des arts), winner of the first session of P.A.N. Architecture nouvelle.
Association with Gilbert Lezènes (1972) and Pierre Soria (1981). Numerous architectural and urban design projects. Consulting architect to the Bastille Opera project (1983). Founder of the "March 76" movement

---

of French architects, co-founder of the Architect's Union and one of the principal organizers of the International Competition for the planning of the Halles Area of Paris (1979).
Founder of the first Architecture Bienniale at the Centre Georges-Pompidou (1980) and at the Grande Halle of La Villette (1984). Designer of the Electronic Games Gallery for the La Villette Parc in 1985.
Winner of the competition for the Lyon Opera (1986).
Projects published in numerous architectural magazines.

L'Institut de monde arabe
Architecture Studio

Créé en 1973, Architecture Studio a été lauréat du PAN au titre des réalisations expérimentales, en 1979. Concours et réalisations d'équipements et de logements (Poitiers, Paris).

Martin Robain
Né le 23 novembre 1943, à Paris.
Ecole des Beaux-Arts à Paris.
Architecte DPLG, UP7, en 1969.
Ecole pratique des hautes études, séminaire d'E. Morin, 1967-1968.
Urbanisme à l'université de Vincennes, 1968-1969. Urbanisme à l'université Paris-Dauphine, 1970-1972.

Jean-François Galmiche
Né le 7 décembre 1943, à Belfort.
Architecte DPLG, Paris, 1970.

Rodo Tisnado
Né le 18 juin 1940 à Cajamarca (Pérou).

Architecte diplômé de la faculté d'architecture de l'Université nationale d'ingénierie de Lima (Pérou), 1960-1964. Institut d'étude du développement économique et social. Institut d'urbanisme. Ecole pratique des hautes études, à Paris, 1965-1968.
Enseignant à la faculté d'architecture de Lima.

Jean-François Bonne
Né le 12 janvier 1949, à Saint-Mandé.
Ecole des Beaux-Arts, à Paris, Architecte DPLG en 1975.
Urbanisme à Paris, diplôme DIUP, 1978.

En 1981, Jean Nouvel, Pierre Soria, Gilbert Lezènes et Architecture Studio sont lauréats de la consultation restreinte pour la réalisation de l'Institut du monde arabe.

The Arab World Institute
Architecture Studio

Founded in 1973 and winner of the 1979 P.A.N. for its experimental projects. Winner of numerous competitions for public facilities and housing in Poitiers and Paris.

Martin Robain
Born in Paris 23 November, 1943. Ecole des Beaux Arts Paris, Architecte DPLG in 1969. Ecole pratique des hautes études — E. Morin seminar 1967-68, Urban Planning at the Université de Vincennes 1968-69, Urban Planning at the Université Paris-Dauphine 1970-72.

Jean Francois Galmiche
Born in Belfort, 7 December, 1943. Architecte DPLG, Paris 1970.

Rodo Tisnado
Born in Cajamarca, Peru, 18 June, 1940.
Architecture degree from the National Engineering University, Lima, 1960-64. Institute d'Etude du Developpement Economique et Social. Institute d'Urbanisme, Ecole pratique des hautes études, Paris 1965-68.

Jean-Francois Bonne
Born in Saint-Mandé, 12 January, 1949.
Architecture degree from the Ecole des Beaux Arts, Paris (1975). Urban Planning degree DIUP, Paris (1978).

In 1981, Jean Nouvel, Pierre Soria, Gilbert Lezènes and Architecture Studio won the limited competition for the design of the Arab World Institute.

Le ministère des Finances
Paul Chemetov

Né à Paris en 1928, y fait ses études d'architecture.
En 1961, participe à la fondation de l'AUA et réalise, en association avec Jean Deroche, puis seul, de nombreux programmes de logements et d'équipements sociaux. Concours d'urbanisme et d'architecture, notamment dans les villes nouvelles.
Enseigne l'architecture à Strasbourg (1968-1972) puis à l'Ecole nationale des ponts et chaussées (1977).
Membre du comité directeur du plan « construction » en 1979, il en est le vice-président depuis 1982.
Grand prix national d'architecture (1980), il est chevalier des Arts et Lettres et chevalier de l'ordre du Mérite.
Paul Chemetov et Borja Huidobro réalisent (1980-1985) l'Ambassade de France à New Delhi et l'aménagement d'équipements publics et de rues souterraines du quartier des Halles à Paris.

The Ministry of Finances
Paul Chemetov

Born in Paris in 1928.
Architecture studies in Paris.
He was one of the founders, in 1961, of the AUA. First with Jean Deroche and later alone, Mr Chemetov was responsible for numerous public housing projects. Winner of architecture and urban design competitions — particularly for the new towns.
Professor of Architecture at Strasbourg (1968-72) and at the

Ecole des ponts et chaussées (1977). Member of the Steering Committee of the Public Building Agency (1979) and vice-president since 1982. National Grand Prix in Architecture (1980), Chevalier of Arts and Letters and Chevalier of the Order of Merit. Recent projects include the final stages of the public activities and underground spaces for the Halles, in the Center of Paris (1986). Paul Chemetov and Borja Huidobro, designed the French Embassy in New Delhi (1980-1985) and won the Ministry of Finances competition (december 1982).

Le ministère des Finances
Borja Huidobro

Né en 1936 à Santiago (Chili), y fait ses études d'architecture à l'Université catholique.
De 1960 à 1963, exerce au Chili. 1964-1969 : agence André Gomis, à Paris. 1970 : membre de l'AUA, où il travaille au sein de l'équipe Ciriani-Corajoud jusqu'en 1975 puis seul, de 1975 à 1982.
Nombreuses études d'urbanisme ; remporte plusieurs concours d'architecture et d'urbanisme, et réalise d'importants programmes de logements (Grenoble, l'Isle-d'Abeau, notamment).
Médaille d'argent de l'Académie d'architecture, prix Dejean 1985, il est chevalier des Arts et Lettres.

Paul Chemetov et Borja Huidobro réalisent l'Ambassade de France à New Delhi (1980-1985) et sont lauréats du concours national d'architecture pour la réalisation du nouveau ministère des Finances, en décembre 1982.

The Ministry of Finances
Borja Huidobro

Born in Santiago de Chile in 1936 where he studied architecture at the Catholic University.
Architect in Chile from 1960 to 1963. 1964-69 worked with the Parisian firm Andre Gomis.
1970 Member of the AUA and principal of the Ciriani-Corajoud-team until 1978 and as freelance from 1975 to 1982. Numerous urban design studies ; winner of several urban-design competitions ; designer of large housing projects (Grenoble, l'Isle d'Abeau in particular).
Silver Medal of the Academy of Architecture, Dejean Prize in 1985. Chevalier of Arts and Letters.

Paul Chemetov and Borja Huidobro designed the French Embassy in New Delhi (1980-1985) and won the Ministry of Finances competition (december 1982).

L'opéra de la Bastille
Carlos Ott

Né en 1946 à Montevideo (Uruguay). Nationalité canadienne.
1971. Diplôme d'architecture à l'Université d'Uruguay. Bourse d'étude dans le concours international de Fullbright-Hays Fellowsship de l'Ecole d'architecture de Washington.
1972. Obtient le titre de « Master in Architecture and Urban Design ».
1975-1979. Associé à l'agence Moffat and Kinoshita de Toronto (Ontario). Gagne le concours pour la rénovation et l'extension du Royal Ontario Museum de Toronto.
1979-1983. Dirige une équipe d'architectes de la compagnie Cadillac.
Divers projets au Canada et aux

Etats-Unis. Associé de l'agence canadienne Neish Owen Roland et Roy ; participe au concours de l'opéra à titre personnel. Remporte le concours international d'architecture pour la réalisation du nouvel opéra de la Bastille, le 17 novembre 1983.

The Bastille Opera
Carlos Ott

Born in Montevideo, Uruguay, in 1946; Canadian nationality.
1971. Architecture Diploma from the University of Uruguay.
Fullbright-Hays Fellowship for study at the School of Architecture, Washington.
1972. Masters Degree in Architecture and Urban Design.
1975-1979. Associate partner in the firm of Moffat and Kinoshita, Toronto, Ontario, Canada. Winning proposal for the Extension Competition, Royal Ontario Museum, Toronto.
1979-1983. Project Architect with the Cadillac Company. Various projects in Canada and the USA. Associate Partner in the Canadian firm Neish Owen Roland and Roy, the Bastille Opera International Competition submission was made in his own name.
The Bastille Opera design was selected for construction on the 17th of November, 1983.

Le parc de la Villette
Bernard Tschumi

Né en 1944. Nationalité française. Vit à New York et à Paris.
Etudes d'architecture à Paris et à l'Ecole polytechnique fédérale de Zurich. Professeur d'architecture à Cooper Union et Princeton University, à New York.
Professeur à l'Architectural Association, à Londres (1970-1979).
Auteur de nombreux articles sur la théorie de l'architecture et d'un livre intitulé *Manhattan Transcripts* publié par Academy Press.
A construit plusieurs « folies » aux Etats-Unis, en Angleterre et en Hollande (petites constructions d'architecture expérimentale).
Expositions de dessins à Londres (1979), à New York (1978-1982), à Toronto (1983), à Berlin (IBA, octobre 1984), à Milan (Triennale, février 1985) et à Paris (IFA, avril 1985). Lauréat du concours international d'architecture pour le parc de la Villette en mars 1983. Il en est le maître d'œuvre général et

est chargé de réaliser les éléments structurants prévus en première phase : neuf folies, partie des galeries couvertes et promenade cinématique. Auteur du projet primé second au concours international de l'opéra de Tokyo, en avril 1986.
Prix de la revue *Progressive Architecture*, à New York, le 25 janvier 1985, pour le parc de la Villette.

The Park of La Villette
Bernard Tschumi

Born in 1944, French citizen. Lives in New York and Paris.
Architectural studies in Paris and at the Federal Polytechnic, Zurich.
Professor of Architecture at Cooper Union, Princeton University and New York. Professor of Architecture at the Architectural Association, London (1970-1979).
Author of a number of articles concerning the theory of architecture and of the book Manhattan Transcripts, *published by Academy Press.*
Designer of a number of "Follies" (small experimental constructions) in the USA, the UK and Holland.
Exhibitions of his drawings : London 1979; New York 1978-1982; Toronto 1983; Berlin IBA, October, 1984; Milan triennale February, 1985 ; and the IFA - Paris, April, 1985.
Winner of the La Villette Parc International Competition, March, 1983. Architect in Chief with the responsibility for the realization of the structuring elements for the Park's first phase : nine Follies, part of the covered gallery and the cinematic walk.
Author of the second-place project for the Tokyo Opera International Design Competition, in April 1986.
The Progressive Architecture *magazine award for the La Villette Parc design, 25 January, 1985.*

La Grande Halle
Bernard Reichen
Philippe Robert

Bernard Reichen (41 ans) et Philippe Robert (43 ans) furent parmi les premiers en France à pratiquer une architecture de « reconversion ».
Ils ont ainsi aménagé de grandes usines en appartements, commerces et équipements publics divers, reconstituant la complexité de la ville dans les volumes d'une architecture construite pour durer (filature Leblanc à Lille, filature Blin et Blin à Elbeuf, Lou à Grenoble, MRC Prouvost à Tourcoing).
Auteurs de plusieurs programmes culturels qui utilisent des locaux existant dans lesquels une conception architecturale contemporaine intègre le passé de façon vivante (halle aux grains, à Blois, et piscine de Chatenay-Malabry, aménagés en théâtre).
Architectes de plusieurs ensembles totalement neufs, achevés ou en projet, dont une école à Melun-Sénart, l'extension de la préfecture de Loir-et-Cher à Blois et l'ambassade de France à Doha (Qatar).
En 1982, ils sont chargés d'une investigation sur la capacité de reconversion de la Grande Halle puis désignés pour la réalisation du projet.

The Grande Halle
Bernard Reichen
Philippe Robert

Bernard Reichen (41 years old) and Philippe Robert (43 years old) were
among the first in France to practice an architecture of reconversion. As such they have transformed large factories into housing, shopping and various public uses, reconstituting the complexity of a city within an industrial architecture built to last (Leblan in Lille, Blin and Blin in Elbeuf, Lou in Grenoble and MRC Prouvost in Tourcoing).
Several cultural projects have taken advantage of existing buildings to integrate a lively modern architecture with the past (the Grain Hall in Blois and the Chatenay Malabry swimming pool converted into theaters). Their designs for totally new projects have included a school for Melun-Sénart, the extension of the Loire et Cher Préfecture in Blois and the French embassy in Doha, Qatar. In 1982, they were asked to explore the reconversion capacities of the Grande Halle at La Villette and then commissioned to carry out the project.

Le Zénith
Philippe Chaix

Né le 14 janvier 1949.
1967. Etudes d'architecture à Paris, diplômé en 1972 (DPLG). Stage à l'Ecole polytechnique d'Otniemi, à Helsinki, en Finlande (1973).
De 1974 à 1976. Collabore, au sein du Bureau d'études et de recherches scénographiques dirigé par Bernard Guillaumot, à différents projets de lieux culturels et de spectacles, notamment le Théâtre de Rouen-Saint-Sever.
De 1977 à 1983. Participe à plusieurs concours, études et réalisations : lauréat pour l'aménagement d'une halle en salle de concerts et d'exposition à Rennes.

The Zénith
Philippe Chaix

Born 14 January, 1949.
1967. Architecture studies in Paris. Architecte DPLG in 1972. Studies at the Otniemi Polytechnic, Helsinki, Finland in 1973.
1974-1976. Collaboration with Bernard Guillamot at the Office of Scenographic Research on several cultural projects and theaters including the Rouen Saint Sever Theater.
1977-1983. Participation in several competitions, studies and projects — winner of the competition for a Concert and Exhibit Hall in Rennes.

Le Zénith
Jean-Paul Morel

Né le 13 mars 1949 à Verdun.
1976. Diplôme d'architecture (DPLG) à l'Unité pédagogique de Nancy.
1977. Collabore au sein de l'agence GGK à différents projets de logements, notamment dans des villes nouvelles.
De 1978 à 1981. Architecte indépendant. Conçoit, avec François Confino et Jean-Pierre Duval, différents projets dans le Sud de la France. Avec Marc Delanne, participe à plusieurs concours, notamment à celui pour l'aménagement du parc de la Villette, et à celui pour le mobilier de bureau organisés par le ministère de la Culture. Lauréat des Albums de la Jeune Architecture (avec Céleste, Frank, Soulier).
1983. Association de Philippe Chaix et de Jean-Paul Morel. Participent à divers concours : concours international pour la Tête Défense (mention). Désignés pour réaliser le Zénith

dans le parc de la Villette.
1984. Lauréats des concours pour la réalisation d'une bibliothèque de prêt à Digne. Réalisent la scénographie d'un secteur des expositions permanentes de la Cité des sciences et de l'industrie à la Villette.
1985. Réalisent une deuxième salle Zénith à Montpellier.

The Zénith
Jean-Paul Morel

Born Verdun, 13 March, 1949.
1976. Architecte DPLG from the School of Architecture, Nancy.
1977. Collaboration with the firm G.G.K. on several projects for new towns.
1978-1981. Free-lance architect. Designs several projects in the south of France with François Confino and Jean-Pierre Duval. Several competitions with Marc Delanne including the La Villette Parc and the Ministry of Culture's competition for office furniture. Winner of the Young Architect's Portfolio competition (with Célests, Frank, Soulier).
1983. Philippe Chaix and Jean-Paul Morel partnership founded. Mention for the Tête Défense competition and commission for the Zénith Pop Music Hall in the La Villette Parc.
1984. Winners of the Lending Library Competition in Digne and designers of one of the permanent exhibition spaces for the Science and Industry Center at La Villette.
1985. Design of a second Zénith for Montpellier.

La Cité des sciences et de l'industrie
Adrien Fainsilber

Né en 1932.
Diplômé de l'ENSBA (DPLG), (1960).
Etudes à l'Académie royale d'architecture de Copenhague, au Danemark (1958) et à l'agence Sasaki (paysagisme) au Massachusetts, Etats-Unis (1962).
Chargé d'étude à l'Institut d'aménagement et d'urbanisme de la Région parisienne (1965-1970), il étudie le schéma directeur

d'urbanisme de la vallée de Montmorency et de la plaine de Villetaneuse.
Enseignant à l'université d'urbanisme de Paris (1967-1969).
Architecte-conseil auprès du ministère de l'Equipement et du Logement, et de l'Etablissement public pour l'aménagement de la Tête Défense (1981).
Parmi ses réalisations : premier prix du concours pour la création de l'université de Villetaneuse (1967) ; construction du Centre littéraire et juridique de Paris-Nord (1970), de l'université de technologie de Compiègne (1973), du Centre scientifique de Villetaneuse (1974) et du centre hospitalier de la ville nouvelle d'Evry (1980).
Lauréat du concours national pour la réalisation de la Cité des sciences et de l'industrie de la Villette, le 30 septembre 1980.
Grand prix national d'architecture 1986. Chevalier de l'ordre de la Légion d'honneur.

The Center for Science and Industry
Adrien Fainsilber

Born in 1932.
Architecture diploma from the Ecole des Beaux-Arts in 1960.
Studies at the Danish Royal Architectural Academy, Copenhagen, in 1958. Landscape studies with the Sasaki firm in Massachusetts, USA, in 1962.
Project leader for the Institute of Planning and Urban Design of the Paris Region (1965-1970)

responsible for the Montmorency Valley and Villetaneuse Plain Master Plans. Teacher at the Paris University of Planning 1967-1969. Consulting architect for the Ministry of Housing and the La Défense Public Authority for the design of the Tête Défense project (1981).
Notable projects include : the winning design for the University of Villetaneuse (1967), North Paris Literary and Legal Center (1970), the University of Technology - Compiègne (1973), the Scientific Center in Villetaneuse (1974), and the Evry New Town Hospital (1980).
Winner of the nationwide competition for the design of the La Villette Science and Technology Center, 30 September, 1980.
National Grand Prix in Architecture (1986), Chevalier of the Order of the Legion of Honour.

La Cité de la musique
Christian de Portzamparc

Né en 1944 à Casablanca.
1962-1968. Etudes aux Beaux-Arts, à Paris.
1971-1974. Château d'eau en forme de tour de Babel à Marne-la-Vallée.
1974. Projet de l'îlot de la Roquette à Paris.
1975. Concours, projet lauréat pour la rue Hautes-Formes dans le treizième arrondissement de Paris. Réalisation de ce projet en association avec Georgia Benamo (1976-1979).

1981. Lauréat du concours pour le conservatoire du septième arrondissement de Paris (réalisé en 1983-1984). Lauréat du concours pour un quartier d'habitation à Marne-la-Vallée (en cours).
1983-1984. Résidence pour personnes âgées, rue du Château-des-Rentiers dans le treizième arrondissement de Paris.
1983. Un des six lauréats du concours pour l'opéra de la Bastille. Projet lauréat du concours pour l'Ecole de danse de l'opéra de Paris, à Nanterre (réalisation en cours).
1984. Exposition à l'Institut français d'architecture.
1985. Lauréat du concours de la Cité de la musique à la Villette.

The City of Music
Christian de Portzamparc

Born in 1944 in Casablanca.
1962-1968. Studied at the Ecole des Beaux-Arts, Paris.
1971-1974. Water tower in the form of a Tower of Babel for Marne-la-Vallée.
1974. Project for the îlot de la Roquette, Paris.
1975. Winning proposal for the housing project Rue Hautes Formes, in Paris 13th Arrondissement. Realization of the buildings with Georges Benamo : 1976-1979.
1981. Winning proposal for the Conservatory of Music of the 7th Arrondissement, Paris, built 1983-1984.
1983-1984. Winning proposal for a housing project in Marne-la-Vallée.
1983-1984. Design of an old-persons home, Rue du Château-des-Rentiers in Paris 13th Arrondissement.
1983. One of the six designs for the Bastille Opera Competition selected by the jury. Winning submission for the competition for the School of Dance of the Paris Opera, in Nanterre (project under construction).
1984. Exhibit of work at the French Institute of Architecture (IFA), Paris.
1985. Winning proposal for the La ·Villette Music Center Competition, Paris.